KB201419

현직 컨설턴트의 고백 **제가**
당신의 회사를
망쳤습니다

I'M SORRY I BROKE YOUR COMPANY

현직 컨설턴트의 고백

제가 당신의 회사를 망쳤습니다

I'm Sorry I Broke Your Company

카렌 펠란 지음 | 김우리 · 정종희 옮김

마로니에북스

차례

여러분에게 죄송합니다. 진심으로 미안합니다.

당시에는 좋은 일로 생각해서 그렇게 했던 것이라고 말한다면 기분이 좀 나아질까? 그러나 솔직하게 말하자면 모든 것이 필자의 책임만은 아니다. 우리 모두가 결함이 있는 비즈니스 모델의 희생자이기 때문이다.

명문 MBA를 갓 졸업한 신출내기 경영 컨설턴트를 고용하면 어떤 상황이 벌어지게 될까? 이들이 잘 해낼 수 있는 일은 무엇일까? 그것은 여러 가지 모델이나 이론을 논리적으로 분석하고 실행하여 다시 새로운 모델과 이론을 만드는 것일 것이다. 그렇다면 이들에게 가장 부족한 것은 무엇일까? 실제 사회의 경험이다. 그런데 경영 모델이나 이론이 잘못되었다는 것은 어떻게 알 수 있을까? 우아하고 논리적인 이론이 그 명쾌함 때문에 탁월하고 올바른 것으로 느껴질 것인데 말이다.

다행스럽게도 필자는 여러분이 아는 컨설턴트들과는 조금 다른 유형이다. 필자는 이공학 분야의 학위를 갖고 있으며, 짧은 기간이었지만 컨설턴트로 재직하기 전에 군사 연구소에서 과학 연구를 수행하는 등의 실무 경험도 갖고 있다. 그래서 필자는 이론과 실제가 들어맞지 않을 수도 있다는 점을 잘 인지하고 있다. 그러나 필자도 처음에는 다른 컨설턴트들처럼 아무 생각 없이 잘못된 이론을 받아들이는 아둔한 사람이었다.

불행하게도 경영 이론의 정확성을 증명할 수 있는 검증된 연구 자료는 거의 없다. 그래서 경영 이론은 다른 분야의 연구들처럼 동료의 검토나 제3자에 의한 검증 같은 절차를 거치지 않고 업계에서 인정되는 지식 체계 안에 포함되는 경우가 빈번하다. 그런데 이 이론들이 제시하는 증거는 대부분 보편성 없이 개별 사례에만 적용되며, 기존의 연구 중 많은 것들은 특정한 사업적 이해관계를 갖고 있다. (수백만 달러를 소모한 조직개편이 아무런 기대 효과를 가져오지 못했다고 인정할 회사가 몇이나 있겠는가?)

이에 필자는 지난 30년간 경영 컨설턴트이자 포춘(Fortune) 100대 기업의 관리자로서 근무하면서 얻은 개인적인 깨달음을 독자 여러분과 나누고자 한다. 필자는 그동안 많은 경영 이론들이 잘못되었다고 생각했다. 이에 지난 30년간 독자 여러분의 회사에서 목표관리제도나 경쟁 전략 등을 전도해

온 모든 경영 컨설턴트를 대신하여 사과의 말씀을 전하고자
한다. 죄송합니다. 여러분의 회사를 망친 것은 저였습니다.

모든 사람들은, 정확히 이야기하면 대부분의 사람들은 생각하지 못한 재능을 갖고 있다―그것은 그다지 쓸모없는 재능일 수도 있고 대단한 재능일 수도 있지만 어쨌든 모두에게는 '남다른' 재능이 있다.

필자는 언젠가 동전의 앞뒤를 척척 맞추는 신비로운 능력을 가진 여자를 만난 적이 있다. 또 전화의 호출음을 똑같이 흉내 낼 수 있는 여자도 알고 있는데, 그녀는 전화의 버튼음도 흉내 낼 수 있어서 버튼을 누르지 않고 음성사서함의 메시지를 들을 수 있었다. 필자의 큰아들은 머릿속으로 물체의 3차원 이미지를 다루는 것에 능숙한데, 함께 모형을 만들 때면 그 아이가 머릿속에서 이미 모형을 완성했다는 것을 눈치챌 수 있다. 필자의 둘째 아들은 잠을 자면서 이야기를 하는데, 의미 없는 단어나 문구를 말하는 것이 아니라 자는 동안에도 대화를 이어갈 수 있을 정도이다. 필자의 남편은 숲 속 어디에서나 방향을 알 수 있는데 깊은 숲 속에서도 GPS 없이 길을 찾아갈 수 있다. 필자에게도 숨겨진 재능이 있는데 이를 알아챈 것은 몇 년 전의 일이었다.

2006년, 필자는 MIT슬로운(Sloan) 경영 대학원에서 시스템 역학 수업을 수강했다. 우리의 첫 번째 과제는 그룹으로 나뉘어 '맥주 게임'을 하는 것이었다. 이 게임은 맥주 제조업체의 공급망을 모의실험하는 것으로 공급망에서 일하는 사람이라면 누구나 알고 있는 '채찍 효과(Bullwhip Effect)'를 묘사하고 있었다. 채찍 효과란 공급망의 한 끝에서 벌어진 작은 변화가 점차 전파되어 다른 끝에서 커다란 변화를 야기하는 현상이다.

게임을 시작한 지 몇 분 안 돼 요령이 생긴 필자는 다른 참석자들이 씨름하는 동안에 적절한 양의 주문을 내기 시작했다. 이미 공급망의 여러 문제에 익숙했기 때문에 깊이 생각하지 않아도 금방 답을 알 수 있었기 때문이다. 뿐만 아니라 계속해서 여러 과제를 수행해 나가는 동안에도 필자에게 각 과제에 대한 해법은 너무나 뻔했다. 모두가 원인-분석의 고리를 문서화하여 분석할 때 필자는 문제에 대해 잠시 생각한 후 바로 답을 찾았다. 수업의 참석자들은 필자의 능력에 매료되어 천재라고 떠들어 댔다. 그러나 필자는 꼭 사기를 친 기분이었다. 필자가 시스템 체계의 문제에 대해서 머릿속으로 생각하여 몇 분만에 답을 낸 것은 사실이지만 컴퓨터 같은 능력을 갖고 있던 것은 아니었다. 필자의 재능은 역지사지(易地思之)로 생각할 수 있는 공감 능력이다.

수업에서 제시된 각 문제에 대하여 필자는 그 상황에 몰입하였고 실제 문제에 나온 등장인물이라면 어떻게 의사 결정을 내릴 것인지 생각하여 금세 답을 찾을 수 있었다. 수업의 강사진을 포함한 참석자들이 알지 못했던 것은 이 과제들이 공급망, 공장 설비 보수, 기업 과제 개선, 건축 일정 관리에 대한 것이 아니라 인간이 어떻게 주변 상황에 반응하는가에 대한 문제라는 것이었다.

모든 비즈니스 상의 문제들은 주변 상황에 대한 인간의 대응에 관한 것이다. 경영학 교과서, 컨설턴트, 전문가들은 채찍 효과의 원인으로 예측의 오류, 예상 불가능한 수요의 변동, 부족한 정보, 재고관리의 미흡 등을 들지만 이 현상은 근본적으로 참여자들이 느끼는 감정이 일으키는 것이다. 조금이라도 수요가 떨어질 때 공포를 느껴 누군가 주문의 양을 줄이면 그 공포는 차츰 공급망 전체로 전파된다. 약간이라도 수요가 증가하면 낙관적인 느낌이 들고 수요 증대에 대한 희망으로 인해 공급이 부족할 수 있다는 생각으로 주문량을 늘리고 공급망 내에서 참여자를 거치면서 그 양이 증가한다. 공급망의 다른 참여자들을 신뢰할 수 없는 상황에서 공급업체가 예정대로 납품하지 못한다거나 고객이 발주 내역을 임의로 변경하는 등의 사고에 대비하기 위해 개인은 주문양을 늘리거나 줄이고 그것이 결국 공급망에 만연하는 것이다. 이러한 채찍 효과를 제거하기 위해서는 재고를 관리하고 주문하는 사람들의 공포와 희망, 불신을 불식시켜야 한다.

필자가 이 책을 집필한 이유는 경영 컨설턴트로서 30년을 근무하는 동안 연기하는 것에 지쳤기 때문이다. 필자는 정말 많은 연극을 꾸몄다. 이번에 제안하는 재고 관리 시스템을 구축하면 문제를 해결할 수 있다고 말했지만 실제로 필자가 하는 일은 공급망 상의 모든 참여자들이 서로 신뢰할 수 있도록 만드는 것이었고, 신제품 개발 프로세스를 리엔지니어링한다고 했지만 그 실체는 영업, 마케팅, 연구개발 부서를 모아 협업하도록 중재한 것이 다였다.

필자가 가진 문제 해결 능력은 마치 컴퓨터 같은 분석 사고 능력처럼 보이지만 실제로는 인간적인 상상력에서 비롯된 것과 유사하다. 특히 필자는 종업원을 감독, 측정, 표준화, 최적화해야 할 자산으로 간주하는 관행이 질색이다. 더 어려운 것은 "사람들이 서로 같이 일할 수 있도록 돕겠습니다"라고 솔직히 말하면 아무도 필자의 컨설팅 서비스를 도입하지 않을 것이라는 사실이다. 이에 그동안 필자는 방법론, 경영 모델, 지표, 프로세스, IT 시스템 등에 대한 자문을 제공하는 척 가장하며 실제로는 사람들을 모아 관계를 개선하는 일을 해 왔다.

젊은 시절에는 필자 역시 컨설턴트로서 많은 모델, 프로세스, 프로그램을 개발하여 작업에서 가변성을 제거하고 의사 결정에서 인간의 감정을 배제하며 자의적 판단이 경영에 개입되지 않도록 했다. 즉 기업 경영에서 인간적 요소를 없애고자 노력했던 것이다. 그리고 이는 필자뿐만이 아니다. 20년 이상 유행한 여러 경영 관리 방법론은 효율성 개선, 스킬 표준화, 성과 최적화 등의 목표를 가지고 기업에 베스트 프랙티스로 수용되었다. 그러나 BSC(균형성과표, Balanced Scorecard), 성과급, 핵심 역량 개발, 프로세스 리엔지니어링, 리더십 역량 진단, 직원 관리 모델, 경쟁 전략, KPI 등은 이미 기업 경영에 있어 관습화된 상황이지만 이것들이 원래의 취지대로 기능한다는 증거는 거의 없다. 그럼에도 이러한 모델과 이론들은 의도한 것이 아니라고는 해도 직장이라는 곳을 비인간화한다. 사람들은 고장 나기 전까지 가동을 최대화해야 하는 기계처럼 취급되며 각자의 고유한 개인적 재능은 빛을 보지 못한다.

여러 경영 전문가들과 컨설턴트들로 인해 우리는 비즈니스가 논리적인 것이며 수치에 기반하여 운영될 수 있다고 착각한 나머지, 전문가들의 모델과 이론을 사용하여 단계적 지침을 따른다면 성공할 수 있으리라 오판하고 있다. 그러나 사실 이러한 모델을 실제로 도입하고 숫자에 의하여 엄격하게 의사 결정을 수행하는 기업들 대부분이 기대한 효과를 거두지 못하고 있다. 왜냐하면 비즈니스는 합리성을 따르지 않기 때문이다.

인적 자산이란 비즈니스의 일부분이 아니다. 인적 자산이라는 요소가 배제되면 비즈니스에는 아무것도 남지 않는다. 스스로 아무 일도 할 수 없는 사무실과 설비만이 덩그러니 남게 되는 것이다. 비즈니스란 사람이다. 이론에 따라 움직이기보다 비합리적이고 감정적이며 예측이 불가하고 창의적이며 의외의 행동을 하고 재능을 갖고 있으며 때로는 대단히 독창적인 사람들이 비즈니스를 구성하고 있다.

필자는 직장의 비인간화를 중단하고 인적 요소를 잘 관리하는 것이 기업에 도움이 된다고 주장하기 위해 이 책을 집필하였다. 그래서 컨설턴트, 컨설턴트와 일하는 현업 직원들, 컨설턴트가 아닌 사람들, 현대의 경영 관행이 제대로 작동하는 것처럼 연기하는 사람들을 독자로 가정하였다. 만약 직장에서 왜 다른 사람들이 미친 짓을 하고 있는지 궁금했다면 여러분은 혼자가 아니다. 그런 당신을 위해 이 책의 일독을 권한다.

왜 경영 컨설턴트가 문제인가

'컨설턴트(Consultant)'라는 단어는 너무나도 다양한 의미로 사용된다. 어떤 기업과 계약을 맺고 자문을 제공하는 사람은 누구나 컨설턴트라고 불릴 수 있기 때문이다. 이 세상에는 IT 컨설턴트, 마케팅 컨설턴트, 디자인 컨설턴트로 불리는 사람들이 있다. 그러나 필자가 이 책에서 말하는 '경영 컨설턴트(Management Consultant)'란 기업의 최상층, 즉 경영진과 함께 일하며 그들에게 경영의 방향성에 대해 조언하는 사람들을 의미한다. 엄밀히 말하면 필자의 분노는 막 MBA를 졸업한 신출내기들을 채용하여 엑셀과 형식적인 방법론, 지리멸렬한 비즈니스 은어, 작지 않은 오만감을 심어주는 대형 컨설팅 회사들을 향하고 있다. 혁신의 실종, 단기 성과 중심의 시야, 가치 있는 상품 및 서비스 창출이 아닌 재무적 이익을 추구하는 풍조, 스트레스와 과로로 사기가 저하된 종업원 등 오늘날 기업이 처한 여러 문제의 근본 원인은 이들이 만든 경영적 미신 때문이다.

"어떻게 회사가 비즈니스를 통하여 사람들의 삶에 기여할 수 있을까"라는 명확한 질문을 도외시하고 기업의 경영진들은 수십 년간 다음과 같은 무의미한 질문들에 집착해왔다.

- 핵심 경쟁 우위를 어떻게 개발할 수 있을까?
- 주주 가치를 최대화하는 방법이 무엇일까?
- 개인과 기업의 성과에서 어떻게 이익을 늘릴 수 있을까?
- 내 인적 자산의 효율성을 최적화하는 방법은 무엇일까?

그 결과, 타사와 차별화되지 않는 상품과 서비스를 팔며 성장을 위해서 다른 기업을 매수하는 것 외에는 다른 방법이 없는 효율성 일변도의 기업으로 남았을 뿐이다. 정확성이 검증되지 않은 경영 제언을 무분별하게 수용한다면 이러한 문제가 발생할 수밖에 없다. 이 모든 경영 도그마(Dogma)의 시초는 경영 컨설턴트들로부터 비롯된 것이다. 이 악순환을 설명하기 위해 환상적인 다이어트 식품을 예로 들어보자.

매년 여러 의사들과 피트니스 전문가들이 체중 감량의 해법을 찾았다고 주장한다. 그것은 기적의 다이어트 식품일 수도 있고 엄격한 다이어트 프로그램이거나 새로운 운동

방법 등이다. 그러나 이러한 일시적인 유행은 제대로 기능하지 않으며, 심각하게는 요요현상을 일으켜 오히려 체중이 더 증가하고 건강을 해치게 된다. 건강을 위해서는 다양한 음식을 적당량 먹고 충분히 운동하고 수면을 취해야 한다. 기실 체중 감량의 비법은 모든 이들이 잘 알고 있는 방법이며, 비법이라고 할 것도 없다.

마찬가지로 매년 경영 컨설턴트와 전문가들은 기업의 여러 문제에 대한 해법을 제공할 수 있는 새로운 모델과 이론을 개발한다. 아무 컨설팅 회사의 웹 사이트에 들어가 보면 "기업들을 위한 비즈니스 해법(Business Solutions)을 제공합니다"라는 홍보 문구를 찾을 수 있을 것이다. 경영 컨설턴트들은 새로운 모델과 이론을 제창함으로써 '사고 리더십(Thought Leadership)'의 제안자 또는 오피니언 리더(Opinion Leader)가 되고자 하며, 많은 기업들이 이를 채택하도록 하여 자신들의 명성과 부를 추구하고자 한다. 그러나 이는 결국 허위 다이어트 비법을 계속 개발하는 것과 다를 것이 없다. 잘못된 상품(경영 모델)을 하나 도입하면 이로 인해 다른 문제점들이 발생하고 그 문제점들을 해결하기 위해 다시 다른 잘못된 상품(경영 모델)을 도입해야 한다. 외부 요인에 기반하여 경쟁전략을 수립한 다음 방향을 바꾸

어 내재 역량을 고려한 경쟁 전략을 도입해보고, 하향식 아
이디어 전파에 근거한 블루오션(Blue Ocean) 전략을 수립
했다가 그 다음 시장 상황에 대응하는 상향적 방식의 적응
형 전략을 세운다든지 하는 것이다. 각 경영 모델은 이전의
경영 모델이 가진 결점을 보완하지만 다시 자체적인 문제
점을 만들어 낸다. 그 결과는 다이어트 → 요요현상에 의한
체중 증가 → 다이어트 → 요요현상에 의한 체중 증가로 이
어지는 악순환과 유사하다. 이러한 악순환을 중단하려면 경
영 컨설턴트들이 잘못된 경영 모델을 창안하고 기업에 제안
하는 과정을 멈추어야 한다.

이 책은 필자의 주장에 대한 학문연구나 증빙 자료를 제시하는 학술적인 성격의 도서가 아니다. 이 책은 그동안 비즈니스에 대해 가져왔던 자신의 생각이 잘못되었다는 필자의 깨달음에 대해 다루고 있다. 그래서 다양한 경영 기법들의 부침과 그 과정에서 필자가 이를 어떻게 전파했는지에 대한 일화들을 엮었다. 그리고 특히 왜 경영 기법들에 대한 생각이 바뀌었는지 그 결정적인 순간들에 대해 설명하고자 했다.

　전반부의 세 장에서는 전략 수립, 프로세스 개선, 지표 구현에 대한 필자의 경험을 다루고 있는데 젊은 시절 대형 컨설팅사에서 컨설턴트로 근무할 당시의 일화를 많이 소개하였다. 이후의 네 장에서는 이른바 '인재 관리'라는 분야의 여러 방법론에 대해 논의하며 성과 관리 체계, 직원 관리 모델, 인재 육성 프로그램, 리더십 역량 등을 다루었다.

　이 장들에게 제시한 사례들은 컨설턴트 시절에 제안한 권고안들이 실제로 구현된 대기업에서 현업으로 근무하면서 겪은 체험에 기반하고 있다.

다만 필자는 독자 여러분에게 이 책의 집필 의도를 명확히 하고 싶다. 필자는 만연한 경영 수법의 허와 실을 파헤치고자 하는 것이지 절대 또 다른 경영 이론을 기존 체계에 덧붙이고자 함이 아니다. 독자 여러분께 드리는 조언은 제대로 기능하지 않는 경영 이론에 대한 대안일 뿐이다. 필자는 경영 모델이나 프로세스 같은 것을 고민하는 대신에 동료들과 진솔한 대화를 나누며 비즈니스 문제에 대한 해답을 찾아보시라고 권하고 싶다. 단 필자는 대화나 인간관계의 개선이 기업에 이익이 된다는 학술적 연구를 찾아보지는 않았다. 그 판단은 독자 여러분께서 내려 주셨으면 한다.

어떤 이론의 허위를 폭로하는 것은 매우 간단하다. 반증하는 증거를 하나만 찾으면 되기 때문이다. 필자는 앞으로 본문에서 여러 번 이를 설명할 것인데 필자가 아는 많은 컨설턴트들이 이를 잘 이해하지 못하고 있기 때문이다. 바로 "단 하나의 반증에 대한 증거가 존재하면 이론의 오류가 입증된다"는 것이다.

반면 이론을 참이라고 증명하는 것은 모든 상황에 대해 검토해야 하기 때문에 더 어려운 작업이다. 바로 이 지점이 많은 경영 컨설턴트들이 실수를 저지르는 곳이다. 이들은 특정한 상황에서 한두 번 효과를 보인 기법을 모든 사람이 따라야 할 최고의 사례로 포장한다.

필자는 오늘날 만연한 잘못된 사고, 예를 들어 "측정할 수 없는 것은 관리할 수 없다(당연히 측정하지 않아도 관리 가능하다!)" 같은 주장에서 벗어나기 위한 시작점으로 몇 가지 대안을 제시할 것이다. 그러나 필자가 모든 해법을 갖고 있다고 주장하는 것은 아니다. 단지 그릇된 경영 기법을 구현하는 대신에 효과가 있을 만한 방법을 시도해 보자고 말씀드리는 것이다.

도그마를 부수어 그 안에 감추어진 진실을 찾는다면 그 진실을 통해 새로운 해법을 생각할 수 있을 것이다. 특정 경영 모델이 잘못된 것임을 알았다면 한 번의 실수로 충분하며 계속 이를 고수할 필요는 없지 않은가? 독자 여러분에게도 이 점은 명백하리라고 생각한다. 이를 위해 필자 역시 명료하게 독자들에게 전하고자 하는 내용을 기술하였다.

01

전략기획은
미래를 예측하지
못한다

전략 개발은 기업판 비전 탐구 여행이다

전략을 추구하는 것은
기회를 놓치는 것

하버드대 교수이자 컨설팅사 모니터 그룹(Monitor Group)의 창업자이기도 한 마이클 포터(Michael Porter)의 저서 『경쟁전략-경쟁우위에 서기 위한 분석과 전략 Competitive Strategy: Techniques for Analyzing Industries and Competitors』(조동성 역, 21세기북스)이 1980년에 출간된 이후, 본격적인 비즈니스 전략 컨설팅의 시대가 시작되었고 1980, 1990년대에 폭발적인 성장세를 보였다.[1] 베인(Bain)이나 BCG(Boston Consulting Group)[2] 같은 전문 컨설팅사는 1960년대부터 존재해 왔지만 고객 기반이 제한적이었고 사업분야도 자금 관리 등에만 머물렀다. 비즈니스 전략을 수립한다는 것은 일정량의 분석, 경험, 그리고 마법이 뒤섞인 흑마술 같은 것이었다. 말하자면 마약에 취해 자아 발견을 추구하는 비전 퀘스트(Vision Quest, 영적인 자아 발견 및 대자연과의 합일을 목표로 하는 북미 원주민의 통과의례-역주)의 기업판이라고 할 만했다. 그러나 기업 입장에서는 마법, 예술, 자각몽 같은 것보다는 분석, 구조, 실체 같은 개념을 더 선호하기 마련이다. 이러한 상황에서 마이클 포터의 책은 전략을 수립하기 위한 방법과 분석을 위한 단계적인 수순뿐만 아니라 전략이 어떠한 모습이어야 할지 명확히 밝혀 주었다.

그는 '경쟁 우위(Competitive Advantage)'라는 문구를 기업인들의 머릿속에 깊이 새겼고 유명한 2가지 사고 모델을 제창하였다. 첫 번째 모델은 이른바 5대 요인 분석 모델로 기업이 사업에서 마주하는 내외의 요인을 경쟁자, 잠재적 진입자, 잠재적 대체자, 구매자, 공급자의 5가지 관점으로 분류하여 생각하는 것이다. 이는 특정 산업을 분석하기 위한 사고의 틀이라고 할 수 있으며 그의 책 제1장에 설명되어 있다. 포터의 두 번째 모델은 제2장에 설명된 3대 전략 방향을 말하는데, 이는 원가 우위 전략, 차별화 전략, 선택과 집중 전략을 의미한다. 요약하자면 산업 내에서의 자신의 기업이 가진 위치에 따라 3대 전략 방향 중 하나를 택하여 경쟁 우위를 확보하라는 것이 그의 주장이다. '경쟁전략'의 나머지 내용은 경쟁사 분석, 전략적 행동에 대한 경쟁사의 반응, 대안적인 전략을 결정하기 위한 산업 구조 분석 등으로 상당히 자세한 체크리스트가 함께 첨부되어 있다. 숱한 좌절 끝에 이 책을 끝까지 읽고 필자는 경영 분야에서 포터의 5대 요인이나 3대 전략 방향 정도만 언급되는 이유가 일반인들이 제2장 이후의 내용을 이해하기 어렵기 때문이 아닐까 추측하였다. 그렇지만 포터의 모델과 체크리스트는 대졸 사원 수준의 역량으로 충분히 패키징하여 구현할 수 있는 방법론과 모범답안을 컨설턴트들의 손에 쥐어주었다는 점에서 의미가 있다. 누구나 활용할 수 있는 체크리스트와 다중선택 질문지가 전략 개발이 갖고 있었던 예술적 혹은 마술적인 면을 대체한 것이다.

필자가 1980년대 후반 현 딜로이트 컨설팅(Deloitte Haskin&Sells, DH&S)에서 컨설턴트로 근무할 때 포터의 책은 필수 도서였다. 당시 DH&S는 경영 컨설팅 부문의 중대한 변화를 꾀하는 중이었다. 필자가 뉴저지 사무소에 입사했을 당시만 하더라도 각 지역 사무소는 담당 구역 내에서만 컨설팅 사업을 영위하였으며 각 지역의 소규모 고객사를 대상으로 작은 컨설팅 프로젝트를 수주하는 상황이었다.

그러나 입사 후 1년이 지난 시점이 되자, 경영 컨설팅 부문의 경영진은 DH&S가 포춘 500대 기업과 같은 대기업을 대상으로 더 큰 프로젝트를 수주하여 높은 매출을 창출할 수 있도록 컨설팅 사업을 전국구 단위로 통합하기로 결정했다. 이를 위해 금융, 제조 등 산업별 전문성에 따라 조직을 구성하고 서비스 오퍼링(Service Offering)을 육성하는 비전이 수립되었다. 여기서 서비스 오퍼링이란 전문화된 기능·업무 영역에 대하여 컨설팅 서비스를 제공할 수 있도록 기존 경험을 자산화하여 컨설팅 수행 역량을 체계화하는 것을 말하는데, 예를 들어 인재 관리 및 조직역량 컨설팅 전문화 등을 서비스 오퍼링으로 기획할 수 있다.

각 지역 사무소 역시 해당 지역의 고객사 특성에 따라 분리되어 전국 컨설팅 조직체계 내에 재배치되었다. 뉴저지 사무소의 경우 뉴저지에 제약회사들이 많았기 때문에 제조업 부문에 속하게 되었고 뉴욕시에 가깝다는 이유로 금융서비스 부문의 역할도 주어졌다. 이에 따라 프로젝트를 기획하는 이들은 각 지역에 속한 컨설턴트뿐만 아니라 전문성에 따라서도 전 미국의 컨설턴트들을 활용할 수 있었다.

이를 통해 컨설턴트들도 지역 조직에서는 체험하기 어려운 전국 단위의 프로젝트를 경험할 수 있게 되었다. 당시 필자에게도 상당히 좋은 제도라고 생각했다. 미리 준비된 서비스 오퍼링 대 그때그때 임시로 만드는 서비스, 전국 규모 프로젝트 대 지역 규모 프로젝트, 포춘 500대 기업 고객사 대 중소기업 고객사—결론은 이미 나와 있었고 모두들이 전략적 비전에 참여하고 싶어 했다.

전국적인 컨설팅 서비스 운영 방침에 따라 뉴저지 사무소의 컨설턴트들에게는 유명 제약회사들이 영업 목표로 주어졌다. 그러나 제약업계의 경험을 가진 컨설턴트가 아무도 없었기 때문에 말단이었던 필자에게 제약업계의 분석 과업이 떨어졌고, 필자는 이 유망한 업계에 자사의 컨설팅 서비스를 포지셔닝하기 위한 방법을 찾아야 했다. 산업 분석을 수행하는 수순에 대해서는 마이클 포터의 책을 참고할 수 있었지만 해당 업계에 대한 정보를 획득하는 것이 어려웠다. 당시는 요즘처럼 인터넷으로 정보를 얻을 수 있는 시대가 아니었으므로 기업의 주주인 체하며 회사에 전화를 걸어 필요한 정보를 물어보거나 도서관으로 매일 출근하여 종합 데이터베이스를 뒤져야 했다.

이 방대한 과정을 거치면서 필자는 경쟁사 분석이라는 작업이 대체 얼마나 자세하고 정확하게 이뤄질 수 있을 것인지 의문이 들었다. 어떤 한 회사의 정보를 획득하기 위해선 정말 많은 노력이 필요하기 때문이다. 어쨌든 정보 수집은 불충분했지만 필자는 여러 그래프와 차트 및 강점·약점·기회·위협 요인이 잘 요약된 산업 분석 보고서 비슷한 것을 만들 수 있었다. 이 과정에서 필자는 많은 것을 배웠고 이때 쌓은 제약 산업에 대한 깊이 있는 지식은 이후의 컨설팅 작업에 큰 도움이 되었다.

필자가 수행하였던 제약 산업에 대한 전략적 분석이 컨설팅 부문의 성공으로 이어졌다면 좋았겠지만, 바로 그 직후 DH&S가 투시 로스(Touche Ross)사와 합병되면서 컨설팅 부문 전체가 필자가 있던 제약 부문을 포함하여 흡수되고 말았다. '전략 컨설턴트'가 되어 보자던 우리의 전략이 외적요인에 의하여 좌절된 것이다!

하지만 좌절은 여기서 끝나지 않았다. 우리를 흡수한 투시 로스는 여전히 지역 단위로 컨설팅 사업을 수주하는 자율형 모델(Ad-Hoc Model)을 영위하고 있었다. 필자가 있던 조직은 '전략'도 갖고 있었고, 전국의 컨설팅 우수사례를 연구·전파하기 위한 중앙조직(Center of Excellence, CoE)도 만들었는데 어떻게 우리가 흡수될 수 있는가! 그럼에도 불구하고 투시 로스는 DH&S보다 더 많은 일을 수주하고 있었다. DH&S가 대기업 고객을 획득하기 위해 골몰하는 동안 실영업매출은 직하하고 있었다. 반면 투시 로스는 예전의 영업 모델을 사용하여 꾸준하게 지역 기업과 프로젝트 계약을 수주하는 상황이었다. 결과적으로 합병된 컨설팅 부문은 진행하는 프로젝트가 없거나 주요 고객사가 없는 구 DH&S 소속의 컨설턴트들을 해고했다. 우리는 서비스 오퍼링을 만들고 조직 체계도 구상하였지만 정작 이를 유지할 고객 기반은 확보하지 못한 것이다. 필자가 수행한 일도 컨설팅 자문비를 청구할 수 있는 고객사 프로젝트가 아니라 대부분 지역 사무소 안에서 데이터 분석을 하는 일이었다.

투시 로스의 컨설팅 사업 분야는 DH&S보다 더 광범위했다. 비영리 기관, 병원, 메디케어(Medicare, 미국 노인의료복지제도-역주), 메디케이드(Medicaid, 미국 저소득 노인 의료복지제도-역주), 그 외에 정부기관의 요청에 의해 환자 대상 설문조사나 허위 청구를 탐지하는 서비스를 제공하고 있었다. DH&S가 금융 및 제조업 서비스 오퍼링 중심으로 조직을 통합하느라 시간을 보내고 있을 때, 그들은 눈앞에 놓여진 기회를 포착한 것이다.

물론 다른 회계법인계열 컨설팅사들도 최종적으로는 서비스 오퍼링을 만들고 조직을 체계화하였다. 그러나 이러한 결과는 그들이 사업을 진행하면서 자연스레 도출된 것이다.

그러나 DH&S는 일부 파트너들이 자신의 경험에 기반하여 인위적인 하향식(Top-Down) 방식으로 이러한 구조를 만들고자 했다. 이론상으로 멋져 보이는 일이었지만 결과적으로 우리는 많은 기회를 놓치고 말았다. 특히 당시 회사의 전략은 제조업이 이후의 미국 경제에서 지속적으로 큰 비중을 차지할 것이라는 가정에 기반하고 있었다.

전략의 수립 및 추구는 사업기회의 실기(失機)라는 단점을 갖고 있다. 우리는 들어온 일을 무엇이든 수주하여 시장 상황에 대응하기보다 선제적으로 시장을 지배하는 전략을 추구하였다. 그러나 오히려 편협된 시각으로 새로운 시장과 새로운 서비스를 놓치게 되어 원하는 결과를 얻지 못한 것이다. 이러한 실수가 DH&S에만 일어난 일회성 사건이라고 말하고 싶지만 제미니 컨설팅(Gemini Consulting)사와 화이자(Pfizer)사에서도 유사한 일이 벌어졌다.

숫자에 의한 경영은 숫자 관리일 뿐이다

1990년 필자는 주로 운영 및 조직 개선 컨설팅을 수행하는 URC(United Research Company)사로 이직하였다. 당시 이 회사는 전략 컨설팅사인 MAC 그룹과 합병을 추진하고 있었는데 그 결과 탄생한 회사가 바로 제미니 컨설팅이다. 제미니는 '업무 프로세스 리엔지니어링(Business Process Reengineering)'이라는 기치 아래 고용 직원수를 줄이고 효율성을 높이는 컨설팅으로 인기가 높았다. 제미니는 당시의 여타 컨설팅사와 달리 고객사에게 개선안을 제시할 뿐만 아니라 실제 이를 실행할 수 있도록 지원하고 약속된 비용 절감액을 구체화하였다. 제미니가 수행하는 모든 컨설팅 프로젝트에는 권고안의 실행에 따른 효과가 수치로 제시되었던 것이다. 당시의 경제 불황기에 제미니는 기업들의 성공적인 다운사이징(Down Sizing, 조직축소)을 지원했기 때문에 빠르게 성장할 수 있었다. 제미니가 취급하는 프로젝트의 규모도 점점 확대되어 개개의 사업 부문뿐만이 아니라 기업 전체에 대한 '혁신실행(Transformation)'을 과업으로 수행한 사례도 있었다.

다운사이징으로 유명한 또 다른 기업은 GE(General Electric)사이다. 유명한 전 CEO 잭 웰치(Jack Welch)[3]의 경영 하에서 GE는 약 1천 회의 합병을 거듭하여 세계 최대 규모의 기업으로 몸집을 불렸다. 그러나 '중성자탄 잭'은 합병한 기업의 25%에 달하는 10만 명 이상의 직원들을 정리해고하며 텅 빈 건물만을 뒤에 남겼다. 웰치의 철학에 따르면 시장 점유율 1위 또는 2위가 될 수 없는 사업은 매각해야 할 대상이다. 그러나 이는 잭 웰치에게만 한정된 과격한 관점은 아니다. 유명한 역사를 지닌 전략 컨설팅사 BCG는 높은 시장 점유율과 성장 가능성을 가진 부문(stars)에 투자하고 그렇지 않은 나머지(dogs)에 대해선 투자를 축소하는 전략을 오랫동안 설파해 왔다. GE의 성공에 따라 잭 웰치의 철학과 경영기법은 다른 기업들에 의하여 베스트 프랙티스(Best Practice, 최고 업무 관행)로 수용되었다.

다른 기업들이 모방하고자 한 웰치의 철학에는 주주가치(Shareholder Value) 창조라는 개념이 있다. 이 개념에 따르면 기업은 주주가 자사의 주식을 보유함으로써 타사 주식을 보유하는 경우에 대비하여 더 높은 이익을 얻을 수 있도록 노력해야 한다. 한 회사의 주주가치는 ROA(Return on Assets, 자산 대비 수익률), ROI(Return on Investments, 투자 대비 수익률) 등의 수식으로 계산될 수 있다. 주주가치 철학은 ROA, ROI, ROE(Return on Equity, 자기자본 수익률), ROCE(Return on Capital Employed, 자본 수익률) 등의 재정적 지표에 대한 집착을 만들어 냈다. 이러한 지표를 관리함으로써 현금흐름이 개선되고 그에 따라 주가가 상승

하여 주주에게 더 개선된 수익을 안겨줄 수 있다고 생각한
것이다. 물론 이는 합리적인 시장 참여자들이 수치 계산에
따라 주식을 구매한다는 효율적 시장 가설에 근거하고 있
다. 사람들이 "저 회사의 로고가 멋있으니까 어디 한번 주
식을 사볼까?"라고 행동한다면 이 가설은 성립하지 않는다.
이에 따라 1980년대 후반~1990년대 초의 기업 경영진들은
매출과 이익이라는 전통적인 지표 외에도 시장 점유율, 주
가 등 기업의 자산과 투자의 생산성을 가늠하는 재정적 지
표를 개선하는 데 열중하였다. 숫자에 의한 경영과 자산 효
율성에 대한 집중이 크게 대두된 것이다.

　필자가 수치 데이터에 의한 경영 접근방법을 처음 경험
한 것은 한 대규모 혁신실행 프로젝트에서였다. 제미니는
이 프로젝트에서 어떤 화학업체의 성과 부진 사업 부문에
대하여 ROE를 개선하는 과업을 수행 중이었다. 착수 단계
부터 일한 컨설턴트 팀의 분석에 의하면 해당 고객사의 주
주가치 제고에 있어 가장 취약한 포인트는 ROE였으므로
'보유 자산의 생산성'을 높여 비용을 절감함으로써 이를 개
선하고자 노력했다. 우리들은 우선 거대한 상황실을 세우
고 비용 절감 목표의 진척을 표시하는 차트와 그래프를 벽
에 붙였다. 그중 가장 인상적인 차트는 '자산 생산성'이라

는 제목이 붙은 1미터 폭의 막대 차트였는데 고객사가 보유한 모든 시설에 대해 1제곱 피트 면적 단위의 매출을 나타내는 것이었다. 이 차트 상에서 가장 생산성이 낮은 자산은 비대화한 기업 사옥과 대규모 연구센터였다. 현실적으로 이 자산들을 매각할 수는 없는 일이지만, 이 차트를 통해 필자는 한 수치를 다른 수치로 나누어 멋진 그래프로 시각화하면 클라이언트에게 깊은 인상을 줄 수 있다는, 컨설턴트에게 꼭 필요한 스킬을 배울 수 있었다. 그 외에도 한 지표를 X축에, 다른 지표를 Y축에 배치하여 4분면표(Quadrant)를 만드는 것 역시 컨설턴트에게 필수적인 스킬이라 할 수 있다.

필자는 이 프로젝트에서 자본 지출 투자 효율을 개선하는 팀을 맡았다. 당시까지 이 기업은 부문장들에게 설비투자의 결정권을 부여하고 있었다. 이에 대하여 필자의 팀은 컨설팅 권고안의 하나로서 자본 투자 사업(CAPEX, 투자비용을 수반하는 사내 프로젝트-역주)에 대해 동일한 결정 기준과 재정 분석을 수반하도록 하는 표준화된 투자 포트폴리오 검토 프로세스를 제안했다. 이 프로세스의 목표는 모든 사업 부문이 설비 투자 사업을 임의로 수행하는 것이 아니라, 우선 투자 사업 후보를 상정하여 검토를 받은 다음 가장 높은 ROI를 가진 과제만을 승인 하에 수행하도록 하는 것이다. 우리 팀은 각 투자 사업이 고객사의 전략적 가치와 부합하는지 여부를 점수화하고 해당 사업의 비용·수익 분석 결과를 함께 반영하는 의사 결정 모델을 개발하였고, 투자 사업에 대한 사업 포트폴리오 구성을 결정하는 부문간 조정 회의를 여는 신규 프로세스도 설계하였다.

새로운 프로세스를 시범 적용하기 위해 당시 진행 중이던 몇 개의 프로젝트를 살펴본 결과 한 프로젝트가 눈길을 끌었다. 최근에 만들어진 신사업 부문에 수익률이 높은 제품군이 있었는데 그간 생산능력을 급격하게 확장해 왔고 해당 부문은 생산 설비의 증설까지 검토하는 중이었다.

본사의 일부 임원들은 이 신규 투자로 인해 생산 능력이 과잉 증가하고 전체 이윤이 감소되는 것은 아닌지 걱정하고 있었다. 과거의 매출 확대 속도를 고려한다고 해도 추가 설비를 재확충하는 것은 합리적이지 않아 보였기 때문이다. 오히려 경영진 입장에선 해당 부문장이 기업 전체의 이익을 희생하면서까지 정치적인 이유로 기업 내부에 자신만의 제국을 세우고자 하는 것은 아닌지 의심되는 상황이었다. 우리는 새로운 투자 사업 의사결정 모델에 따라 이 사업에 수반된 리스크와 마진에 대한 영향도를 계산했다. 그리고 새로운 설비의 증설이 ROI 임계치를 충족시키지 못한다는 결론을 얻었다. 예측된 매출 규모도 최선의 상황을 가정한 것으로 제품 수요가 현재의 매출 확장 속도를 유지한다고 보았다. 하지만 해당 사업 부문의 부문장은 컨설턴트들이 내놓은 분석 결과에 격노했다.

필자는 당시 일어난 갈등을 두고 해당 고객사가 각 사업 부문을 객관적으로 판단하여 투자 포트폴리오를 잘 운영할 수 있는지, 아니면 흔히 그러하듯 정치적으로 투자 결정을 할 수밖에 없는지를 가늠할 수 있는 시금석이라고 생각했다. 몇 달이 지나 결국 해당 부문의 설비 증설이 예정대로 진행되었다는 소식을 들었을 때, 필자는 낙담하며 결국 기업의 운영이라는 것이 사내 정치에 좌우될 수밖에 없다는 것을 깨달았다. 그러나 몇 년의 시간이 지난 후 당시 컨설턴트들이 가정하였던 미래 수요 예측이 완전히 잘못되었다는 사실이 드러났다. 해당 제품은 그 사이에 사용처가 상당히 다양해졌고, 그 당시 상상할 수도 없었던 다수의 최종 제품에 원재료로 납품되었다. 수요의 증가가 프로젝트 상황실에 붙였던 차트의 Y축 한계치 이상으로 높았다. 되돌아 생각해 보면 이 기업에게는 추가적인 생산 능력의 확충이 필요했었던 것이다.

    프로젝트에 투입된 다른 컨설팅 팀은 수익의 증대와 시
장점유율 개선을 위한 전략 수립을 담당하고 있었다. 이 팀
에는 하버드 경영대학원이 제창하여 유행하기 시작한 기
업전략 트렌드에서 유래된 '전략적 의도/핵심역량(Strategic
Intent/Core Competence)'이라는 팀명이 붙었다.

    이 전략 트렌드는 게리 하멜(Gary Hamel)과 C.K. 프
라할라드(Prahalad)의 저서 『시대를 앞서는 미래경쟁전략
Competing for the Future』(김소희 역, 21세기북스)에 잘 설
명되어 있다. 이 책의 요점은 기업이 업계의 미래를 예측하
여 타사가 흉내 낼 수 없는 핵심역량을 구축한다면 미래를
선도할 수 있다는 것이다. 예를 들어 캐논(Canon)사는 정
밀 공학, 광학, 전자공학, 전자 이미징에 대한 핵심 역량을
활용하여 카메라에서부터 복사기, 팩스, 프린터 등으로 생
산 라인을 확장하고 해당 분야의 시장에서 선도자로 자리매
김하였다. 어떤 관점에서 이 책은 모든 이들이 한정된 시장
점유율을 놓고 싸워야 하는 마이클 포터의 전쟁 패러다임에
대한 안티테제(antithesis)라고 할 수 있다.

    게리 하멜은 경쟁자의 동향에 따라 자사의 스탠스를 결
정하는 것이 아니라, 자사만의 고유한 역량을 개발하고 새
로운 시장 진입 기회를 창출하라고 주장한다. 즉 핵심 역량

을 구축한 기업은 경쟁자들이 쉽게 모방할 수 없는 경쟁력을 갖게 되어 미래에 이끌려 가는 것이 아니라 선제적으로 미래를 통제할 수 있는 위치에 서게 되는 것이다. 마이클 포터의 이론이 시장의 요인 및 업계의 향방에 따라 기업이 추구하는 전략적 방향을 결정하는 것이라면, 하멜과 프라할라드의 생각은 기업의 내재 역량으로 전략을 만들고 업계의 미래를 이끌어 가는 것이다. 이 주장은 불확실한 미래를 통제할 수 있다는 점에서 호소력을 갖고 있다.

다시 프로젝트 이야기로 돌아가자. '전략적 의도/핵심역량'팀의 첫 과업은 고객사만이 가진 고유한 핵심 역량을 판별하는 것이었다. 그러나 아쉽게도 이 회사가 다른 경쟁사에 비해 잘하는 분야는 재무분석뿐이었다. 이 사실은 제조업체인 이 회사의 미래 창조 전략 수립에는 별 효용 가치가 없었고 결국 핵심 역량을 찾기 어려운 관계로, 이 팀은 포터의 방법론을 채택하여 '차별화 전략'으로 노선을 변경했다. 이들이 제시한 차별화는 프리미엄 제품을 생산하고 이를 위한 새 브랜드와 판매 채널을 구축하는 것이었다. 우리 컨설턴트들은 프리미엄 브랜드 개발을 통해 고객사가 성과 부진을 타개하고 불필요한 자산(인적 자산 포함)을 없애 비용을 절감하며, 자본 지출에 대하여 유의미한 투자 결정을 할 수 있도록 제안하였다는 점에 상당히 만족하며 고양된 채로 프로젝트를 마쳤다. 그러나 해당 기업의 성과 부진은 계속 이어졌고, 생산 설비를 확충했던 사업 부문을 제외한 다른 부문들은 10년 후 모두 분할매각되고 말았다.

단순히 운이 좋았기 때문인지 또는 사업적 통찰력으로부터 기인한 결과인지는 알 수 없으나, 해당 사업의 부문장은 추산된 수치데이터에 의한 결론을 무시하고 오히려 생산 능력을 보강한다는 훌륭한 결정을 내렸다. 해당 제품을 활용하는 수많은 신상품들이 시장에 출시되리라는 것을 누가 예측할 수 있었겠는가? 솔직히 말하자면 당시의 컨설팅은 미래의 창조라는 관점에서 실패한 것이다. 미래에 대해 정확히 예측하지도 못한 것이다.

미래 예측은
위험을 수반한다

전략 기획 프로젝트에 있어 문제가 되는 것은 미래를 예측해야 한다는 점이다. 필자는 예전에 즐겨 읽었던 경영 전략 도서의 오래된 기업 사례를 다시 읽으면서 조금은 비틀린 쾌락을 느꼈다. 하멜의 『시대를 앞서는 미래경영전략』은 베스트 프랙티스로 NEC, 모토로라, JVC, EDS 등을 제시하고 있다. 특히 필자에게 흥미로운 것은 JVC가 VCR 시장의 주도권을 갖기 위해 소니를 상대한 이야기였다. 그 책이 집필되던 당시에는 일본 기업들과 일본 경제가 미국 기업에 비하여 좋은 성과를 냈기 때문에, 이들의 사례 연구가 많은 편이다.

포터의 책을 재독하는 과정에서는 제조업을 강조한 점에 대하여 놀랐다. 물론 다른 업계에 대해서도 언급하고 있지만, 대부분의 사례는 제조업체와 관련된 것이며, 포터는 전략적 행동의 일환으로 생산 능력을 확충하고 시설과 장비의 투자를 통해 경쟁자의 시장 진입 및 자사의 퇴출을 방지하는 과정을 되풀이하여 설명하고 있다.

그런데 오늘날 미국에서 가장 큰 산업은 제조업 외에도 의료업, 유통업, 금융 서비스업 등이 있으며 제조 부문은 쇠퇴하는 추세이다. 필자는 이제는 한물간 '미니 컴퓨터(minicomputer, 1960~1970년대 중소형급 서버군을 통칭)'를 언급하는 대목마다 낄낄대며 웃었다. 물론 필자에게 하멜, 프라할라드, 포터를 비난하고자 하는 마음은 없다. 그들은 훌륭한 경영 사상가들이다. 필자가 독자 여러분에게 전하고자 하는 바는 미래 예측이 진정 어려운 작업이라는 것이다. 하버드 출신의 천재들에게도 미래 예측이 어려운 일이라면 우리 같은 일반인에게는 더 난해한 일이 아닐까? 이 책들은 기업의 실제 사례를 들어 경영 이론을 설명하고 있는데, 현 시점에서는 적어도 절반 이상이 부진한 성과를 보이고 있다. 1990년대에는 GE가 벤치마킹 대상이었고 GE의 많은 사업 관행들이 다른 기업에 의해 모방되었다. 그러나 오늘날에는 GE가 무엇을 하는지에 대해선 관심도 없고 심지어는 잭 웰치 본인마저도 주주 가치의 중요성에 대한 발언을 삼가는 편이다. 최근엔 모방을 위한 베스트 프랙티스로 구글이나 애플이 인기가 있다.

전략 기획을 실행하는 과정에서는 경제적 조건, 업계의 변화, 경쟁사의 행동, 고객의 요구를 예측하는 것이 가장 큰 문제가 된다. 그럼에도 이러한 예측이 실제로 가능한 사람은 존재하지 않는다. 비슷한 이유로 많은 금융 전문가들이 인덱스 펀드(Index Fund)를 추천하는데, 사실 대부분의 펀드 매니저들은 주가 지표 이상의 성과를 내지 못한다. 최고의 대학을 나온 인재가 수많은 연구 결과와 리서치 인력을 활용하는데도 주가의 미래 향방을 신뢰성 및 정확성을 가지고 예측하지 못하는 것이다. 심지어는 미래 예측을 업으로 삼고 있는 세계적인 경제학자들 모두가 2008년의 금융 위기를 예상하지 못했다. 하지만 여전히 많은 기업은 미래를 예측하고 비전을 중심으로 전략을 수립하는 것을 베스트 프랙티스로 보고 있다. 기업의 성공에는 전략기획이 필수적이라고 간주하는 것이다.

제미니 컨설팅이 프로세스 리엔지니어링으로 큰 성공을 거둔 이후, 회사의 경영진은 다음 단계로 나아가기 위한 전략을 필요로 했다. 그들은 회사의 미래가 '기업의 대규모 혁신실행(Business Transformation)', 즉 트랜스포메이션에 있다고 보고 제공하는 모든 컨설팅 서비스를 '트랜스포메이션'이라는 브랜드와 결합시켜 사실상 이 용어를 소유하고자 했다.

기업의 대규모 혁신실행이라는 것은 대상 기업을 재창조하기 위해 사업 전략 수립, 비즈니스 프로세스 개선, IT 시스템 구현, 조직 설계 등을 한 번에 진행하는 접근 방법을 의미한다. 언뜻 좋은 말처럼 들리지만 이는 대규모의 비용 절감 프로젝트를 컨설팅 용어로 포장한 것에 불과하다. 절박하게 살 길을 찾지 않으면 망하는 회사가 아닌 바에야, 안정된 모든 것을 다 뒤집으려 하는 기업이 어디 있겠는가?

대규모 혁신실행을 추구한다는 비전이 제미니의 모든 컨설턴트들에게 전달되면서 해당 전략 방향과 부합하는 프로젝트만을 수주하라는 방침이 정해졌다. 당시 제미니는 몇 차례의 대규모 혁신실행 프로젝트를 이미 수행한 경험이 있었지만 대부분의 수익은 꾸준히 들어오는 소규모 프로젝트에서 거두고 있었다. 그런데도 이 전략이 하달된 시점부터 소규모 프로젝트에 관여할 수 없게 된 것이다.

불행하게도(한편 다른 이들에게는 다행으로) 미국 경기가 회복되면서 기업들은 더 이상 다운사이징에 신경 쓰지 않게 되었다. 파괴적이고 많은 비용이 수반되며 기업과 종업원이 고통을 겪어야 하는 혁신실행 프로젝트는 더 이상 클라이언트들에게 매력이 없었다. 결국 제미니의 경영진들도 자신들이 저지른 실착에 대해 알게 되었지만 이미 제미니라는 브랜드는 대량해고와 연관되는 컨설팅 회사로 인식되었다. 예를 들면 컨설팅을 제안할 때 후보사에 '제미니'가 포함되었다는 이유만으로 고객사의 종업원들 사이에 소요가 일었다. 많은 기업들은 다운사이징에 지쳐 있었고, 제미니의 비전문 분야인 인터넷이나 전자 상거래 등에 높은 관심을 갖고 있는 형편이었다. 결국 제미니 컨설팅은 자신이 가장 잘 알고 있는 기업 구제 방안을 스스로에게 적용했다. 보유한 컨설턴트들을 정리 해고한 것이다. 이에 따라 최고의 컨설턴트들 모두가 경쟁사로 이직했고 제미니는 수년이 지나지 않아 보유한 컨설팅 역량을 모두 소진하고 말았다. 현재 이 회사는 현 EY컨설팅(Cap Gemini Ernst & Young)의 작은 조직개발 그룹으로 남아 있으며 미국이 아닌 해외에 몇 개의 소규모 지사만을 두고 있다. 전략 기획 및 프로세스 리엔지니어링을 업으로 삼았던 회사가 최고의 사고 도구와 인력을 가지고 이러한 결과를 맞게 된 것은 역설적이다.

혼돈 속의 컨설팅 업계를 떠나 사업환경이 보다 안정적인 대기업으로 이직한 필자는, 몇 년 후 이직처인 제약회사 화이자에서도 유사한 경험을 했다. CEO 행크 맥키넬(Hank McKinnell) 하에서 화이자의 전략은 블록버스터가 될 수 있는 대형신약을 만들기만 하면 경쟁사보다 2배 이상인 대규모 영업조직을 활용하여 판매한다는 것이었다.

2000년대 초반에 화이자는 이미 수조 원의 매출을 올리는 신약 제품군을 보유하고 있었고 기 연구 중인 제품도 상당했다. 리피토(Lipitor, 화이자의 심혈관계 치료제)는 역사상 가장 많이 팔린 약품 중 하나였고, 비아그라(Viagra, 화이자의 발기부전 치료제)는 새로운 시장을 개척했다. 또한 파마시아(Pharmacia)사의 매수를 통한 셀레브렉스(Celebrex, 화이자의 관절염 치료제) 판매 실적도 썩 괜찮았다.

이런 상황에서 당시 화이자에서는 잠재적인 시장 가치가 10억 달러(약 1조 원) 미만인 약품은 연구개발에 착수하지도 않겠다는 분위기가 팽배했다. 또한 제약과 관련성이 없는 사업 부문을 정리하기 시작했다. 주식 가치를 감소시키는 부업을 매각하여 신약 개발이라는 핵심 사업에 집중하고자 한 것이다. 대부분의 제약회사들이 신약 개발의 리스크를 경감하기 위해 사업 다각화를 전략으로 삼고 있는 것에 반해 화이자는 이 전략을 과감히 버린 것이다. 제약업의 마진은 꽤 높은 편이다. 그러나 대박 신약은 고사하고 효과가 높은 인기 제품의 개발에 성공하는 것도 그 가능성이 매우 희박하다.

두말할 필요도 없이 그 후 몇 년간 화이자의 블록버스터가 되리라 기대했던 셀레브렉스, 벡스트라(Bextra, 화이자의 염증 및 통증 완화제, 안정성 문제로 2005년 미국 시장에서 판매 중단), 톨세트라핍(Torcetrapib, 화이자의 심혈관 치료제, 안정성 문제로 2006년 개발 중단), 익쥬베라(Exubera, 화이자의 당뇨병 치료제, 2007년 미국 시장에서 판매 중단), 챈틱스(Chantix, 화이자의 니코틴 중독 치료제, 2009년부터 적개심, 우울증, 자살충동 등과 관련된 경고표시인 '블랙박스' 라벨을 붙이고 판매), 레줄린(Rezulin, 당뇨

병 치료제, 간 독성으로 인해 시장에서 철수) 같은 신약들
이 모두 실패로 끝났다.

화이자의 주가는 2008년 금융위기 이전임에도 불구하고
42달러에서 17달러까지 떨어졌다. 이 진통은 행크 맥키넬과
그가 지명한 후임자 제프 킨들러(Jeff Kindler)가 재임한 5년
간 지속되었다. 필자는 커리어 상에서 총 4개의 회사를 거
쳤는데 그 중 3곳에서 이러한 일이 발생했다. 4번째 회사의
경우 합병을 제대로 처리하지 못하여 경영진이 국회 청문회
에 참석해야 할 수준이었기에 퇴직하기로 결심했다.

경영전략에 대한 실패담은 예외적인 사건이라 할 수 없
다. 전략을 실행하면 이렇게 되기 마련이다. 경영학 교과서
의 관점에서 바라보면 제미니와 화이자는 그야말로 원칙을
준수하여 전략을 실행하였다. 핵심 역량 관점에서 보면 양
사 모두 고유한 핵심 역량을 기반으로 일을 진행하였다. 제
미니는 자사가 강점을 가진 프로세스 리엔지니어링 및 프로
젝트 효익 구체화를 활용하고자 했고 화이자는 대규모의 영
업 조직을 활용하려고 했다. 또한 이들은 미래를 예측하여
시장의 미래를 쥘 수 있는 혁신적 전략을 구상하였다. 마이
클 포터의 용어로 이야기한다면 두 회사 모두 큰 경쟁 우위
를 창출해 낼 수 있는 차별화 전략을 추구한 것이다. 이 전

략이 들어맞았다면 제미니는 대규모 혁신실행이라는 컨설팅 시장의 강자가 되었을 것이고 화이자가 개발하는 모든 신약은 블록버스터 상품이 되었을 것이다. 잭 웰치와 BCG의 이론과 정렬되었던 이들의 사업 전략은 거침없는 성장과 시장에서의 선도적 위치를 보장해야만 했다. 게다가 시장에서의 과거 실적도 이 전략 수립에 녹아 있었다. 이는 그야말로 교과서적으로 작성된 전략이었고 양사는 그 전략의 실행도 충실히 추진했었다.

독자 여러분이 전략가가 아닌 문외한의 관점에서 이 전략들을 바라본다면 "대체 일을 왜 그렇게 했는지" 의문을 가질 지도 모르겠다. 그러나 컨설팅 업계에서 포춘 500대 기업의 프로젝트를 수주하는 것은 일종의 성배와도 같다. 컨설팅사에 있어 이들 기업은 프리미엄 제품을 지속적으로 구매하는 소비자인 것이다. 이러한 프로젝트는 전환 비용이 낮고 높은 이윤을 보장하는 비즈니스 모델이다. 이 전략은 DH&S나 제미니뿐만이 아니라 대부분의 컨설팅사가 원하는 모델이기도 하다. 다만 문제는 포춘 500대 기업은 1천 개도 아니고 말 그대로 딱 500개만 존재한다는 것이다. 게다가 이러한 기업들이 외부 컨설팅의 힘을 빌려 대규모 프로젝트를 진행하는 경우도 얼마 되지 않는다. 즉 대형 클라이언트로부터 대규모 프로젝트를 수주하는 것은 복권에 당첨되는 것과 유사하다. 개발하는 모든 약품이 블록버스터 상품이기를 기대한 화이자의 전략은 당첨될 가능성이 있는 복권만을 구매하여 복권 상금을 타려고 하는 전략이라고 할 수 있다. 블록버스터 신약을 원하지 않는 제약회사는 없다. 단지 의약품의 개발은 상당한 위험을 안고 있는 사업이며, 유망해 보이는 의약물질 연구의 대부분은 실패로 끝난다.

화이자나 제미니 같은 우수한 기업들이 이렇게 우둔한 전략을 수립하는 이유는 무엇일까? 우선 전략 기획의 전형적인 프로세스를 살펴보자. 첫 번째로 기업의 리더가 회사의 미래 비전에 기반하여 기업의 성공을 정의해야 한다. 쉽게 말하자면 미래를 예측해야 한다. 보통 이러한 미래 비전의 개발을 위해 외부 컨설턴트를 투입하여 업계 및 트렌드에 대한 연구를 수행하고 이를 보고서로 만든다. 그 이후 컨설턴트들이 소규모의 경영진과 함께 자신들이 찾아낸 사실에 기반하여 전반적인 비전과 전략적 목표를 수립한다.

이러한 전략 기획에서는 짐 콜린스(Jim Collins), 『좋은 기업을 넘어 위대한 기업으로Good to Great』(이무열 역, 김영사) 등의 유명 비즈니스 서적을 집필한 경영 사상가가 말하는 '크고 위험하며 원대한 목표'나, '1등 아니면 2등', '신

시장 창조', '지속적인 두 자리 성장' 등과 같은 원대한 목표가 강조되기 마련이다. 이왕 꿈을 꿀 것이라면 큰 꿈을 가져도 좋지 않겠는가!

비전이 만들어지면 그 이후엔 조직 전체가 이 비전을 믿도록 설득해야 하고 그에 부합하는 행동만을 취할 수 있도록 경영진이 관리해 나가야 한다. 즉 자원을 비전에 집중해야 하기 때문에 전략 달성과 관련 없는 부가적 영역에는 자원을 소모할 수 없다. 전략의 수립 및 실행의 수순을 요약하면 다음과 같다.

- 미래를 예측한다.
- 그 예측에 기반하여 원대한 목표를 정의한다.
- 다른 사람들을 설득한다. 비록 그들이 전략 기획에 참여한 적이 없는 월급쟁이들이라도 일단 이 비전에 동참하도록 한다.
- 목표달성에 매진한다.
- 성공을 축하한다!

우스꽝스럽지만 매우 슬픈 일이다. 이러한 사고로 인해 회사가 파산하고 사람들이 직업을 잃기 때문이다. 더 기막

힌 사실은 마이클 포터, 프라할라드, 하멜, 웰치, BCG 또
는 그 어떤 전략 컨설팅사도 이러한 수순을 고안하지 않았
다는 것이다. 전략을 둘러싼 각 부분을 종합한 총체가 오히
려 각 부분에까지 악영향을 끼치는 상황이 벌어졌다. 이는
분명 한 기업의 미래 계획을 수립할 수 있는 올바른 방법이
라고 할 수 없을 것이다.

계획 자체보다
그 과정이 중요하다

마이클 포터와 다른 이들이 나타나기 전의 시대로
돌아가 보자. 당시 기업은 전쟁의 개념을 기반으로 전략을
수립하였다. 애초에 전략이라는 말 자체가 군사학에서 온
것이다. 포터의 책도 '전투수행의 우위', '방어책', '보복', '대
항 브랜드'와 같은 군사 용어로 가득하며 한 기업이 성공하
려면 경쟁사와 맞붙어 이겨야 한다고 가정한다. 필자는 전
투적으로 경쟁하지 못하는 기업은 성공할 수 없다는 전제
에 찬성하지는 않지만 군사 이론이 비즈니스 전략에 기여한
바에 대해선 잘 이해하고 있다. 1980년대에 포터의 책 외에
기업 전략서로 유명한 책은 『손자병법孫子兵法』을 비롯한

전쟁론들이었다. 그러나 여러 가지 경구만 읊어대고 집필된 지 2천 년도 넘은 손자병법은 필자의 흥미를 끌지 못했다. 전략과 관련하여 필자가 공부한 것은 율리시스 그랜트 장군(Ulyssess S. Grant, 미 남북전쟁 시기 북군의 장군이며 미국의 18대 대통령)의 회고록인데 이는 가장 훌륭한 전쟁 기록의 하나라고 할 만하다. 그랜트는 남북전쟁의 각 전투를 묘사하면서 해당 지역의 지형 및 지세를 상당히 자세하게 설명하고 있다. 게다가 그가 손으로 그린 수많은 전장의 지도도 함께 실려 있다. 그는 자신의 군세를 배치하고 전투를 조율하기 위해 전장이 될 곳의 지형을 연구했다. 전투가 시작된 이후 원래의 계획을 포기해야 하는 상황에서도 그는 지형에 대한 연구를 기반으로 새로운 행동 지침을 고안해 냈다. 그의 이러한 역량과 병참 및 보급에 대한 관심은 남북전쟁을 승리로 이끄는 데 기여했다.

필자가 언급하고자 하는 또 다른 장군은 드와이트 아이젠하워(Dwight Eisenhower)이다. 필자는 그의 유명한 격언인 "전투 준비에 있어 작전 그 자체는 별 소용이 없지만, 작전을 수립하는 행위 자체는 매우 중요하다"라는 말을 자주 인용하곤 한다. 그러나 전쟁에 있어 작전대로 진행되는 전투는 거의 없다. 우리의 인생도 마찬가지이다. 그리고 두말할 필요 없이 기업 역시 계획대로만 사업을 진행할 수는 없다.

하지만 문제는 많은 사람들이 전략 기획이라는 손쉬운 해결책을 과신한다는 것이다. 아이젠하워의 말대로 계획 그 자체는 큰 가치가 없으며 계획을 세우는 과정이 가치가 있음에도 말이다. 트렌드, 경제 시나리오, 경쟁사의 장단점, 규제의 변화, 고객의 목소리를 분석하고 연구하는 행동에 의하여 기업이 통찰력과 지혜를 갖고 의사 결정을 할 수 있다. 이러한 지식은 변화하는 상황에 대응하고 훌륭한 기회를 포착하는 데 도움이 된다.

하나의 계획에만 매달려 있으면 사고가 협소해지지만 전체의 계획을 직접 수립하면 그 사고는 확장될 수 있다. 특히 전략 기획에서 중요한 것은 우리의 지성을 스스로 연마하고 남에게 떠 넘기지 않는 것이다. 그런데 대부분의 회사들은 외부 컨설턴트들을 고용하여 시장 분석과 전략 기획을 수립하고 있다. 이 경우 컨설턴트들이 일을 마치고 떠나면 조직 내에 전략 기획 역량이 내재화되지 않고 사라져 버린다. 비즈니스적 통찰력이 사내에 내재화되기는커녕, 아무도 읽지 않고 이해할 수도 없는 A4 75페이지의 파워포인트 보고서만 남는 것이다. 게다가 이 파워포인트는 출력하는 시점부터 이미 변화하는 시대 조류와 맞지 않게 된다.

기업 내에서 직접 한 주제에 대하여 몇 주에 걸쳐 분석하고, 요점을 문서화하며 결론을 도출하는 과정에서의 깨달음과 타인에 의해 만들어진 보고서를 읽으며 내용을 파악하는 것 사이에는 커다란 격차가 있다.

전략 개발의 목표는 전략 기획 보고서를 제출하는 것이 아니다. 전략 개발이라는 것은 일종의 내면 탐구(Vision Quest)라고 할 수 있다. 내면 탐구라는 활동은 미래를 예측하거나 행동 지침을 만들고자 하는 것이 아니라, 자아를 발견하고자 떠나는 여정이다. 그러므로 기업의 전략 개발도 자기 발견의 활동이 되어야 한다. 보고서 따위야 작성 후 바로 폐기할 수도 있다. 전략 개발의 가치는 결과 보고서에 남는 것이 아니기 때문이다.

전략 수립의 진정한 가치는 학습 및 발견의 과정에 있다. 꼭 지켜야 할 계획을 만드는 것이 아니라 기업이 가진 역량 내에서 급격하게 변화하는 세계에 대응하기 위한 지혜를 찾는 것이 전략 기획의 목적이 되어야 한다. 이러한 지혜를 지닌 종업원들은 사업 기회를 포착하였을 때 그것이 진정 좋은 기회가 될 것인지 그렇지 않을 것인지 스스로 판단할 수 있을 것이다. 한 가지 계획에 집착한다면 예기치 않게 찾아오는 기회를 포착할 수 없다는 말이다. 이러한 기회들 중에 미래의 성공에 필수적인 것도 있을 것이다. 기업이 미래를 예측하고 시장을 통제하는 것보다는 경쟁사보다 먼저 기회를 포착하고 추구하는 일에 집중해야 성공을 이룰 수 있다. 마이크로소프트, 애플, 구글은 미래를 예측했기 때문이 아니라 주어진 기회를 인식하고 행동하여 성공을 거두었다. 어쩌면 경쟁자들이 전략 계획을 수립하여 실행하는 동안 눈을 크게 뜨고 호시탐탐 기회를 찾는 것이 성공에 이르는 최상의 방책일지도 모르겠다.

기회를 포착하기 위해서는 가능한 많은 종업원들을 전략 기획이라고 하는 기업의 자기 발견 활동에 포함시켜야 한다. 대부분의 기업은 고객이나 경쟁사의 현황, 업계의 동향 같은 것에 밝지 못한 소수의 리더급 인력을 팀으로 구성하여 전략을 기획한다. 그렇기 때문에 블록버스터 신약 개발이나 대규모 기업 혁신실행 프로젝트 수주 같은 것을 전략적 목표로 삼는 것일지도 모르겠다. 이와 대조적으로 군대의 지휘관들은 지속적으로 현장의 정보를 수집하고자 한다. 기업의 경우에도 종업원들을 통해 시장, 고객, 심지어 경쟁사에 대한 정보를 획득할 수 있을 것이다. 자사가 가진 기업 가치관과 역량, 성공한 프로젝트와 실패한 프로젝트의 사례, 고객의 의견, 새로운 테크놀로지 등에 관해 조직 내부의 정보를 종업원들과 공유하는 것은 훌륭한 의사 결정에 필수적 요소이다. 훌륭한 사업 기회를 놓치지 않으려면 종업원들이 이러한 정보를 숙지하고 있어야 한다. 정보에 근거한 의사결정이 바로 진정한 전략 수립이 아닐까? 소수의 인원들이 앞서서 결정을 내리는 것은 전략 수립이라 할 수 없다.

우리 모두 기업 전략을 현실적인 관점에서 생각할 필요가 있다. 모든 기업이 시장 선도자가 되고 매년 급격하게 성장하며 스타 기업이 될 수는 없는 일이다. 미래를 예측하는 것은 세계에서 가장 스마트한 사람들에게도 불가능한 일이며, 특히나 20대의 컨설턴트들에게는 더더욱 어려운 일이다. 그러나 예측하지 않은 사건에 대응하기 위한 지혜를 추구하고 일의 목적을 발견하는 것은 누구에게나 가능한 작업이다.

주

1) 전략 컨설팅 업계에 대한 서술은 유명한 전략 컨설팅 회사의 창립자들에 대해 다룬 월터 키첼(Walter Kiechel)의 저서 『The Lords of Strategy』(Harvard Business Reviewpress)와 이에 대한 게리 에몬스(Garry Emmons)의 북리뷰를 참고하였다.

2) BCG는 포터의 도구가 등장하기 전에 이미 두 가지의 정량적 모델을 개발하였다. 이는 포트폴리오 매트릭스 모델과 경험 곡선(Experience Curve) 효과인데 모두 현금 관리를 목적으로 한다. 마이클 포터는 이를 혼합하고 경쟁이라는 요소를 덧붙였으며 포괄적인 전략을 제공하였다.

3) 잭 웰치에 대한 정보는 GE의 기업 사이트, Encyclopedia.com, 비즈니스위크(Business Week)에 게재된 프로필, 이코노미스트(Economist)의 기사 등을 참조하였다. 1십만 명의 해고에 대해서는 널리 보도된 바 있으며, 2009년 잭 웰치 MBA에 대한 「이코노미스트」지의 기사를 참고하였다. 웰치는 인명은 살상하나 건물은 파괴하지 않는 중성자 폭탄에 빗대어 중성자 잭이라는 별명을 얻게 되었다. GE는 웰치가 취임하기 이전인 1980년말 기준으로 41만 1천 명의 직원을 고용하였으나 1985년 말에는 그 숫자가 29만 9천 명으로 줄었다. 그는 또한 GE 관리자 중 성과가 부진한 하위 10%를 매년 해고하는 관행을 도입하기도 했다.

02

사람 중심의
리엔지니어링이
필요하다

탁상공론에 그친 프로세스 최적화

우선 관련자와의
대화를 시작하라

필자는 오랜 기간 프로세스 리엔지니어링(Process Reengineering, 업무 프로세스 개선)과 그에 수반되는 프로세스 자동화(Process Automation, 업무 프로세스 실행의 시스템화) 분야에서 일해왔다. 처음 컨설턴트로 일하던 시기부터 이러한 작업을 수행하였는데, 당시엔 아직 프로세스 리엔지니어링이라는 말이 창시되기 전이라, 이를 운영 개선(Operations Improvement)이라고 칭했다. 이미 오래전 일이라 당시의 프로젝트들에 대한 기억이 흐릿하지만, 가장 첫 프로젝트에 대해선 아직도 선명하게 기억하고 있다. 필자는 이 프로젝트를 통하여 비즈니스 상의 여러 문제에 대하여 생각하고 고민해 볼 수 있었다.

첫 프로젝트의 클라이언트는 작은 냉장고 제조업체로 과잉 재고, 긴 리드 타임(Lead Time, 제품의 주문 접수에서 인도까지 이르는 시간-역주), 거래처로의 납기 지연 등의 문제로 고민이 많았다.

사업 초기에는 한정된 제품군을 생산하였으나 고객이 원하는 기능에 대응할 수 있도록 제품군을 점차 다양화했고 심지어는 특수설계(Custom Design) 주문에 대한 생산 서비스도 제공하였다. 이에 따라 기업 운영은 점차 복잡해지고 있었는데 공장의 생산 설비 구성은 예전과 다름없었다.

당시 필자의 상사는 스케줄링 역량을 제고할 수 있는 최첨단의 소프트웨어를 이 클라이언트에 판매했는데, 이 정도 규모의 고객사로서는 꽤나 큰 규모의 투자였다. 나의 상사는 이 소프트웨어가 작업장의 운영을 최적화하고 생산량도 대폭 개선할 수 있다고 약속했다. 그러나 권고안에 따라 소프트웨어를 개발하여 적용한 이후에도 개선 효과는 미미한 수준이었다.

당시 해당 클라이언트는 필자가 일하던 컨설팅사와 다른 컨설팅도 진행하고 있었기 때문에 고객의 불만족은 내부적으로 큰 이슈가 되었다. 이에 제조업 컨설팅 부문의 파트너(Partner, 컨설팅사나 로펌에서 지분 및 리더십을 가진 임원진을 통칭)가 관여하게 되었다. 결론적으로 문제를 일으킨 당사자는 프로젝트에서 쫓겨나서 프로젝트 사이트(Project Site, Client Site, 컨설팅이나 IT 구축 프로젝트가 이뤄지는 상황실이나 회의실 등의 상면이 위치한 고객사 공간을 통칭)로의 출입이 사실상 금지되었고, 고객사의 공장 운영 분석을 수행하여 종합적인 제조, 재고, 재무 정보 시스템 구축을 위한 요건 정의(Requirements Definition, ERP 등 경영정보 시스템의 구축을 위해 업무적 요구사항을 도출하여 정의하는 과정—역주) 컨설팅을 무료로 제공하는 것으로 상황을 무마하였다.

이 정보 시스템은 기업 내의 다양한 운영 관점을 통합함으로써, 해당 고객사의 문제를 해결할 수 있으리라 기대되었다. 필자는 재무 영역의 개발 요건 정의를 담당할 두 명의 회계 컨설턴트와 이 업체로 투입되었다. 회계 컨설턴트들은 회계 파트와 협력해야 했기 때문에 건물 상층부의 사무실에서 일했고, 필자는 공장 내 작업장 바로 위의 공간에서 일을 하게 되었다. 해당 프로젝트가 고객사에게 돈을 청구하는 일이 아니고 또 후속 프로젝트의 창출도 가망이 없어 보였기 때문에 회사의 관리 고객은 우리에게 별 신경을 쓰지 않았고 우리도 알아서 스스로 일해야 했다. 당시 필자는 전자재료공학 학위를 갖고 졸업한지 1년이 지난 풋내기였는데, 제조업에 대한 아무런 사전 지식 없이 고객사의 문제를 해결해야 했다. 비록 필자가 MIT(Massachusetts Institute of Technology, 매사추세스 공과 대학) 졸업생이라고 해도 필자의 학위는 반도체에 대한 것이었으며 전자 현미경으로 원자 단위에 대해 연구하는 것이라면 모를까 생산 현장의 엔지니어링에 대해선 전혀 아는 바가 없었다. 특히 당시 고객사처럼 소규모의 제조업체에 대해선 더더욱 알 수 없었다.

필자는 공장의 감독관과 함께 작업 현장을 견학하는 것으로 일을 시작했다. 처음 눈에 띈 것은 여기저기 널려 있는 부품들이었다. 흔히 재공품(Work in progress)이라고 하는 이 부품들은 생산 공정의 중간 단계에 있는 가공 중인 부품을 의미한다. 어느 기계에나 앞에 미처리 부품과 완성한 부품이 두 줄로 놓여 있었고 이 때문에 공장 바닥이 번잡했다.

그 다음 필자가 주목한 것은 기계 앞에서 작업에 여념이 없는 작업공들이었다. 마지막으로 필자는 작업공보다 조금 깨끗하고 단정한 옷을 입고 공장을 돌아다니며 그들에게 말을 거는 사람들을 볼 수 있었다. 이 사람들이 기계로 다가갈 때마다 작업공들은 기계를 정지했고 논쟁이 벌어지곤 했다. 감독관에게 이들이 어떤 사람들인지 물어보니 이른바 '촉진 담당자'라고 했다. 촉진 담당자는 우선순위가 높은 시급한 주문의 생산이 진행되도록 관리하는 일을 맡고 있었다. 이들은 긴급한 주문이 들어오면 이를 첫 번째 가공 기계로 가져가서 처리하고, 그 이후 재공품을 두 번째 기계로 옮겨 임시로 가공하게 한 다음, 해당 주문에 대한 가공 생산이 완료될 때까지 계속해서 옮겨 다니며 특별 가공을 추적하여 관리했다.

그러나 값비싼 소프트웨어를 가지고 최적화한 전체 생산 스케줄링이 이 관행 때문에 심각한 영향을 받고 있었다. 작업공들이 스케줄링에 따라 처리하던 작업을 긴급주문 때문에 정지하고 설비를 다시 구성한 다음 촉진 담당자가 가져온 부품을 가공해야 했다. 필자의 회사가 고객사에 설치한 소프트웨어가 제대로 성과를 내지 못한 것도 어찌 보면 당연한 일이었다.

처음의 견학 이후 필자는 작업현장의 근로자들과 생산 일정 관리자를 비롯해 필자에게 말을 거는 누구와라도 대화를 나눴다. 필자는 근로자들이 노조 소속이며 협조적이지 않을 수 있다는 이야기를 들었지만, 그들 대부분은 필자와 이야기하는 것을 좋아했으며 회사의 현 상황에 대한 좌절감과 함께 이를 토로할 수 있는 기회에 대해 감사했다. 고객사의 경영진은 작업 현장에 내려갈 시간도 없이 너무나 바빴기 때문에 그들과 이야기할 기회가 없었다.

이 고객사는 제조 일정을 기획하기 위해 거래처로부터 월 단위로 주문을 받았다. 그리고 이 주문내역을 컴퓨터에 입력하여 다음 달의 최적화된 생산 일정을 계산하였다. 문제는 일부 중요 거래처들이 주 단위로 발주하고 빠른 시일 내에 납품을 요구했다는 것이다. 처음에는 이 주문들을 컴퓨터 시스템에 입력하여 새로운 생산 일정을 만들려고 했지만, 이미 기존 생산 일정대로 작업이 진행되고 있었기 때문에 도중에 일정을 변경하는 것은 여러 모로 관리상에 어려움이 있었다. 그 때문에 대안으로 긴급한 신규 주문을 촉진 담당자들이 별도로 관리하도록 한 것이었다.

고객사의 생산 스케줄은 이론상으로 완벽했지만 촉진 담당자들의 임시 요청에 부응하기 위해 작업공들은 계획된 공정을 자주 멈춰야 했고 결국 원래의 제조 일정을 준수할 수 없었다. 많은 주문들의 약속한 납기일을 지키지 못하게 됨에 따라 촉진 담당자의 손에 더 많은 주문이 '긴급' 상태로 전달되었다. 이로 인해 작업 현장의 최적화는 더욱 요원해졌고 다시 적기 납기가 어려워지는 악순환이 야기되었다.

필자는 공장의 직원들과 몇 주간 현장 인터뷰를 수행한 다음 문제점과 그에 대한 권고안을 작성했다. 특히 인사 제도 등에 관련된 사항은 필자가 수행하기로 한 분석과업의 범위 밖이라는 잔소리를 듣기는 했지만, 필자가 볼 때 이 공장의 가장 큰 문제점은 작업공들의 성과급 기준이 납기 준수가 아니라 생산된 부품의 개수라는 것이었다. 예를 들어 작업공들은 2시간 동안 기계를 세팅하고 30분간 5개의 부품을 생산해야 한다는 지시를 받으면, 세팅에 소요된 2시간 동안 제품을 생산하지 못했으니 이를 벌충하기 위해 5개 이상의 부품을 생산하곤 했다. 이러한 여분의 재공품은 작업대 근처에 대충 놓여 있기 마련이었고, 막상 필요한 경우에도 운이 좋아야 발견할 수 있었다.

더 심각한 것은 촉진 담당자들이 재촉하는 통에 작업공들이 주어진 생산 일정을 따르지 않고 촉진 담당자들이 가져온 일을 먼저 처리하는 관행이었다. 다시 말하지만 작업공들은 기계를 새로 세팅하는 경우 필요 이상의 부품을 생산했다. 이러한 긴급 주문이 끝나면 할당된 생산량 중 남은 시간에 몇 개의 부품을 더 생산할 수 있는지 계산하고 원래의 생산 일정에 착수하는 것이다. 모든 작업공들은 이러한 관행이 납품기한을 준수하는 데 아무런 도움이 되지 않는다는 것을 알고 있었지만, 실제 작업 현장은 계속 그렇게 돌아갔다. 성과급이 생산한 부품의 개수로 결정되기 때문에, 불필요한 경우에도 되도록 많은 부품이 생산되었다. 불필요한 부품을 제조하느라 구비된 원재료를 다 소모했기 때문에 막상 필요한 부품을 위한 원료는 부족한 경우가 많았다. 이로 인하여 구매 부서는 필요한 구매 일정보다 이른 시점에 원재료를 주문해야 했으며, 이는 다시 불필요한 부품을 더 많이 만드는 결과를 초래했다. 팔리지 않는 과잉 재고, 납기 미준수, 원재료의 부족까지 총체적 난국이 벌어진 것이다.

필자의 1차 권고는 부품 생산량에 근거한 성과 보상을 중단하고 적기 주문 완료를 집단적 성과 목표로 부여하는 것이었다. 또한 촉진 담당자라는 역할을 없애고, 거래처들의 주 단위 발주 주기에 맞춰 생산 일정을 기획하도록 제안했다. 서류상에서 최적화된 월간 일정이 멋있어 보일지라도 이미 거래처로부터 주 단위로 수주하는 상황이었고 작업 일정도 그에 따라 변화하고 있었다. 사실상 월간 일정과 달리 주 단위 생산형태로 일하고 있었으므로 그에 따른 기획을 제안한 것이다. 이 외에도 주문의 리드 타임을 바꾸고 개별 주문에 대응하는 잡 샵(Job Shop, 다종 제품을 소량으로 생산하는 생산관리 기법) 생산체계를 도입하도록 추천했다.

이 클라이언트가 필자의 제안을 수용하여 주문 납기를 개선하고 재고를 낮추며 생산 비용을 절감하여 대단한 수익을 냈다면 얼마나 좋았을까. 제안 보고서를 작성하여 경영진에 제출한 이후 필자는 다른 프로젝트에 배속되었다. 당시 고객사의 사장과 경영진은 이 권고안을 맘에 들어 했지만, 1년 후 이 회사가 더 큰 가전제품 회사에 매각되면서 권고안의 대부분은 실현되지 않은 채 보고서상으로만 남았다.

필자가 이 프로젝트에 처음 착수할 때엔 회사의 도움 없이 고객사를 위해 홀로 일해야 하는 것이 원망스러웠다. 그러나 그로 인해 고객사의 종업원들로부터 정보를 수집하고 이들과 함께 해결책을 생각해낼 수 있었다.

보통 컨설팅에서는 이렇게 많은 사람들과 대화하고 대부분의 시간을 '단지 생각하는 것'만으로 보낼 기회를 갖기 어렵다. 빠른 업무 추진으로 능력을 평가받는 컨설팅 업계에서 생각만으로 시간을 보내는 것은 부가가치가 없는 행위로 간주된다. 필자는 이 프로젝트에서 노조원들이 비협조적이고 정직하지 않을 것이라는 조언과 달리, 그들 대부분이 문제의 원인을 잘 알고 이를 돕고자 하는 의지가 있다는 것을 깨달았다. 단지 그들은 의사결정과정에서 소외되어 있어 일하는 방식을 바꿀 힘이 없었을 뿐이었다. 생산 현장의 종업원들과 관리자들의 관계는 적대적이었다. 과거의 고통스러웠던 노사 교섭 이후, 상호 간의 불신이 이 고객사의 노사 관계를 비틀어 놓았다. 필자는 이 프로젝트에서 일하는 동안, 단 한 번도 관리 인력을 작업현장에서 볼 수 없었으며, 현장 작업공들이 관리자들에게 자발적으로 정보를 제공하는 일도 없었다. 서로가 상대방을 악의적이고 탐욕스러우며 무관심하고 멍청하다고 보았고, 한두 사람의 이기적인 행동으로 상대편 전체를 매도하였다. 사측의 인사제도 상의 엄벌 규정도 이렇게 예외적인 사례에 대응하기 위한 것임에도 불구하고, 모든 종업원들에게 엄격하게 적용되었다. 게다가 고객사의 종업원들이 타 부서의 사람들과 대화를 하는 일도 거의 없었다.

또 다른 문제점은 '과도한 업무 범위 확대(Scope Creep, 컨설팅 등의 용역에서 업무 범위가 자주 변경되거나 통제 수준 이상으로 확장되는 경향—역주)'였다. 필자의 매니저는 필자가 생산 운영 프로세스에 집중해야 하며 컨설턴트가 흔히 겪는 업무 범위 확대의 함정을 피해가야 한다고 조언했다. 그러나 필자가 보기에 이 고객사가 지닌 문제점의 근본 원인은 생산이 아닌 다른 부분에 있었다. 우선 왜곡된 성과보상체계가 만악(萬惡)의 근원이었지만 부서 간 정보 공유의 부족과 거래처와의 좋지 않은 관계도 작업 현장에 문제를 야기했다. 심지어 어떤 거래처는 이 기업의 두 부문에 중복된 발주를 내고, 먼저 생산된 제품을 수령한 다음 다른 주문을 취소하기도 했다. 작업 현장의 근본적 문제를 해결하기 위해선 공급망에 관련된 모든 사람들과 이야기를 할 필요가 있었다.

방법론에 종속되지 말고 방법론을 도구로써 활용하라

이후 몇 년간 필자는 소규모 제조업체를 대상으로 생산 공정을 개선하는 일을 수행했다. 이때 사용한 방법론은 당시 유행했던 엘리야후 골드랫(Eliyahu Moshe Goldratt)의 제약이론(Theory of Constraints)[1], 일본의 JIT(Just-in-Time) 생산 방식, MRPII(Manufacturing Resource Planning, 제조 자원 관리, 현 전사적 자원 관리(ERP)의 전 단계) 정보 시스템 등이었다. 재미있는 것은 이 중 어떤 방법론도 현장에 완벽하게 들어맞는 것은 없었다는 점이다. 언제나 일정 부분을 수정해야 수용이 가능했다. 제조업체들이 가진 병목 지점은 순차적으로 해결할 수 있는 것이 아니라 한 번에 같이 해결해야 하는 복합 병목인 경우가 많았다. JIT 원칙도 일부는 적용이 가능했지만 순수한 의미의 JIT를 미국에서 구현하는 것은 불가능했다. 공급자들이 가까이 위치한 일본과 달리, 원재료를 확보하기 위해 2주의 배송 시간이 걸리는 미국에서 1~2일 분량의 재고만을 보유하는 것은 합리적인 선택이 아니다.

MRP 시스템을 구축하는 것도 마찬가지였다. 고객사를 방문하여 소프트웨어를 설치하는 것만으로 일이 끝나지는 않았다. 문서상의 프로세스와 보유한 정보가 정확한지 확인하는 과정이 필요했다. 그렇지 않으면 그야말로 재앙이 발생했다. 당시에도 정보시스템을 구축하여 업무 전환을 하고 나면 불량 데이터가 많이 발견되었다. 필자는 이러한 프로세스 개선 방법론은 적용자가 자신의 재량으로 활용하는 가이드라인 또는 도구라고 생각한다. 더 많은 도구를 알수록 더 적합한 것을 선택하여 활용할 수 있다고 본다.

한편 당시엔 품질 혁신이 인기 있었기 때문에 필자는 SPC(Statistical Process Control, 통계적 공정 관리) 관련 자격증도 준비했다. 공장의 생산 자동화가 진화함에 따라 온도, 압력, 속도 등의 다양한 변수를 생산 과정에서 모니터링하는 것이 가능하게 되었다. SPC는 이러한 변수들을 취합하여 어떠한 규격이 제품의 품질을 보장할 수 있는지 판단하는 것이다. 이 기법에서는 이전의 생산 이력과 통계를 활용하여 제조 설비가 규격을 벗어난 결과물을 생산했을 때 이것이 해당 작업자의 인적 실수에 기인한 것인지 아니면 다른 이유가 있는지 판단할 수 있다.

SPC는 생산품의 품질관리 및 생산성 향상에 있어 놀라운 기회를 제공하였으며 이후 식스 시그마(Six Sigma)[2] 운동의 토대를 구축하였다. 식스 시그마는 1980년대 중반 모토로라에서 시작된 운동으로 당시 모토로라의 CEO와 엔지니어들이 일본 기업과 경쟁하기 위해 품질을 적극적으로 개선하고자 하는 목적에서 수행한 것이다.

'식스 시그마'란 통계적인 의미로 프로세스(또는 공정)의 통계적 기준이 표준편차 식스 시그마인 것을 의미한다. 한 공정의 규격 편차가 식스 시그마 범위 이내여야 높은 수준의 품질성을 인정받을 수 있다. 쉽게 표현하면 생산된 제품 1백만 개 중에 3.4개 미만의 결함이 존재한다는 것이다. 보통 사람들은 99%의 정확도라면 꽤 좋다고 생각하겠지만, 이 경우 100개의 부품 중 한 개가 결함이라는 것이며 이는 고품질의 공정이라고 할 수 없다. 모토로라는 식스 시그마 운동으로 품질 개선 및 비용 절감에서 큰 성과를 거두었고,

GE와 얼라이드 시그널(Allied Signal, 항공 및 자동차 관련 제조업체로 1999년 허니웰(Honeywell)을 인수. 현 허니웰) 사도 식스 시그마를 채택하여 조직 전체에서 이를 의무화하였다. 물론 잭 웰치의 재임 시절 GE의 모든 프로그램은 베스트 프랙티스였기 때문에 다른 기업들도 식스 시그마를 도입하기 시작했다.

이 시기에 대두된 또 다른 업무 혁신 방법론은 '업무 프로세스 리엔지니어링'이다. 이 말은 당시 베스트셀러 비즈니스 서적인 『리엔지니어링 기업혁명Reengineering the Corporation』(공민희 역, 스마트비즈니스)의 저자인 마이클 해머(Michael Hammer)와 제임스 챔피(James Champy)에 의하여 고안된 용어이다. 그들은 프로세스 리엔지니어링을 '비용, 품질, 서비스, 속도 등의 성과로 측정되는 극적인 개선을 달성하기 위해 업무 프로세스를 근본적으로 재고하고 급진적으로 재설계하는 과정'으로 정의하였다. 금세 모든 기업들이 프로세스 리엔지니어링을 도입하고자 했다.

필자는 프로세스 리엔지니어링이 상한가를 치는 시점에 제미니 컨설팅에 입사했다. 제미니의 역사에서 가장 독특한 점은 이들의 방법론이 행동주의 심리학자들의 연구에 기반한다는 것이다. 매 프로젝트에서 우리는 많은 시간을 들여 고객과 함께 팀을 만들고 코칭 및 피드백을 전달하며 효율적인 회의를 운영하는 방식에 대해 고민했다. 숫자를 주로 다루는 명석한 두뇌의 컨설턴트들은 '마음을 움직이는 기법'이라고 할 만한 몇 가지 방법을 배워야 했다. 여기에는 팀 브레인스토밍 기법, 정서적인 변화 수용 모델, 회의 중재 기법, 그리고 '브라운 페이퍼(Brown Paper)'라고 부르는 프로세스 리엔지니어링 도구가 포함되었다.

브라운 페이퍼 기법은 제미니의 컨설턴트들이 기존의 상위 프로세스를 플로우차트로 표현할 때 실제로 갈색 롤 포장지를 활용했기 때문에 붙은 명칭이다. 컨설턴트들은 기존 프로세스(흔히 As-Is Process)를 브라운 페이퍼 위에 그린 다음, 해당 업무 프로세스와 관련된 모든 이를 초대하고 그들이 프로세스에 대한 자신의 의견을 쪽지에 적어 문제가 있는 지점에 붙이도록 했다.

프로세스 리엔지니어링 혹은 프로세스 개선, 프로세스 혁신 프로젝트에서는 업무 프로세스의 분석 및 개선을 위하여 컨설턴트와 함께 고객사의 다양한 업무분야를 대표하는 직원들을 별도의 TF(Task Force)로 구성하여 참여시키는 경우가 일반적이다. 이들은 상근 또는 시간제로 프로젝트에 참여하며 필자가 말하는 것과 유사한 여러 세션 및 워크샵에 참석하고 피드백을 제공하게 된다. 이 세션은 참여자들에게 놀라울 정도로 카타르시스를 느끼게 했기 때문에 우리는 이 기법을 '하이터치 & 로우테크(High touch and Low tech)'라고 부르기도 했다.

브라운 페이퍼 기법은 식스 시그마의 통계적인 기반과는 대척되기에 공학도인 필자는 이 기법의 효과에 대해 처음에는 부정적이었다. 그러나 브라운 페이퍼는 필자의 예상보다 꽤나 효과적이었다. 종이 위에 코멘트를 다는 종업원들은 다양한 업무 영역의 사람들로 평소에 프로세스 상에 존재하는 문제점에 대해 말할 기회가 없었다. 단계를 진행하여 프로세스 개선을 논의하기 전에 그동안 그들에게 쌓인 체증을 해소할 필요가 있었고, 쪽지를 통한 의견 표출은 이들의 신랄한 비평이 어느 누구에 대한 개인적인 비난으로 흐르지 않도록 하는 좋은 도구가 되었다. 세션을 위해 회의실에 모인 모든 사람들이 그동안의 잘못된 관행의 원인을 토의하고 다른 이들에게 미친 영향, 특히 타 부서의 종업원들이 처한 어려움을 이해하도록 하는 것은 큰 가치가 있었다.

세션을 마치고 각자의 자리로 돌아간 사람들은 해당 업무 프로세스의 더 원대하고 인간적인 관점에 대해 이해할 수 있게 되었다. 좌절한 고객을 종일 상대하며 짜증을 받아 내는 고객 상담사도 사람이며, 무능한 재고 관리자의 가면 뒤에는 구닥다리 정보와 씨름하며 재고 정보를 현행화하는 어려운 업무를 수행하는 사람이 서 있었던 것이다. 이러한 감정적 체증의 해소 및 인간화의 과정은 이 팀이 업무 프로세스의 개선을 가져올 수 있도록 협업하는 기반을 만들어 주었다.

고객사의 종업원들에게 배포할 수 있도록 필자의 보조직원은 항상 PC버전의 플로우차트 파일을 준비했었다. 그러나 필자는 한 번도 이를 사용한 적이 없었다. 중요한 것은 상세한 플로우차트가 아니라 사람들이 자신의 의견을 달아 붙여 놓은 메모였기 때문이다.

이러한 카타르시스의 다음 단계는 회의실에 모인 사람들과 함께 개선된 향후 프로세스(To-Be Process)를 그리는 일이었다. 사실 백지상태에서 서로 브레인스토밍을 하며 개선 방안을 논의하는 과정은 필자에게 언제나 불편한 단계였다. 제미니는 이러한 회의에 여러 컨설턴트들이 배석하여 그룹의 작업을 중재하고, 사고 수준을 높일 수 있도록 도전적인 의제를 던지게 했다. 즉 프로세스를 잘 아는 사람과 업무 콘텐츠를 잘 아는 사람을 함께 배석시켰다. 필자는 정답을 남에게 공유하지는 않더라도 주머니에 정답을 갖고 있어야 안심하는 유형의 컨설턴트였다. 그러나 이 프로세스 설계 방법의 핵심은 결론 없이 백지에서 시작하는 것이다. 비록 필자에게 쉬운 일은 아니었지만 대체로 좋은 결과를 가져 왔다. (한번은 필요한 결론을 놓고 체계적인 접근방법으로 프로세스 개선을 논의한 적이 있었다. 그런데 오히려 참여하는 고객사 직원들의 사고를 협소하게 만들었기 때문에 30분 만에 중단한 적도 있다.)

어떻게든 세션에 참여하는 고객사 종업원들과 컨설턴트팀은 새롭고 개선된 프로세스를 설계할 수 있었다. 때로는 급진적으로 차별화된 프로세스가 도출되고 가끔은 그다지 기존 프로세스와 차별화되지 않더라도, 이러한 프로세스 개선 프로젝트를 마치고 나면 그 결과로 서로 좋은 인간관계를 갖고 지속적인 개선을 직무의 일부분으로 인식하는 훌륭한 팀이 구성되었다.

이 간단한 브라운 페이퍼 기법은 매우 효과적이었기에 제미니는 프로세스 리엔지니어링 전문 컨설팅사로서 유명세를 더하게 되었다. 심지어는 비즈니스 위크(Business Week)지 표지에 등장하기도 했다. 깊어지는 경제 불황과 별개로 제미니의 프로젝트 규모는 점점 확대되었고, 결국엔 전사적인 대규모 혁신실행 프로젝트 수주를 추구하게 되었다. 이러한 성장 시기에 경영진은 지적 자산의 축적에도 관심을 보여 외부에서 제미니를 높게 평가하는 이유 중 하나로 제미니의 사고 리더십(Thought Leadership, 미래의 트렌드, 경영 혁신 등에 대해 컨설팅사나 리서치사 등이 선제적으로 연구하고 체계화하여 잠재적 클라이언트에게 제공할 수 있는 능력. 맥킨지 쿼털리(McKinsey Quarterly), 엑센츄어 아웃룩(Accenture Outlook) 등의 저널로 일반 대중에게 제시될 뿐만 아니라, 각 컨설팅사가 유망한 기업 고객을 대상으로 매력적인 프로젝트를 구상하고 제안하는 데 기반이 된다.)이 꼽히기도 했다.

제미니의 경영진은 더 나아가 맥킨지(McKinsey) 같은 일류 컨설팅 업체와도 경쟁하고자 했고, 이를 위해 더 분석적이고 체계적인 프로젝트 접근방법을 취하고자 했다. 다른 업체들이 자체적인 방법론과 자동화된 도구를 가지고 있는데 반해 우리는 아마추어처럼 갈색 포장지를 사용하고 있었기 때문이다. 제미니는 기업 혁신실행 컨설팅사라는 비전의 일환으로 모든 서비스 영역에 대해 상세한 방법론(Methodology, 축적된 컨설팅 프로젝트 수행 경험을 바탕으로 유사한 유형의 프로젝트를 수행할 때 도움이 될 수 있도록 절차, 산출물 유형, 주의점, 재활용 가능한 기존 자료

등을 체계화한 것)을 개발하기 시작했다. 동시에 채용하는 컨설턴트의 유형도 바뀌었다. 지금까지는 타사와 달리 다양한 경험을 가지고 일반 기업에서 현업 경험을 가진 사람들을 채용했지만, 그때부터는 경영대학원을 졸업한 신출내기들을 채용하기 시작했다. 마음을 움직이는 접근에서 분석적인 접근방법으로 옮겨간 것이다.

한 대규모 혁신실행 프로젝트에서 필자는 컨설턴트로서 최악의 경험을 한 적이 있다. 이 프로젝트는 텍스타일(Textile) 제조업체의 생산혁신 및 공급망 개선을 목표로 했는데 여러 팀이 고객사의 다양한 사이트에서 컨설팅을 수행하는 구조였다. 프로젝트의 규모가 크고 빠른 일정 내에 효과를 도출해야 했기 때문에 전체 공급망의 각 영역마다 개별적으로 프로젝트가 수행되었다. 이로 인해 전체 공정을 일관하는(End-to-End) 프로세스 개선보다는 각 프로젝트에서 프로세스를 최적화하여 서로 정렬해야 했다.

필자는 작은 공장에 혼자 배속되어 생산공정의 스케줄링을 개선하는 임무를 부여받았다. 상황은 필자의 첫 프로젝트와 유사했다. 이 공장 역시 적시에 납품을 하지 못했고 이에 따른 고객의 불만족은 극에 달했다. 이 공장을 처음 건설하였을 당시에는 공급보다 수요가 높았기 때문에 다른 공장들에서 폐기한 불량품 스풀(Spool, 실감는 패)을 이 공장으로 모아 직조기에서 사용할 수 있도록 더 큰 사이즈의 스풀에 감는 재가공이 주요 업무였다. 즉 불량품을 재처리하여 수익을 창출한 것이다. 그러나 섬유업계가 변화하면서 크기, 실의 굵기 등의 고객 요구에 대응하기 위해 다양한 맞춤 생산이 이뤄졌다. 몇 년 사이에 생산 라인업이 극도로 복잡해진 것이다. 이에 값비싼 정보시스템을 구축하는 대신에 프로세스 리엔지니어링을 통해 이 공장의 문제를 해결하는 컨설팅이 제안되었다.

고객사의 공장에 도착한 필자는 컴퓨터를 자리에 놓고 언제나처럼 일을 시작했다. 공장 시설 곳곳을 방문하며 종업원들과 인터뷰(Interview, 컨설팅에서 현황 파악, 의견 수렴 등을 위해 고객사 및 관계사의 임직원을 만나는 것)를 수행한 것이다. 인터뷰를 통해 파악한 해당 공장의 문제점은 분명했다. 이 공장에는 20대의 거대한 방적기가 있었다. 이 방적기에 맞는 큰 스풀의 실을 준비하기 위해, 근로자가 100여 개의 작은 실패를 스핀들(회전축) 위에 올려 두고 수작업으로 실을 감았다. 심한 경우엔 며칠간 실을 감아도 몇 시간의 섬유를 직조할 분량밖에 안되었다. 이로 인해 대부분 방적기는 비가동 상태였다. 게다가 맞춤 주문을 위해 기계를 특수하게 조정한 경우 동일한 설정을 필요로 하는 주문이 들어올 때까지 대기 상태로 두었다. 더 심각한 것은 이 공장이 원래 폐기된 스풀을 재활용하는 용도로 건설되었기 때문에 소재로 사용할 수 있는 스풀의 수가 제한적이었고 그로 인해 작업자들이 기계를 중지하고 다시 실을 감아야 했다. 노동집약적인 작업이라 부르는 것도 미안할 수준의 상황이었던 것이다.

앞서 설명한 냉장고 제조업체와 마찬가지로, 이 공장도 첨단 생산 스케줄링 시스템을 갖고 있었지만 구매자들의 잦은 주문 변경이 문제가 되었다. 의류업체에 납품하는 구매자들은 패션 업계의 특성 때문인지 언제든 임의로 주문을 변경하고는 했다. 게다가 시장의 요구도 급격하게 변화하고 있었다.

이 공장이 도입한 생산 스케줄링 시스템은 월 단위 고객 발주를 가정하여 최적화된 월간 일정을 생성하였다. 시스템이 월 단위 스케줄을 유지하려 하는데 반하여 구매자들은 변화하는 시장 수요에 대응하기 위해 지속적으로 주문을 변경했다. 이로 인해 공장 설비의 가동률이 항상 낮았다. 원재료를 넣으면 원사가 생산되는 다른 공장에서는 생산 설비의 유지보수 및 작업 일정 개선만으로 가동률을 높이는 것이

가능했지만, 이 공장에서는 그러한 접근이 불가능했다. 문제의 원인은 더 큰 것이었다. 개선해야 할 것은 업무 프로세스가 아니라 비즈니스 모델 그 자체였던 것이다.

사업 초기에는 제품의 가격이 높고 인건비가 낮았으며 판매되는 스풀의 숫자도 몇 개 되지 않았다. 그렇기에 폐기된 스풀을 가져다가 팔 수 있는 스풀로 재생하는 것은 충분히 합리적이었다. 그러나 섬유제품이 대중화되고 마진이 낮아진 상황에서는 이치에 맞지 않는 일이었다. 게다가 스풀의 제조 비용도 이전보다 높아진 편이었다. 제미니는 프로젝트 착수 단계에서 이 공장도 다른 공장들처럼 기계의 가동률을 높여 제조 비용을 낮출 수 있을 것이라고 이미 약속한 상황이었다.

스케줄링 알고리즘의 개선에 의한 영향이 미미할 것이라고 판단한 필자는 프로젝트 매니저(PM, Project Manager, 프로젝트 수행 및 완수를 위한 총 책임자)에게 연락하여 상황에 대해 보고했다. 필자가 보기에 이 공장에서는 생산공정 관리자와 작업자들을 한데 모아 'As-Is(현상황)' 프로세스를 갈색 종이에 그려도 별 소용이 없을 것 같았다. 게다가 몇 명 되지도 않는 공장의 직원들은 문제를 인식하고 있음에도 해결방법이 없어 무력감을 느끼고 있었다. 가장 문제가 되는 것은 구매자와의 관계, 특히 절반 이상의 주문을 차지하고 있으나 대부분의 발주를 변경하는 한 거래처였다. 이에 필자는 공장의 직원들과 함께 해당 거래처를 방문하고 구매 거래처의 팀과 공장의 팀이 문제에 대해 논의할 수 있는 일일 워크샵을 추진했다.

두 회사의 사람들이 번갈아 가며 문제에 대해 이야기하며 그다지 공격적이지 않은 방식으로 상대방에 대해 어떠한 점이 어려운지 설명하는 시간이었다. 워크샵 중 오전에는 업무적인 관점에서 불만을 토로하고 상대방에 대해 이해하는 시간을 갖고자 했으며, 함께 점심 식사를 하여 인간적으로도 친밀해지는 것을 목표로 했다.

점심 식사 중 거래처의 한 직원이 충분한 제품을 확보하기 위해 필요한 양보다 더 많이 주문한 적도 있다고 시인했다. 이 얘기는 가짜 주문 때문에 필사를 다해 최적화에 매진했던 공장측 직원들을 격노케 했다. 이에 필자는 유사한 관행이 다른 회사에도 많이 있었다며 좌중을 진정시켰고 곧 다른 이들도 이러한 관행이 일반적이라고 인정했다. 이 작은 고백 사건은 솔직한 의사소통으로 이어졌다.

오후에 필자는 두 회사의 직원들과 머리를 맞대고 서로 협업하기 위한 많은 아이디어를 도출했다. 워크샵 끝에는 실제로 실행 가능한 해결책 및 조치 사항을 목록으로 정리하였다. 구매 거래처에게 일부 생산 설비에 대한 일정 조정 권한을 주고 어느 주문을 먼저 처리할지 결정하도록 하는 아이디어를 비롯해, 생산품 판매가 아닌 방적 작업 자체를 서비스로 판매하는 방안도 제안되었다. 즉 해당 공장이 설비의 가동 시간 및 수반되는 노동력만을 판매하는 것이다. 이 경우 생산 일정의 최적화를 공급사인 공장 측에서 고민할 필요가 없다. 새로운 상호 이해와 협업에 대한 새로운 희망을 품고 워크숍을 마치고 나니, 양사가 책임전가를 넘어 내실 있는 관계를 유지하는 단초를 마련하게 되었다는 사실에 마음이 뿌듯했다.

워크숍 이후 공장으로 복귀했더니 프로젝트의 PM이 바뀌고 이 공장에 새로운 컨설팅 팀이 배속되었다. 아마도 약속한 성과를 내지 못할 수 있다는 필자의 사전 보고가 연쇄작용을 일으킨 것이 아닐까 싶었다. 상부에서는 고객사의 상황이 한 명의 컨설턴트가 다루기엔 어려움이 많다고 진단하여 다른 사이트에서 근무하던 전체 팀을 이 공장으로 데려와 문제를 해결하고자 했다. 이 시점에 제미니는 제공하는 서비스 및 방법론의 표준화를 진행하고 있었다.

이 팀은 다른 사이트에서 활용하던 도구와 해결책을 가

져와서 전체적인 진단 및 프로세스 개선에 활용하기로 했다. 새로 도착한 팀 매니저가 필자에게 처음 요구한 것은 기존 생산 스케줄링 프로세스에 대한 필자의 분석물이었다. 필자는 상황을 설명했고 As-Is 스케줄링 프로세스를 문서화할 필요성을 느끼지 못했다고 이야기했다. 이에 대해 매니저는 필자가 범위 이외의 일을 추진하면서 표준화된 절차도 따르지 않은 것에 대해 매우 화를 냈다. 그러나 필자의 생각에 방법론상의 표준 절차는 이 공장이 겪고 있는 현상의 개선에 도움이 되지 않는 것이었다. 그는 필자가 진행하던 워크샵은 즉시 중지하고 프로세스 흐름도를 그리도록 지시했다.

이 공장이 갖고 있는 문제점을 상사에게 제대로 납득시키지 못하는 자신에게 실망하면서도, 필자는 일단 기존 프로세스를 4단계로 도식화하였다.

- 주문 접수 종료일에 대한 알림을 고객에게 보낸다.
- 월말이 되면 고객의 주문을 최신 생산 스케줄링 시스템에 입력한다.
- 최적화된 월간 작업일정을 출력하여 공장의 감독관에게 전달한다.

- 신규 주문이 중간에 들어오면 작업 일정을 갱신한다.
- 다시 첫 단계로 돌아간다.

매니저에게 이 도식을 보여주자 그는 대체 이게 컨설턴트가 내놓을 만한 문서냐며 화를 냈다. 확실히 당시 프로세스 플로우차트를 그리는 필자의 능력은 형편없었다.

그는 다른 컨설턴트를 시켜 통상 작업 스케줄링 프로세스가 어떻게 구성되는지 필자에게 예시를 보여주었고 프로세스 설계를 위한 도구도 설명하게 했다. 그런데 이러한 도구와 해결책은 소수의 제품을 취급하는 단순한 프로세스의 공장에나 적합한 것이었다. 이 매니저는 공장의 시설을 둘러 보기는커녕 공장 직원들과 인터뷰 한 번을 수행하지 않고 타 공장에서 성공적이었던 해결책이 이곳에서도 잘 적용될 수 있으리라 낙관하고 있었다.

필자는 프로세스 흐름도만 잘 문서화해도 문제를 해결할 수 있으리라는 그 매니저의 의견에 회의적이었다. 이에 매니저에게 그 접근법이 효과가 없을 것이라고 강변했고 결국 프로젝트에서 쫓겨났다.

상급자와 이 정도 수준의 갈등을 빚으면 보통은 회사를 떠나야 한다. 그러나 그동안의 다른 프로젝트에서 이뤄온

성과가 있었기에 필자에게는 재기의 기회가 주어졌다. 공급
망 프로세스 컨설팅 부문에서 좀 더 재량권이 부여된 신제
품 개발 컨설팅 부문으로 전문 분야를 전환하게 된 것이다.
후에 알게 된 일이지만 결국 그 프로젝트는 재앙으로 마무
리되었으며 이를 담당한 파트너도 일 년 후 회사를 떠나야
했다. 해당 고객사의 공장은 약속했던 성과를 얻을 수 없었
고 결국엔 사업을 매각하고 말았다.

이 사건으로 필자는 크게 마음이 아팠다. 일일 워크샵에
서 브레인스토밍 세션을 진행할 때만 해도 이 클라이언트를
위한 해결책이 있다는 꿈에 부풀어 있었다. 고객사에 진정
으로 도움이 되는 일을 하고 있다고 느꼈다. 그러나 상사의
강압에 의하여 스스로의 판단이 아닌 표준 프로세스에 따라
일을 처리해야 했을 때, 필자는 뱃속에 돌덩이가 들어 있는
것처럼 매일 아팠다. 잘못된 일을 하고 있다는 것을 알았기
때문이다.

필자는 지금까지 특정 기법이나 도구를 목표 달성을 위
한 수단으로 사용했지 목표 자체로 삼지는 않았다. 이러한
방법론의 요점은 새로운 통찰력을 제공하고 기존의 사고에
도전하기 위한 것이다. 필자와 동료들은 방법론이 성공으로
이어지는 쉬운 레시피라고 여긴 적이 없다. 제미니에서 일

하면서 가장 자랑스러웠던 것은 이 모든 기법들이 사람 중심의 협업을 지원한다는 업무 철학이었다. 그러던 것이 이제는 사람들 간 협업을 방법론이 대체하고 만 것이다.

인간이 창조한 세상에서의
문제점은 인간이 원인이다

역설적으로 이 모든 것을 촉발한 도서 『리엔지니어링 기업혁명』의 저자들은 프로세스 엔지니어링이 성공하려면 모든 관련자들이 해결책 구상에 참여하여야 한다고 강변하고 있다. 새로운 프로세스를 설계하기 위한 손쉬운 단계적 해법 같은 것은 없으며, 프로세스 설계를 위해 빈 서판에서부터 시작하라고 권고한다.

반면 오늘날 유행하는 대부분의 경영 서적들은 마지막 한두 챕터를 할애하여 그들이 이야기하는 해결책을 어떻게 실행할 것인지 다루고 있다. 필자가 『리엔지니어링 기업혁명』의 저자들을 높이 사는 점은 레시피로 책을 마무리한 것이 아니라 리엔지니어링 과제가 잘못될 수 있는 상황에 대한 논의를 덧붙였다는 것이다. 이들은 또한 프로세스 파편화의 징후인 데이터 중복, 불확실성에 대응하기 위한 여유 재고 등 전형적인 프로세스 문제점의 증상에 대해 설명하기도 했다. 지침 메뉴얼을 제공하는 것과 실수 및 문제점을 설명하는 것 사이의 차이점은 전자가 독자의 사고를 제한하는 반면 후자는 이를 확장한다는 것이다.

대조적으로 식스 시그마는 빈 서판이 아닌 기존 프로세스에서부터 시작한다. 식스 시그마에 대해 부정적인 사람들은 그것이 급진적이거나 혁신적이기보다는 점증적인 개선을 가져올 뿐이라고 비판하는데 필자가 보기엔 그들이 큰 그림을 놓치고 있는 것 같다. 식스 시그마는 기계 제어에 기원을 둔 통제 프로세스이다. 여러분이 장비에 대하여 이를 적용한다면 큰 성과를 거두겠지만, 이를 사람들에게 적용한다면 어떤 결과를 가져올까?

한때 마케팅 프로세스에 식스 시그마를 적용하는 방법에 대한 책을 읽은 적이 있는데, 책 전체가 작업의 완료에 대한 모니터링 템플릿과 단계별 진행결정 기준에 대한 문서화로 가득했다. 이러한 템플릿이 마케팅 프로세스에 원칙과 일관성을 부여한다는 것이다. 그런데 명민하고 창조적이며 정신적으로 활기 있는 사람들을 마케터로 고용한 다음, 이들이 신제품에 대한 아이디어와 새로운 마케팅 캠페인을 고민하게 하는 것이 아니라 문서 템플릿을 완성시키고 세부적인 상세 내용의 실행을 모니터링하는데 시간을 소모하는 것은 낭비적이다. 마케팅이라는 것은 원래가 무질서한 것이 아닌가?

필자는 다른 컨설턴트들에게 문제 해결 기법에 대해 가르친 적도 많다. 다음의 그림은 식스 시그마의 분석 도구 중 하나로 이시카와 다이어그램 또는 피쉬본(Fishbone, 물고기뼈) 다이어그램[3]이라고 하며 문제의 원인을 식별하는 데 사용된다.

그림 1 피쉬본 다이어그램-자동차 시동이 걸리지 않는 이유

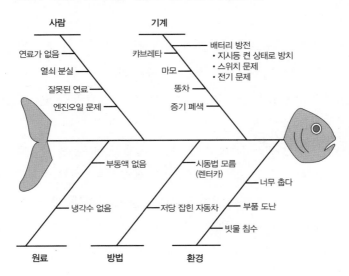

필자는 위의 자동차 문제 해결 다이어그램이 마음에 들지 않았지만 다른 예제를 찾는 것도 어려웠다. 오랜 시간동안 고민한 끝에 아마도 자동차 문제 해결 다이어그램이 문제라기보다 사용하는 도구 자체에 문제가 있는 것은 아닐까 하는 결론에 이르게 되었다.

자동차의 시동을 걸 수 없는 원인에 대해 〈그림 1〉은 그 원인들을 사람, 기계, 원료, 방법, 환경이라는 5가지 주제로 분류했다. 그리고 아마도 가장 유력한 해답은 배터리 방전이나 기계 문제일 것이다. 그러나 왜 배터리가 방전되었느냐고 한다면 그것은 지시등을 켜둔 채로 두었기 때문이다. 즉 사람의 문제인 것이다.

방법 및 원료 측면을 보자. 부동액이나 냉각수가 없는 것이나 리스 비용을 연체하여 리스사가 회수해 가는 상황, 렌터카의 시동 거는 방법을 모르는 것 역시 사람의 문제라 할 수 있다.

사실상 비즈니스에서 생겨나는 문제의 대부분은 사람에 기인한 것이다. 심지어는 대부분의 제조 설비 문제도 결국은 작업자의 오류 또는 정비 부실로 인한 인적 과실이라 할 수 있다. 인간이 만든 세상에서 대부분의 문제는 인간이 그 원인이다.

왜 사람 중심의
리엔지니어링이 어려운가

10년 이상을 프로세스 리엔지니어링과 문제 원인 분석에 매달리면서 필자는 여러 프로젝트에서 반복적으로 발견되는 문제점들을 인식하게 되었다. 지금까지 다른 리엔지니어링 관련 논문 및 도서에서 이러한 문제점들을 다룬 것은 아직 보지 못했다.

- **불신**-불신은 업무 프로세스가 제대로 기능하지 못하는 가장 큰 이유이다. 사람들이 단편화되어 일하고 소통하지 않으면 왜 다른 부서의 직원들이 비합리적인 행동을 하고 있는지 전혀 이해할 수 없게 된다.

  이러한 이해의 부족은 부가가치를 만들어 낼 수 없는 모든 유형의 정치 게임, 통제 절차, 상호 검증, 검토 및 승인 절차 등을 야기한다. 불신은 공포 및 희망과 더불어 그 유명한 공급망 채찍 효과의 근본 원인이다.

  채찍을 휘두르는 손의 작은 움직임이 채찍 끝에서 큰 움직임으로 나타나듯 수요에서 작은 변화가 생기면 공급망으로 이 편차가 증폭되어 전달된다. 공급사로부터 제품을 제때 받을 수 있을지 신뢰할 수 없기 때문에 고객이 주문을 늘리고, 이것이 고객과 공급사의 연결망 전체로 연결된다고 생각해 보자. 필요한 만큼의 제품을 수령한 고객이 그 이후 나머지 불필요한 주문을 취소해 버리면 다시 공급망 전체가 요동칠 것이다. 이로 인해 공급과잉과 공급부족이 반복되며 공급망에 참여하는 모든 이가 고통을 겪게 된다.

- **목표 상충·갈등 구조**—이에 대해 제3장에서 더 자세히 다루겠지만 기능적인 사일로(Silo, 곡물저장창고인 사일로처럼 기업이나 조직의 각 부문이 서로 유기적으로 결합되어 있지 않고 개별적인 아젠다를 가지고 움직이는 상황을 의미한다)들은 다른 사일로의 목표와 상충되는 자체 목표를 갖는다.

예를 들어 영업부는 상품의 품절을 절대 원하지 않지만, 재고관리자 입장에선 안전 재고의 수준을 줄이는 것이 중요하다. 마케팅은 신상품을 빨리 출시하고자 하는 반면 품질관리 부서는 면밀하게 상품 품질을 점검해야 한다고 고집한다. 본부에서는 개별적인 투자 사업의 수를 줄이고자 하는 반면, 각 지사에서는 다양한 신규 과제를 기획한다. 이는 필자가 실제로 접한 사례의 일부에 지나지 않는다.

• **조급함**—이 문제는 기업이 추진하는 모든 과제 및 프로젝트에 영향을 미치며, 일의 추진 속도가 빨라질수록 더 심각해진다. 특히 신상품 개발이나 멋진 프로젝트가 계획되어 있고 사람들이 말 그대로 '몸이 근지러워' 착수 시점까지 기다릴 수 없을 때 이 현상을 많이 겪었다.

그러나 프로젝트 수행의 파이프라인을 가득 채우면 동맥경화가 일어나기 마련이다. 사람들이 한 번에 관여할 수 있는 프로젝트의 수는 한정되어 있으며 다수의 프로젝트를 동시에 수행하면 아무것도 제대로 완료할 수 없다.

전사적 개선 과제에서 조급함이 문제를 망치는 경우도 있다. 조급함이 앞서면 개선 과제 팀이 실제 문제의 원인을 진단하기 위한 적합한 분석 과정을 건너뛰게 되고 그에 따라 오히려 사태를 악화시키는 해법을 내놓을 가능성이 있다.

• **우둔하게 보이는 것에 대한 두려움**—신제품 개발에 있어서 이는 큰 문제가 된다. 신제품 개발팀의 팀원들이 다른 이들에게 컨셉을 공유하기 위해 그 수준이 완벽해야 한다는 강박 관념을 가진다고 가정하자. 그러나 컨셉의 완전화를 위해 몇 달의 시간을 소모한 후에 그것이 법률과 규제적 측면 또는 제조 관점에서 타당하지 않다면 어떻

게 하겠는가? 실행할 수 없는 아이디어에 그 모든 시간을 낭비한 결과가 될 것이다. 불완전한 컨셉이라도 관련된 이들에게 미리 공유한다면 나쁜 아이디어를 빨리 도태시킬 수 있음에도, 남들에게 우둔하게 보이고 싶어하지 않는 마음이 이를 가로막을 수 있다.

프로세스 최적화 소프트웨어와 리엔지니어링 방법론 중 위와 같은 쟁점들을 다루는 것이 있을까? 그리고 이러한 문제를 해결할 수 있는 플로우차트가 있을까? 앞서 언급한 최적화된 월간 작업일정과 마찬가지로, 프로세스 플로우차트는 보고서 위에서만 멋져 보일 뿐 현실 상황을 반영한 것이 아니다.

이러한 문제가 발생하는 가장 큰 원인은 업무 프로세스가 사람으로부터 분리될 수 있다는 믿음 때문이다. 그러나 정작 업무를 수행하는 것은 사람이기 때문에 프로세스와 사람을 나누는 것은 가능한 일이 아니다. 필자가 신제품 개발 프로세스를 최적화하는 프로젝트를 수행할 때의 일이다. 개발부서 담당 상무가 모든 제품 개발에 대해 컨셉 단계부터 관여하고자 하는 의사를 표명했고, 이에 따라 개발 초기 단계에 상부의 승인 절차를 포함시켰다. 그런데 이 프로젝트가 수행되는 중간에 그 임원은 퇴임했고 그의 후임자는 컨셉 단계 제품을 보고자 하는 의도가 없었다. 이에 따라 원래 상정되었던 초기 승인 절차는 결국 제품 개발 프로세스에서 폐지되었다.

업무 프로세스에 대한 자세한 분석과 문서화 및 프로세스 차트를 작성하는 이유는 이를 통해 업무상의 문제에 대한 원인을 파악하기 위함이다. 그러나 인간이 문제의 원인이라면 직접 이야기 하는 것이 정답이다. 우리 모두 자아가 있고 서로 소통할 수 있기 때문이다. 관련자들이 문제에 대해 무엇이 잘못되었는지 말해 줄 수는 있지만, 그 이전에 이를 관련자에게 질문해야 하지 않겠는가.

필자의 경험상 거의 대부분의 비즈니스 문제에는 그 원인을 알고 있는 사람이 적어도 한 명 이상은 존재한다고 본다. 혹시 없다고 해도 조금씩이나마 부분적인 이유를 알고 있는 사람들이 있을 것이며, 그들의 의견을 종합하면 큰 그림을 그릴 수 있다. 평소 서로 모일 이유가 없는 부서의 사람들을 한데 모아 앞서 언급한 원인 분석 및 문제 해결 기법을 사용하면 큰 효과를 볼 수 있다. 물론 이러한 기법이나 도구 자체는 별 쓸모가 없다. 부문 간, 팀 간 회의나 착수 보고 등을 열기 위한 구실로 이러한 도구나 방법론, 또는 소프트웨어를 사용하라는 것이다. 인류가 쌓아 올린 문명을 보면 사람들은 도구 사용을 좋아하는 것 같다. 독자 여러분이 단지 주의해야 할 것은 도구가 해답을 쥐고 있으며, 굳이 사람을 모아 이야기하지 않아도 도구 자체만으로 충분히 효과적이라고 맹신하는 것이다. 불행하게도 많은 문제 해결 기법이 그러한 식으로 진화해 왔다. 처음엔 인간 중심의 기법으로 시작되었지만 중간에 누군가가 거추장스러운 인적 요인을 제거하기로 마음먹은 것이다. 그 이후엔 여러분이 잘 알고 있는 것처럼 컨설턴트들에 의해 정말 많은 시간을 들여야 하는 데이터 및 문서화 중심의 방법론이 나타났다. 게다가 이렇게 많은 시간을 들이고도 올바른 해답을 찾기란 요원하다. 이렇게 시간을 낭비하는 대신에 관련자들에게 질문을 던지고 창조적이며 협동적인 방식으로 문제에 집중하는 것이 낫지 않을까?

그럼에도 우리들은 유의미한 개선 결과를 목적으로 데이터 입력, 플로우차트 설계, 소프트웨어 설치, 데이터 분석, 보고서 작성 등으로 바빠 정작 프로세스상의 문제점에 대해선 함께 논의하지 않는다. 문서, 데이터, 계획은 개선활동의 결과물이라 할 수 없다. 전략 기획에 대하여 독자 여러분에게 말한 바와 같이 문서 작업에 가치가 있는 것이 아니라 생각하고 배우며 보고서를 작성하는 과정 자체에 가치가 있다고 할 것이다. 보고서라는 것은 출력하는 순간 퇴화되고 만다. 업무상의 문제와 관련된 사람을 배제한 채로 그어떤 도구, 기법, 프로그램, 과제도 해법을 제시할 수 없다. IT 시스템 구축이든 변화관리 과제이든 기업의 운영을 개선하는 유일한 방법은 일단 사람을 한데 모아 협업하는 것이다. 이 작업에 어떠한 방법론이나 기법을 택하는가는 중요하지 않다. 바로 그 사람들이 문제의 원인이자 해결책이기 때문이다.

주

1) 엘리야후 골드랫(Eliyahu Goldratt)의 제약 이론은 그의 저서 『더골The Goal: A Process of Ongoing Improvement』(김일운 역, 동양문고)을 참고하라.

2) 식스 시그마의 기원에 대한 정보는 'The History of Six Sigma', 'The Evolution of Six Sigma' 등의 웹사이트 기사와 피터 팬드(Peter Pande)의 저서 『식스 시그마로 가는 길The Six Sigma Way』(신완선 역, 물푸레)을 참고하였다. 이 운동이 모토로라에서 처음 시작되었다는 것은 의심의 여지가 없지만, 식스 시그마의 '아버지'에 대해선 많은 엔지니어의 이름이 거론되고 있어 필자는 별도로 거명하지 않기로 했다.

3) 자동차 시동이 걸리지 않는 이유에 대한 피쉬본 다이어그램의 기원은 필자도 잘 모른다. 제미니 컨설팅에서 일할 때부터 이를 사용했는데 당시 같이 일했던 동료가 만들었던 것 같다. 피쉬본 다이어그램은 다양한 항목으로 여러 업계 및 상황에 사용된다. 예를 들어 P를 사용한 패턴도 있다. (사람People, 정책Policy, 절차Procedure, 프로세스Process, 장소Place) 필자는 기계(Machine)의 문제도 궁극적 원인이 사람이라는 것을 보여주고자 M을 선택해 전개했다. (사람Man, 기계Machine, 원료Material, 방법Method, 환경Milieu)

03

성과 지표는
목표가 아닌
수단에 불과하다

수치목표 교조주의를 조심하라

무엇이든
정량화되는 세상

1980년대에 대두된 재무지표관리에 감화되어 재무 관리뿐만 아니라 기업 경영 전반에 지표를 도입해야 한다고 생각한 경영 사상가들이 있었다. 로버트 카플란(Robert Kaplan)과 데이빗 노턴(David Norton)은 1992년 하버드 비즈니스 리뷰(HBR)에 BSC[1] 제도라는 개념을 게재하였다. BSC 제도는 기업을 성공적으로 경영하기 위해 재무, 고객만족, 내부 프로세스, 혁신과 교육이라는 4대 유형의 지표를 관리하는 것이다. 이러한 4개 유형은 기업의 전략적 목표에 따라 균형적으로 배치하고 성과표를 전략 계획의 실행에 활용하는 것이 이상적이다. BSC는 전략 구현을 위한 내외부적 목표의 진척을 수치적인 지표로 나타낸다.

그림 2 BSC균형성과표(Balanced Scorecard)[2]

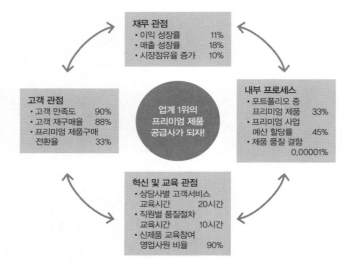

재무 관점
- 이익 성장률   11%
- 매출 성장률   18%
- 시장점유율 증가   10%

고객 관점
- 고객 만족도   90%
- 고객 재구매율   88%
- 프리미엄 제품구매
  전환율   33%

업계 1위의
프리미엄 제품
공급사가 되자!

내부 프로세스
- 포트폴리오 중
  프리미엄 제품   33%
- 프리미엄 사업
  예산 할당률   45%
- 제품 품질 결함
          0.00001%

혁신 및 교육 관점
- 상담사별 고객서비스
  교육시간   20시간
- 직원별 품질절차
  교육시간   10시간
- 신제품 교육참여
  영업사원 비율   90%

위 BSC는 프리미엄 제품의 생산을 통해 이윤, 매출, 시장 점유율을 개선하고 연말 재무 목표를 달성하기 위해 조직을 정렬한 모습이다. 우선 이러한 전략의 실현을 위한 지표로 개발 중인 프리미엄 제품의 비율, 이에 할당된 예산 비중, 결함률 등을 관리한다. 또한 고객의 만족도 및 유지(Retention) 비중과 프리미엄 제품 구매로 전환된 비율도 지표로 관리한다. 교육 측면에서는 고객 서비스 교육 시간 및 R&D 교육 예산을 관리한다. (이 BSC 예시에서는 혁신 측면 목표는 설정하지 않았다.) 모든 지표들은 시장 내에서 프리미엄 제품 공급사로서 자리매김한다는 전략을 달성하기 위해 설정된 것이다.

그림 3 KPI 핵심 성과 지표의 정렬

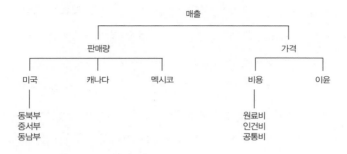

〈그림 2〉의 예시를 살펴보자.

 그러나 BSC만으로는 새로운 전략의 실현을 지원하기에 너무 수준이 높아 도움이 되지 않는다. 고위 임원들에게는 이러한 고수준 목표로도 충분하지만 일반 직원들이 시장 점유율이나 교육 예산 목표에 무엇을 기여할 수 있다는 말인가? 결국 논리적으로 전개하여 보면 KPI, 이른바 핵심 성과 지표(Key Performance Indicator)의 설정이 필요하게 된다.

 BSC의 각 지표는 보다 하위의 지표로 분해 가능하다. 예를 들어 매출은 판매량에 가격을 곱한 것이다. 각각의 하위 지표는 다시 더 하위 지표로 구분될 수 있다. 예를 들어 전체 판매량은 국가별 판매량으로, 국가별 판매량은 지역별 판매량으로 분해 가능하다. 가격의 경우에도 단위 비용과 이윤으로 분해할 수 있을 것이다.(그림 3 참조) 이렇게 지표를 하위 지표의 계층 구조로 분해하는 것을 '상하위 정렬 KPI(Cascading)'이라고 부른다. 이렇게 정렬된 KPI를 관리한다면 조직의 각 계위별로 전략의 구현 및 목표 달성을 측정할 수 있게 된다. 기계의 작업공이나 고객상담사도 자신에게 부여된 하위 지표를 통하여 자신의 역할이 어떻게 조직의 목표에 기여하는지 알 수 있는 것이다. 컨설턴트들은 고래상어에 달려드는 빨판상어(Remoras)처럼 BSC/KPI 지표 측정 개념을 즉각 수용하였다.

전통적으로 컨설턴트들이 고객 기업을 위해 분석, 전략 개발, 신규 프로세스 설계, 이행 계획을 제공하고 프로젝트를 마치면 그 실행은 온전히 해당 고객사의 몫이었다.

To-Be 프로세스 설계서가 도움이 되기는 했지만 모든 전략 목표에 대해 프로세스가 설계되는 것은 아니었고, 새로운 프로세스 및 전략 계획의 실행을 강제하는 것은 전적으로 고객사 경영진의 관심에 달려 있었다. 중간 관리자들이 아무런 강제 없이도 전략 실행을 훌륭하게 이행할 것이라고 신뢰하는 회사라면 애초에 경영진이 컨설팅에 그렇게 많은 돈을 쓰지 않았을 것이다. 중간 관리자들이 알아서 움직이는 회사가 왜 외부 컨설턴트를 필요로 하겠는가.

그런데 BSC/KPI라는 것이 도입되면서 컨설턴트의 권고안이 실제로 구현되는지 그리고 어떠한 결과를 가져왔는지 모니터링할 수 있게 되었다.

BSC를 통하여 우리는 수립된 전략을 4대 카테고리로 분류하고 그에 대응하는 목표를 설정할 수 있게 되었다. 새로 설계한 업무 프로세스에 BSC라는 측정 체계를 결합하는 것은 전략의 실행성을 담보하는 확실한 방법인 것 같았다. 이를 통해 조직의 각 구성원이 기업의 전략적 목표에 기여하는 바를 감독하고 측정할 수 있으니 말이다.

BSC는 조직 혁신이라는 어려운 과업이 자율적으로 진행될 수 있는 통제력을 제공하는 것처럼 보였다. 이러한 구조는 컨설턴트뿐만 아니라 고객 기업사의 경영진에게도 매력적이었다. 기업의 전 조직을 세분화된 목적과 수치목표로 정렬하고 각 부문이 이를 얼마나 잘 따르고 있는지 정량적으로 측정한다는 것은 전략적 목표 구현을 위한 완벽한 지휘 통제 체계로 보였다. 게다가 컨설턴트 입장에서는 별도의 컨설팅 서비스로 BSC 설계 혹은 KPI 정렬 프로젝트를 제공할 수 있는 기회가 열린 셈이었다.

필자가 지난 20년간 수행했던 거의 대부분의 프로젝트에는 일정 부분 수치적인 성과 지표 정의가 포함되어 있다.

어떤 유형의 프로젝트에서든 지표의 사용이 매우 일반화되어 있기 때문에 이를 수집하고 모니터링하는 것에 대해서 의문을 품는 사람은 거의 없다.

어떤 과업을 달성하기 위해 일정한 지표 체계가 필요하다는 것은 기정된 사실이다. 다음의 두 문장은 필자가 프로젝트에서 자주 사용한 파워포인트 장표에서 따온 것으로, 많은 컨설턴트들의 레퍼토리이기도 하다.[3]

측정할 수 없는 것은 관리할 수 없다!

지표체계란 자동차의 대시보드와 같다.
임원진들은 속도계를 통해 상위 작업의 진척을 파악하며
작은 경고등이 점멸하는 것으로 문제가 발생하였다는 것을
알 수 있다.

같은 시기에 IT가 부상하면서 이러한 지표 측정 및 모니터링을 위한 데이터 수집과 리포팅 작업이 용이해졌다. IT 시스템 도입의 첫 시작은 경영진을 대상으로 주요 지표의 진척을 표시하는 대시보드의 개발이었다. 그 이후 SMART(Specific, Measurable, Actionable, Results-oriented, Time-bound)[4] 목표 설정과 성과 지표를 조직 상

부와 하부간에 연결하여 직원들의 인사고과를 수행하는 자동화된 성과 관리 시스템으로 진화하였다.

그리고 경영진을 위한 지표 대시보드가 대중화되고 웹 기술이 보급됨에 따라, 기업들은 이를 임원 층에만 한정할 것이 아니라 직원 또는 부서 단위로 확장하고 하부 단위에서 지표를 측정할 수 있는 별도의 대시보드를 만드는 구상을 하게 되었다.

이 대시보드 화면은 마치 기계의 제어판처럼 각 지표의 진척을 녹색등(정상 작동이라는 의미), 황색등, 적색등으로 표시한다. 즉 경영진과 관리자들이 직접 종업원에게 가서 일일이 작업 현황을 질문하지 않아도 자신의 사무실에서 상황이 어떻게 돌아가는지 알 수 있게 된 것이다.

직관적인 색상으로 작업 지표의 진척을 알 수 있는 이 대시보드 화면은 경영진들에게 기업의 모든 것을 사무실에 앉아서 관리할 수 있을 것 같은 환상을 심어 주었다.

이전의 챕터에서 이야기한 SPC와 유사한 형태로 정상 범위에서는 녹색등이 켜지고 벗어난 지표에 대해 경고등이 켜지는 완벽한 지휘통제 체계가 구현된 것이다. 이 체계라면 기업 경영이 잘 이뤄지지 않을까?

목표를 달성하고도
경영이 어려운 이유

문제는 이러한 지휘통제 체계가 사람으로 이뤄진 조직을 상대한다는 것이다. 그리고 사람을 상대하는 것의 어려움은 상대가 사람이라는 점이다. 우리 인간은 기계처럼 동작하지 않는다.

사실 우리는 통제받는 것을 좋아하지 않으며 BSC와 같은 측정 체계에 대해서 예측하지 못한 방식으로 행동한다. 필자가 이러한 측정 체계로부터 배운 것 중 하나는 어떤 지표를 선정하여 보상이나 처벌을 할 경우 어떻게든 그 지표에 대해 수치목표가 달성된다는 점이다. 다만 이를 위해 어떤 비용이 발생하거나 측정하지 않는 사업적 목표가 희생된다.

가장 쉽게 들 수 있는 예시는 수치목표를 부여하는 경우가 잦은 영업 조직이다. 오늘날 대부분의 기업은 영업직 사원들에게 고정급이 아닌 커미션 기반의 보상을 하고 있다. 즉 더 많이 파는 영업사원은 더 많은 임금을 받는다.

보통 영업사원에게는 분기별 목표 달성에 대해 인센티브가 부여되는 경우가 많다. 매 분기 말에 수주액이 최고점에 이르렀다가 분기 초에 뚝 떨어지는 것은 영업과 관련된 일을 하는 사람들에게는 친숙한 현상이다. 영업사원들이 분기 말 마감 이전에 고객의 발주를 이끌어 내기 위해 리베이트와 같은 별도 보상 및 영업 촉진 활동을 진행하기 때문이다. 물론 이러한 프로모션이나 리베이트는 이윤에 영향을 미치지만, 영업사원의 성과는 이윤으로 평가되지 않는 경우가 많기 때문에 그들은 신경 쓰지 않는다.

어떠한 경우 영업사원들이 자신의 이익을 위해 이 체계를 오용하기도 한다. 필자가 목격한 가장 비참한 사례에 대하여 소개해 보겠다. 이 기업에서는 지역 담당 관리자에게 매년 달성 불가능한 매출 목표를 부여하였다. 게다가 목표를 달성하지 못하면 관리자 개인의 보너스만 삭감하는 것이 아니라 팀 전체의 성과급을 삭감하는 것으로 정책을 정했다. 관리자 입장에서 자신에게 부과된 페널티를 감내하는 것도 힘든 일이었지만, 열심히 일하는 부하직원들에게 매년 성과 부진으로 올해도 보너스를 받지 못할 것이라고 이야기하는 것은 더 가슴 아픈 일이었다.

어느 해 이 관리자는 필요보다 더 많은 물품을 구매하도록 유통망을 설득하여 자신과 팀원들이 연말 영업 목표를 달성할 수 있도록 했다. 유통망의 대리점에는 팔지 못하는 물건에 대해 반품을 받아 주겠다고 약속까지 했다. 이를 통해 그와 팀원들은 큰 보너스를 받았지만 해당 기업은 반년 이후 폭증하는 반품으로 어려움을 겪었다. 이 시점에 해당 관리자는 이미 사의를 표명했다. 이 기업의 잘못된 지표 체계로 인해 반품 상품들에 대한 감가상각 비용뿐만 아니라 창고비 및 기타 수수료, 그리고 종업원들의 악의적인 행동이라는 참사가 발생했다. 이러한 행위는 잘못된 행동이지만 애초에 이 지역 관리자에게 현실적으로 불가능한 영업 목표를 부여한 것도 문제였다. 경영자가 침체하는 시장에서 두 자릿수의 높은 성장을 추구하고자 했기 때문이다.

아마도 이러한 사고의 근저에는 분명 "높은 목표를 부여한다면 종업원들의 창조성에 불을 붙일 수 있을 것입니다"라고 제언한 컨설턴트가 있었을 것이다. (필자도 고객사 임원들에게 자주 비슷한 이야기를 하고는 했다. 이 자리를 빌어 사과의 말씀을 드린다.)

사람들이 자신에게 할당된 수치 목표를 달성하기 위해 부정적 행동을 하는 사례는 여러 경영 서적에서 다루고 있는데 그중 몇 가지를 소개해 보겠다.

• 가장 유명한 것은 시어스의 자동차 수리 스캔들일 것이다. 시어스(Sears Roebuck & Co.)사는 특정한 부품 및 서비스에 대하여 판매 목표를 설정하고 그에 따른 성과보

상체계를 제도화했다. 이와 관련하여 각 차량 수리 센터에서 많은 고객 기만 행위가 발생하여 캘리포니아 주로부터 기소당했다. 고객들이 수리 내역을 알지도 못하고 동의하지도 않았는데 불필요한 수리를 하고 요금을 청구했기 때문이다. 당연한 이야기이지만 그 이후 회사의 사업은 큰 어려움을 겪었다.

• 『리엔지니어링 기업혁명』에서는 IBM 신용평가 부문의 일화를 소개한다. 프로세스 리엔지니어링 이후 각 업무 단계마다 표준화된 수행 기준이 정의되었다. 종업원들이 단계별로 수치 목표를 100% 달성했음에도 불구하고 신용평가 프로세스의 전체 리드 타임은 오히려 증가했다. 종업원들이 수치 목표를 달성하지 못할 것이 염려되는 경우 목표 달성을 위해 대부 승인서의 오자나 오류를 발견해도 시간을 들여 직접 수정하기보다 다시 반송시켰기 때문이다.

• 경영학자 제프리 페퍼(Jeffrey Pfeffer)가 HBR지에 금전적 인센티브의 신화에 대해 기고한 글 중에 하이랜드 수퍼스토어(Highland Superstores)의 사례도 생각해볼 수 있다. 해당 기업은 영업직원에게 높은 판매 수당과 목표를 할당하였는데, 판매원들이 너무나 공격적으로 영업을 펼쳐 오히려 소비자들이 외면하는 결과를 낳았다.

- 그렉 스토커(Gregg Stocker)는 자신의 저서 『Avoiding the Corporate Death Spiral』에서 기업의 경영이 죽음의 나선으로 빠지는 징후의 하나로 수치에 대한 집착을 꼽고 있다. 한 예로 그는 어느 도시의 교통정책 부서와 우체국의 사례를 소개하였다.

  교통정책 당국의 경우 버스 운전사들의 임금을 정시 도착율이라는 KPI와 연계하기로 했다. 결과적으로 운전사들이 이 지표를 맞추지 못할 상황이 되면 정류소에 승객들이 있어도 그냥 지나치는 일이 발생하게 되었다. 우체국에서는 우편 전달 시간을 목표 지표로 삼았더니, 우체부들이 편지를 배달하지 않고 배달가방을 어딘가 감춰버리는 사고가 발생했다. 목표 시간 이내에 우편 배달이 불가하면 아예 숨겨버린 것이었다.

- 하버드 경영대학원의 마이클 젠센(Michael Jensen)은 그의 논문 「Paying People to Lie(The Truth about the Budgeting Process)」에서 한 소프트웨어 회사에서 영업목표를 달성하기 위해 발생한 다양한 속임수 및 기만 사례에 대해 기술하고 있다.

  이 회사에서는 분기별 실적을 맞추기 위해 소프트웨어 계약서 날짜를 변조해 매출을 다른 분기로 이동시키고,

유지보수 계약을 장부상에 소프트웨어 판매로 기장하며, 반품에 대해 환불하는 대신 영업 실적을 유지하기 위해 고객에게 가상의 컨설팅 대금을 지불하여 무마하는 등의 사건이 발생했다.

• 더 최근 사례로는 미국 내에서 연방 조사가 이뤄지고 있는 주택 압류 사건이 있다. 압류 처리 건수에 대해 성과 지표를 관리한 결과 금융기관의 직원들이 제대로 서류를 작성하거나 관련 문서를 읽지도 않고 기계적으로 압류 문서에 서명해버린 사건이다. 이로 인하여 많은 사람들이 자신의 주택과 저금을 날려버린 사태가 발생했다.

위의 일화들은 수치 목표를 달성하기 위해 속임수와 기만을 택한 최악의 사례들이다. 물론 모든 사람들이 기만 행동을 한다는 것은 아니지만 목표를 맞추기 위해서 이를 조작하는 것은 흔한 일이다. 예를 들어 필자는 업무상 출장이 많아 항공편을 자주 이용하는데 대략 10년 전부터 비행예정시간이 실제보다 좀 늘어난 것 같다고 느끼고 있다. 이는 정시 도착이라는 지표가 업계 내에 도입되기 시작한 시점과 일치한다. 그전에는 비행기가 예정보다 도착지에 일찍 도착하는 일은 거의 없었다. 정시 도착이거나 조금 지연되었다.

그러나 요즘엔 정시보다 30~45분 정도 빨리 도착하는 것이 일반적이다. 언뜻 좋은 일처럼 보이지만 공항에 마중 나오는 사람이 있다면 그 자리에서 한참을 기다려야 하는 불편함이 있다.

또 하나의 예는 매년 고객 만족도 조사를 수행하는 어떤 부서에서 일어난 사건이다. 이 부서는 몇 년간 지속적으로 서비스 개선을 추진했으나 최근에는 서비스 수준이 정체되었다. 고객의 만족도는 여전히 높았지만 경영진 입장에서는 지속적인 개선을 이뤄야 한다는 압박을 받았다. 이에 이전까지는 중도적 성향으로 처리했던 '만족하지도 않고 불만족스럽지도 않다'라는 답변을 긍정적 성향으로 분류하여, 아무런 개선활동이 없었음에도 고객 만족도 지표를 높이는 조작 행위를 하고야 말았다.

기업이 지표를 사랑하는 이유는 이것이 실재하는 굳건한 데이터라고 믿기 때문이다. 버릇처럼 외는 경영학의 주문 중 하나는 "숫자는 거짓말을 하지 않는다"는 것이다. 그러나 이 말은 지표를 감독, 수집, 구성, 보고하는 것이 기계가 아닌 사람이라는 사실을 도외시하고 있다. 지표는 객관적이지 않고 거짓을 말할 수도 있다. 심지어 재무적인 지표도 마찬가지다. 재무 혹은 금융이란 과학이 아니라 의견이다. 재무적인 규칙이란 널리 인정되는 회계 원칙들을 의미할 뿐이다. 예를 들어 미국은 GAAP(Generally Accepted Accounting Principles)를 사용하고 다른 국가에서는 IFRS(International Financial Reporting Standards)라는 이름의 회계 기준을 사용하며, 국가마다 그 기준이 조금씩 다르다.[5] 기업마다 단위 비용, 자본적 지출, 비용 또는 자산을 인식하는 기준은 다르며 원하는 그림을 만들기 위해 조작하는 일도 발생할 수 있다. 가장 큰 사례는 엔론(Enron Corporation)의 회계 부정일 것이다.

필자는 한 기업에 제조 비용 증가에 대한 개선을 자문한 적이 있다. 이에 대해 실제 공장에서 어떤 변경을 수행한 것은 없고 회계상으로 간접비를 할당하는 방식만 변경해 보았다. 간접비를 한데 묶어 점유 공간 또는 부문별 종업원 수에 따라 분배하는 것은 어떤 작업 또는 부문의 진정한 소요 비용을 나타내는 방식이라고 할 수 없다. 그럼에도 대부분의 기업에서는 편의성 때문에 이러한 간접비 배분 방식을 채택하고 있다. 어떤 제품이 사용하는 전기의 양이나 특정 부서가 사용하는 통신회선 사용량을 상세하게 측정하기에 너무 많은 시간이 소요되기 때문이다. 결국 비용이라는 것이 '실제적인' 수치가 아니라 단순한 표기 규칙의 결과에 그치게 되는 것이다. 수익은 날조하기 어렵지만 매상이라면 일종의 규칙에 따라 기장되므로 분기 목표 달성을 위해 다양한 방식으로 기록될 수 있다. 회계 및 재무 보고에서도 다양한 속임수를 사용할 수 있으며, 특정한 수치목표의 달성을 위해 더 창조적인 방안을 생각해 낼 수 있다.

예를 들어 신제품 개발 기간이라는 관점을 생각해 보자. 어느 시점부터 개발이 착수되었다고 보면 될까? 제품이 구상 단계일 때? 개발 예산을 받은 시점? 또는 제품에 대한 담당 관리자가 할당된 시점일까? 직원당 교육비를 교육 물품비에 포함해도 될까? 규격 충족을 위해 재작업한 물품도 결함 제품 수량에 포함시켜야 할까? 생각해 보면 목표달성을 위해 다양한 분야에서 조작이 가능하다.

매년 개선이 이뤄지는 것처럼 나타내기 위해 특정한 지표의 계산 산식을 지속적으로 변경하는 일도 가능할 것이다. 이를테면 재작업 분량을 올해에는 결함 수량에 포함시키되 내년에는 제외한다면 결함 제품의 수량이 극적으로 최소화될 것이다! (물론 보고서 최하단에 아주 작은 폰트 사이즈로 측정 기준이 바뀌었다는 것을 표현하여 누군가 사기라고 호통칠 때를 대비해야 한다.) 이러한 모든 기만 행위에 대해 기업들은 보완지표 또는 대항지표라는 대책을 강구하였다. 보완지표란 전략적 목표 달성을 위해 설계한 지표에 대해 보완 차원에서 추가적으로 정의한 지표를 말한다.

이윤의 희생에도 불구하고 목표 영업 수량을 달성하여 판매 커미션을 받아가는 영업사원의 사례로 다시 돌아가 보자. 이 경우에 기업은 보완지표로서 이윤을 지표로 설정할 수 있다. 그러면 영업사원들이 고이윤 제품의 판매를 우선시하는 긍정적 효과를 보일 수도 있을 것이다. 다만 다른 저렴한 제품의 판매는 등한시할 수도 있고 결과적으론 비싼 제품을 강매하는 행태에 고객들이 분노하여 경쟁사의 제품으로 옮겨 갈 위험도 있다.

그럼 반대로 이윤 대신 고객만족도 지표를 보완지표로 추가한다고 해 보자. 이렇게 되면 영업사원들이 합리적인 마진으로 물건을 팔아야 할 동기가 없다. 회사가 손해를 본다고 하더라도 제품을 원가 또는 원가에 가까운 수준으로 팔아야 판매 수량과 고객 만족도라는 두 가지 지표를 달성하기 쉽기 때문이다. 그러면 판매 매상, 이윤, 고객 서비스 모두를 평가 지표로 삼으면 어떻게 될까? 좋은 결과를 얻게 될까? 이 상황에서 고객들이 '묻지도 따지지도 않고 반품가능'이라는 정책에 끌린다는 사실을 발견했다고 하자. 그래서 반품가능성을 지표 믹스에 포함한다고 치자. 이러한 과

정을 몇 번 더 거치면 그야말로 누더기가 된 지표와 수치목
표 목록만이 남을 뿐이다. 전략적 목표에 집중하고 우선한
다는 취지는 사라지고 단지 수치목표의 달성만이 이루어진
다. 게다가 연간 지표로 측정하지 않는 장기적 목표나 과업
은 아무도 거들떠보지 않는다. 즉 기업의 장기적 미래에 투
자할 동기가 실종되고 만다.

불필요한 갈등을 유발하는
성과 지표

위에 제시한 사례들은 지표 관리 체계에서 발생
가능한 최악의 기만 사례라고 할 수 있다. 그러나 기만 또
는 조작 같은 악의적 행동이 없이 지표를 그대로 준수하는
최선의 시나리오에서도, 지표 할당 체계는 의도치 않은 결
과를 유발할 수 있다. 대규모의 공급망 프로세스 리엔지니
어링 프로젝트에서 필자는 지표 간의 충돌에 대해 경험한
바 있다. 이 클라이언트는 재고 과잉, 긴 리드 타임, 납기
일정 미준수, 이로 인한 거래처 불만족 같은 공급망 상의
전형적인 문제점을 갖고 있었다. 그런데 프로젝트에 착수한
지 얼마 되지 않아 가장 중요한 공장에 화재가 발생하여 재

고 제품까지 전소하여 버리는 사건이 발생했다. 당장 프로젝트의 진행보다도 위기 상황을 해결하는 것이 급선무이기 때문에 일부 컨설턴트들이 지원 역할로 배정되었다.

그 후 몇 주간 컨설턴트들은 긴급 대응 프로세스를 확립하고 고객 접촉, 주문량 및 납기일 협의, 공급 협력사 협업, 납품 등의 업무를 도왔다. 화재로 과잉의 재고가 제거된 것은 예상한 일이었지만, 매출이 줄었는데도 불구하고 납품 기간이 단축되고 제품을 적기에 납품하며 고객 수금이 예상보다 빨리 진행되고 고객만족도 및 이윤이 개선되는 수수께끼 같은 일이 발생했다.

그 이유 중 하나는 소규모 판매 매출의 마진이 증가하고 재고 관리 비용 및 미수금이 줄었기 때문이었다. 그렇지만 필자를 놀라게 한 것은 이 모든 개선이 본격적인 프로세스 리엔지니어링 없이 이루어졌다는 점이었다. 당시에는 영문을 알 수 없었지만 몇 년간 공급망 컨설팅을 담당하면서 필자는 왜 부문별로 진행되는 대규모 프로젝트가 기대한 만큼의 개선을 보이지 못했는지 이해하게 되었다.

전형적인 공급망 관리 프로젝트가 진행되며 일반적인 지표가 사용된다고 가정하고 그에 따른 결과를 같이 예측해보자. 여기서 기만 행위는 발생하지 않는다고 하자.

영업

영업사원들은 제품의 판매와 고객 주문 획득을 담당한다. 앞서 이야기한 것처럼 대부분의 영업 부문에는 분기별 매상 할당량이 부여된다. 이 조직은 분기 말이면 목표를 달성해야 한다는 압력을 받지만 보통은 이를 달성하기 어렵다. 그러므로 다음 분기 초에 발주 예정을 가진 고객에게 접근하여 리베이트(rebates)나 프로모션(promotions)을 약속하며 이번 분기 마감 전에 발주해 달라는 요청을 한다. 이로 인해 분기 말에는 매상이 최고에 이르지만 분기 초에는 바닥으로 떨어진다.

• **결과**—제품 수요의 최고점 및 최저점이 영업조직에 의하여 인공적으로 발생하며 프로모션으로 인해 이윤이 소모된다. 공급망 관리에서 문제시하는 수요의 이상 급증으로 인한 채찍 효과가 외부 요인이 아닌 내부 요인으로 발생되는 것이다.

수주 및 고객 서비스

각 주문의 입력은 컴퓨터 또는 직원이 처리한다. 이 부문의 역할은 정확하게 주문 정보를 입력하고 언제 납품이 가능할지 판단하는 것이다. 일부 기업에서는 주문 처리 소요 시간 등의 정량적 지표를 관리하지만, 이 경우 주문 정보를 잘못 입력할 수 있는 위험이 있기 때문에 주문 정확도와 같은 정성적 지표를 선호한다. 잘못된 주문을 입력한 경우 반품 및 재발송 비용이 발생하기 때문에 정확도는 매우 중요하다. 또한 잘못된 주문은 고객 불만의 요인이 된다.

- 결과—주문 정보의 정확성에 따라 고객 서비스 직원들에게 성과급을 부여하는 관행 때문에, 이들이 정보가 올바른지 확인하기 위해 고객이나 영업사원에게 다시 전화하여 확인하는 일이 발생하고 결과적으로 전반적인 납품 소요 시간이 증가한다.

창고

창고 관리 부문에서는 주문에 대해 재고가 있는지 살펴보고 출하를 담당한다. 재고 관리 업무는 미묘한 균형의 관리를 필요로 한다. 재고 수량이 높다면 팔리지 않은 제품에 돈이 묶여 창고 비용이 발생하고 제품이 판매되기 전에 노후화되는 위험을 감당해야 한다. 한편 재고 수량이 낮다면 품절이 발생하여 고객의 주문에 대응하지 못하고 영업 기회를 놓칠 수 있다. 재고 관리자들은 흔히 주문의 납기 소요 시간(주문 리드 타임, Order Lead Time)과 수요의 변동성이라는 애매한 요인을 사용하여 안전 재고 수준을 결정한다. 제품 수요의 변동폭이 크지 않다면 이를 커버하기 위한 안전 재고가 많이 필요치 않다. 그러나 수요가 불규칙적이라면 정점의 수요를 감당하기 위해 더 많은 재고가 필요하다.

한편 제품의 제조에 많은 시간이 걸린다면 이러한 재고를 보관할 수 있는 저장소도 필요하다. 앞서 이야기한 바와 같이 많은 재고는 창고 비용 및 노후화의 위험과 직결되므로 그 균형을 잘 맞추어야 한다. 재고 관리자에게 아름다운 세상이란 지속적이고 변화가 없는 제품 수요와 짧은 납기 시간으로 이뤄진 곳이다.

• 결과–재고 관리자들은 높은 재고수준보다는 품절에 대하여 페널티를 받는 경우가 더 흔하다. 그렇기에 안전을 위해서 최고점의 수요를 감당할 수 있는 재고를 확보한다. 이로 인해 창고에서는 필요보다 더 많은 제품을 보유하게 되고 이후 이를 해소하기 위한 판매 프로모션을 촉발하게 된다.

제조

공장은 수요를 충족하기 위한 제품을 생산하고 품질을 유지하며 비용을 최소화하는 것을 목표로 한다. 이상적으로 볼 때 공장의 경우 생산용량 한도에 가깝게 운영되는 것이 효율적이다. 공장의 간접비용(전기 요금이나 임금 등)은 기업이 만드는 제품 비용에 포함되므로, 생산량이 많아질수록 제품당 소요 비용을 줄일 수 있다.

- **결과**—생산시설 관리자들의 성과는 기기 가동률, 생산량, 제품 비용 및 품질이라는 지표로 측정된다. 그러므로 이들이 주문을 충족시키는 제품보다는 더 많은 생산량의 제품을 우선 생산할 가능성이 있다.

물류

완료된 주문의 제품은 물류 부서로 옮겨져 트럭에 실려 목적지로 향한다. 이 부문은 보통 운임비용이라는 지표로 평가된다. 이로 인해 물류 관리자들은 한 트럭에 되도록 많은 운송품을 싣고자 하며, 동일 방향으로 가는 충분한 물품이 모일 때까지 상하차소 등에서 트럭을 대기시킨다. 한 트럭에 충분한 물품을 싣고 여러 지역을 적시에 방문하면서 비용을 최소화하는 것은 퍼즐과 같이 매우 어려운 일이다.

- **결과**—운임비용을 낮추기 위해 동일 방향으로 향하는 주문 물품들을 한데 모아 발송한다. 이로 인해 전체 납기 시간이 증가한다.

필자가 위에서 설명한 것은 각 개별 부문의 성과 측정 지표들이다. 그러나 주문에 대응한다는 전사적 관점에서는 적시에 대응한 주문의 숫자, 총 납기 소요 시간 및 고객 만족도가 중요하다. 전 부문이 빠르고 정확하게 고객 주문에 대응해야 함에도 불구하고 부문별로 이러한 지표는 측정되지 않는다. 대신에 각 부문은 서로 상충되는 목표로 인해 갈등을 빚는다.

- 영업부서는 인공적으로 수요의 등락을 만들어 내고 이로 인해 변동폭을 커버하기 위한 안전 재고가 요구된다. 품절이 발생하면 영업 기회에 대응할 수 없으므로 이들은 많은 재고를 손에 쥐고 있기를 바란다.
- 공장의 관리자들은 단위 비용을 낮게 유지하기 위해 한 번에 되도록 많은 제품을 생산하고자 한다. 이는 재고 수준을 낮게 유지하고자 하는 방향과 상충한다. 한편 기기 가동시간을 최대화하고자 하는 의도 역시 주문에 빨리 대응하고자 하는 것과 상충할 수 있다. 한편 특수 주문에 대한 제품 생산을 위해 특정 기계의 가동을 정지해야 하는 상황도 이들이 꺼리는 일이다.
- 고객 서비스 부서는 주문의 정확성을 위해 검증 절차를

거치지만 이로 인해 주문의 납기 시간이 증가하고 결과
적으로 재고가 증가할 수 있다.

- 물류 측에서는 각 차량별로 탑재 물품을 최대화하려 하기 때
문에 납기 시간의 증가와 그로 인한 재고 증가를 유발한다.
- 창고 관리자를 비롯하여 재무부서처럼 비용 관리를 담당
하는 사람들은 장래 노후화 가능성이 있는 재고를 많은
비용을 들여 떠안고 싶어 하지 않는다.

각 부문별로 성과 지표를 부여함으로써 우리는 사람들이
서로의 목적에 반하여 일하도록 만들었다. 모두가 다른 부
문의 희생을 감수하면서까지 자신의 조직에게 부여된 성과
지표를 최대화하고자 노력하는 것이다.

그런데 필자가 앞서 언급한 공장 화재가 일어난 고객사
의 경우, 공급망의 모든 사람들이 공장의 전소라는 비상 사
태에 대응하여 적기에 주문에 대응한다는 목표를 위해 힘을
합쳤다. 긴급상황에서도 차질없이 주문에 대응해야 한다는
대의 때문에 물류비용 같은 개별 지표는 무시한 것이다. 회
사가 당면한 위기로 인해 가장 중요한 목표에 집중하게 되
었고 공급망 전체가 서로 협력하게 되었다.

왜 기업들은 목표달성과 거리가 먼 성과 지표를 제도화

하는 것일까? 성과 지표 체계란 전략적 목표를 달성하기 위한 것일진대 무엇이 잘못된 것일까? 첫 번째 문제점은 특정한 약속을 지키는 것으로만 사람을 평가한다면 측정하지 않는 요소들은 관리되지 않는다는 것이다. 고객 만족도 목표를 달성하기 위해 제조 비용, 창고 및 물류 비용이 비합리적으로 증가할 수도 있는 것이다. 이 경우 결국엔 기만 사태가 발생하게 된다.

두 번째로 사람의 통제 권한을 벗어난 요소로 그 사람의 성과를 측정하고 보상하는 것은 공정하지 않다. 예를 들어 상담사들은 주문 입력 및 고객만족에 있어 중요한 역할을 담당하지만 제품의 생산 시기나 재고 수량을 제어할 수는 없다. 그러므로 이들이 열심히 일을 했음에도 불구하고 품절로 인해 목표를 달성하지 못할 수도 있다.

지표의 달성과 성과급을 연동하려면 해당 부문이 충분히 통제할 수 있는 지표를 선정하고 수치 목표를 설정해야 한다. 그런데 이는 회사의 전반적인 목표와는 어긋날 가능성이 있다. 전략적 목표와 상충되는 지표가 만들어지거나 우선순위가 뒤섞일 수 있는 것이다. 모든 지표를 중요한 것으로 정의하면 결국 그 어느 지표도 중요하지 않게 된다. 다시 말하자면 전략적 목표를 중심으로 조직을 정렬한다는 원래의 취지를 잃게 되는 것이다. 앞서 말한 기만 사례 및 부문 간 갈등 외에도 지표의 측정을 위한 데이터 수집, 검증, 보고 체계도 사람의 주관에 따른 해석 및 조작의 여지가 있다. 그리고 이 같은 과정은 어떤 일도 부가적인 가치를 창출하지 않는다. 신제품 개발이나 매상 증대, 운영 개선에 기여하는 바가 없게 되는 것이다. 결과적으로 성과지표를 도입하기 이전과 마찬가지로 전략 목표에 우선순위화도 없고 협력도 없는 상황이 벌어진다. 게다가 성과측정 체계를 실행하기 위해 별 가치가 없는 부가작업의 부담이 늘어나며 상충하는 과제들을 조율하기 위한 종업원들의 판단력도 떨어지게 된다.

의도와 다른
결과가 만들어지는 이유

필자를 비롯한 컨설턴트들은 이러한 성과 지표 체계를 구상하며 사람이 일하는 방식과 동기에 대해 오판하였다. 대부분의 컨설턴트들은 최고의 경영대학원을 졸업하고 높은 학업성취도를 기록한 사람들인 만큼 일 자체에 스스로 동기를 부여하는 부류들이다. 그런데 다른 일반인들은? 이에 대해 컨설턴트들은 다른 평범한 노동자들이 기업의 이익에 따라 일하려면 당근과 채찍이 필요하다고 가정했다. 다른 사람들도 목표에 대한 성취, 가치의 창출 또는 팀으로써 공헌을 통하여 동기가 부여된다는 생각은 하지 못한 것이다.

경제 이론가들은 일반 대중이 자신의 이익, 특히 금전적 동기에 따라서만 행동한다고 기술하지만 이는 진실이 아니다. 그렇다면 여러 자선 단체, 위키피디아(Wikipedia), 오픈 소스 소프트웨어(Open Source Software, OSS), 지역사회 봉사활동 및 여러 이타적인 노력들은 존재하지 않았을 것이다. 우리가 간과한 것은 직원들에게 수치 목표의 진척에 따라 보상하고 처벌하도록 한 것이 오히려 기업의 이익을 희생하고 이들이 이기적인 이익을 추구하도록 만들었다는 것이다. 결국엔 직원들이 오직 수치 목표의 달성만 추구하도록 만들었다. 개인의 수치 목표를 정의하는 단순한 행동이 더 큰 조직적 대의와 충돌을 빚게 한 것이다.

두 번째 잘못된 가정 역시 그 오만함에 기반한 것으로, 사람들이 체제에 저항하는 일 없이 지표에 따른 목표를 수용하고 처벌을 감수하리라 여긴 것이다. 즉 개인의 이해와 기업의 목표가 충돌하면 직원들이 더 큰 선의를 위해 행동하고 기만 행위나 다른 파괴적 행동을 하지 않을 것이라 간주했다. 영업사원들이 더 비싼 상품을 팔기 위해 고객을 불편하게 하거나 버스 운전사들이 정류소에 정차하지 않았다는 이야기에 해당 경영진들은 큰 충격을 받았다고 한다. 직원들의 현명한 판단력에 무슨 문제가 생긴 것인가? 사람을 기계의 일부분으로 취급한다면 판단력을 행사할 여유가 남지 않는다. 직원들에게 특정한 지시와 목표가 부여되면 질문이나 예외 없이, 정말이지 영혼 없이 그것을 달성하도록 일해야 하는 것이다.

성과 지표 체계 전체가 인간의 자의적 판단을 제거하도록 설계되어 있다. 지표가 없다면 올바른 결정을 하고 올바른 일을 수행하기 위해 경영진이 직원들의 판단에 의존해야 한다. 재고 관리자나 배송 담당자는 재고의 보유 여부 또는 트럭 배송을 위한 대기 상태의 비용 및 이점에 대해 균형을 맞추고자 스스로 고민해야 할 것이다.

공급망 운영 개선에서 성공을 거둔 프로젝트들의 특징은 관련자들이 모여 우선순위에 대해 협의하고 각각의 상쇄효과(Trade-off)에 대해 논의하였다는 점이다. 물론 회사의 궁극적 목표가 저비용이냐 또는 높은 고객 서비스 수준이냐 하는 것을 알면 도움이 된다. 지시가 아닌 방향성을 준다면 사람은 스스로 무엇을 해야 할지 판단할 수 있다. 의사 결정에서 인적인 판단 요소를 제거하면 그 결과는 형편없게 되는 경우가 많다. 프로세스 또는 운영 개선의 요점은 그 운영에서 직원들의 주관적 판단을 제거하는 것이 아니라 이를 실행하는 직원의 판단력을 향상시키는 것이다. (물론 판단력 개선에 많은 노력이 필요한 경우도 있을 것이다.)

지표를 실행함에 있어 중요한 것은 그것이 수단일 뿐 목표가 아니라는 점이다. 기업이 진정으로 원하는 목표를 지표로 대체하면 수치 목표는 기업에 재앙을 일으킬 수 있다. 지표는 기업의 경영을 지원하는 장치이지 직접적인 경영의 대상이 될 수 없다. 지표를 보상 및 처벌과 연동하는 것은 지표를 목적화하는 행동이다.

독자 여러분이 이해하기 쉽도록 체중 감량을 예로 들어 설명해 보겠다. 체중 감량이 왜 필요한지 목표를 세운다고 하자. 예를 들어 '6개월간 10kg을 감량한다'는 목표와 '나의 전반적인 건강과 체력을 개선한다'는 목표가 있다고 하자. 보통 기업들은 전자와 같이 일정이 정의되고 정량적으로 측정 가능한 목표를 택한다. 그러나 이러한 목표는 다양한 종류의 건강 문제를 야기할 수 있다. 수치적인 감량 목표 달성을 위해 굶는다면 요요현상으로 다시 체중이 불어날 수 있다. 또한 운동을 택한다면 근육이 지방보다 더 무게가 많이 나가기 때문에 오히려 전체 체중이 증가할 위험이 있다. 뿐만 아니라 5개월간 노력했음에도 목표 체중에 근접하지 못한다면 굶어야 한다는 유혹을 느낄 것이다. 이는 전반적인 신진대사에 악영향을 미치고 다시 체중이 증가하기 쉬워진다. 또는 극한 운동으로 부상을 입을 가능성도 있다.

반면 건강을 추구하는 두 번째 목표는 체중 감량, 옷의 사이즈, BMI 지수(Body Mass Index, 체중을 키의 제곱으로 나눈 것), 달린 거리, 들어올린 무게 등 진도의 측정을 위해 어떤 지표라도 사용할 수 있도록 한다. 많은 기업이 단기 목표에서 실수하듯 건강을 해치면서까지 목적 달성을 할 필요는 없는 것이다.

후자의 목표는 장기적인 생활양식의 변화를 목적으로 한다. 그리고 이 목표의 가장 좋은 점은 특정한 일정에 얽매일 필요가 없고 최종적인 달성도 어렵다는 것이다. 정상적인 목표를 위해선 지속적으로 이를 관리하는 수밖에 없으며 그 끝에 도달하는 것도 불가능하다. 바로 이러한 목표가 지속적인 개선이다.

지표 측정을 둘러싼 이 모든 광기의 가장 큰 역설은 숭고하고 무형적이며 유지 가능한 목표란 성취 불가능하다는 것이고, 그것을 측정 가능하고 시간적인 일정을 가진 지표로 대체하면, 원래의 목표와 다른 것으로 바뀌기 때문에 의도한 목표를 성취할 수 없다는 것이다. 균형성과표와 일련의 지표들은 궁극적인 목적의 성취에 기여하지 않는다. 의도한 목표를 의도하지 않은 다른 목표로 대신할 뿐이다.

새롭고 혁신적인 소비자 가전제품을 만들고자 하는 회사에게 그 목표를 '연말까지 ×개의 혁신적인 신제품을 만들자'는 계량화된 용어로 표현하도록 제언한다고 가정해 보자. 이는 서로 다른 결과를 낳기 때문에 어찌 보면 앞서 말한 체중 감량 대 건강한 생활양식의 양상과 비슷하다고 볼 수 있다.

계량화된 목표에서는 중요한 부분이 '시점'과 '수량'이 되며 신제품 및 혁신이라는 부분의 중요성은 뒤로 밀리게 된다. 이는 결국 회사의 의도와는 반대로 그다지 혁신적이지 않은 대량의 신제품들만을 출시할 가능성이 있다. 필자는 시장점유율, 매출 또는 다른 재무적 목표의 성취를 사명(Mission)으로 삼은 기업을 볼 때마다 참으로 마음이 아프다. 경영진과 주주들이 진정으로 그러한 것을 원한다는 말인가? 바라는 것이 지속 가능한 활기 넘치고 건강한 기업이 아니란 말인가?

이러한 광증을 해결하는 가장 단순한 해법은 지표를 성과 보상 및 처벌과 분리하는 것이다. 이를 통해 기업이 추진하는 목표에 대해 측정의 필요성이 사라지므로 단기적인 지표 기준을 충족시키는 것이 아니라 진정 원하는 목표를 추구하는 데 매진할 수 있을 것이다.

지표는 통찰력을 제공하고 알고 있는 지식을 개선하는데 사용될 수 있지만 그 자체가 목표로 돌변하거나 관리의 대상이 되어서는 안 된다. 기업은 지표만으로는 훌륭한 의사결정을 내릴 수 없으며 오직 사람만이 훌륭한 판단을 할 수 있다. 그리고 직원들이 올바른 결정을 내리기 위해선 이들이 회사의 전반적인 목적과 우선순위를 이해하고 그 판단력을 개선하기 위한 도구와 지식에 대해 알고 있어야 한다. 지표는 이 과정에서 분명 도움이 될 것이다. 그러나 경영을 지표로 대체하는 것은 수치목표 교조주의일 뿐이다.

이 시점에서 필자는 그동안 사용해 왔던 파워포인트 장표를 다음과 같이 수정하였다.

> 사람들은 지표의 취약점을 알 수 있다.
> 때로는 이를 조작하기도 한다.
>
> 지표체계란 자동차의 대시보드와 같다.
> 길을 보지 않고 대시보드만 쳐다보면 사고가 난다!

주

1) BSC에 대해서는 하버드 비즈니스 리뷰(HBR)의 로버트 카플란(Robert S. Kaplan)과 데이빗 노턴(David P. Norton)이 게재한 「The Balanced Scorecard: Measures That Drive Performance」를 참고하였다. 이들은 처음 HBR에 이를 게재한 이후 BSC에 대한 몇 권의 책과 기사를 집필하였다. 처음 게재한 기사는 현재도 HBR Classic 문고로 출간되고 있다.

2) 〈그림 2〉의 BSC는 필자가 이 책을 위하여 만든 예제이다. 실제 사례를 기반으로 만들었으나 고객사의 기밀 보호를 위하여 가상으로 작업하였다. 〈그림 3〉에 제시한 KPI 역시 가상의 예시일 뿐이다.

3) 파워포인트에서 발췌했다는 문구는 필자가 제미니에서 근무할 때 사용하던 프레젠테이션에서 인용한 것이다. 첫 작성자는 불명이다.

4) SMART라는 약자의 정의는 다양하지만 용어의 최초 창안자는 불명확하다. 필자가 사용한 것은 '구체적Specific, 측정 가능Measurable, 실행 가능Actionable, 목표 기반Results-oriented, 명확한 기한Time-bound'의 약어이다. 다른 정의에서도 S와 M은 동일하며 T에는 시간(time)이 들어간 다른 말이 들어간다. 다만 A부분에는 '성취 가능한Achievable', '획득 가능한Attainable', '상호 동의한 Agreed-upon', '할당 가능한Assignable', '적절한Appropriate' 등의 다양한 정의가 사용되며 R 역시 '관련성 높은Relevant', '현실적인Realistic' 등으로 표현되기도 한다.

   피터 드러커(Peter Drucker)가 목표 설정에 대해 이야기했고 MBO(Management By Objectives, 목표관리법)의 창시자로 간주되기는 하지만 그가 이 용어를 창안하지는 않았다. 조지 도란(George Doran) 박사가 이 약어를 처음 사용했다고 주장하고는 있으나 그 이전부터 사용되었다고 하는 사람들도 있다. 또한 '평가Evaluate', '재평가Reevaluate' 단계를 덧붙여 SMARTER라는 약어를 쓰는 경우도 있다. 다행히 SMARTEST까지는 나오지 않은 것 같다. SMART에 '평가Evaluate', '검수 종료Sign-off', '잊어버리기Throw-Away'를 추가하여 SMARTEST라는 말을 상표권으로 등록해 볼까 잠시 생각한 적은 있지만 아직 보류하고 있다.

5) 많은 미국 기업들은 글로벌 사업의 매끄러운 전개를 위해 GAAP로부터 IFRS로 전환하고 있다. 필자는 재무 및 회계의 주관적인 속성에 대해 설명하기 위해 이를 예시로 든 것이다.

04

표준화된
인적 자산 관리의
문제점

성과관리체계는 어떻게
성과 높은 직원들의 사기를 저하시키는가

성과관리체계는 해당 체계의
구현이라는 목표만을 달성할 뿐이다

1980~1990년대에 전략 기획 및 프로세스 컨설팅이 유행하였다면 2000년대에는 인적 자산 관리(Human Asset Management)가 대두되었다. 전략, 프로세스, 평가 지표 프레임워크라는 명령−통제 구조의 화룡점정(畵龍點睛)은 사람들이 그것을 실행하도록 정규화하는 것이다. '인적 자산 관리' 또는 '인적 자본 관리(Human Capital Management)'는 기업이 종업원들을 관리하는 행위를 말하는데, 최근에는 '인재 관리(Talent Management)'라는 용어로 통용되고 있다. 그러나 인적 자산이라는 용어는 모든 회사의 웹사이트나 투자자 공시 자료에서 찾아볼 수 있는 "사람이 우리 회사의 가장 큰 자산입니다"와 같은 식상한 문구

에 여전히 그 흔적을 남기고 있다.

인적 자산 관리 체계라 함은 성과 관리, 인센티브 및 보상, 역량 개발, 경력 계획, 리더십 개발, 코칭, 임원 승계 계획, 교육 관리 등 인적 자원과 관련된 모든 프로세스 및 방법론을 통칭한다. 다만 필자는 이번 장에서는 인적 자산 관리라는 문제 현상 중에 성과 관리와 인센티브 및 보상에 대해서만 다룰 예정이다. 나머지 내용은 이후 전개되는 장들에서 더 자세히 설명할 것이다.

전략 개발 및 프로세스 리엔지니어링 분야도 마찬가지이기는 하지만, 인재 관리라는 니즈(needs)를 충족시키기 위해 존재하는 다양한 컨설팅사, 코칭 전문사 및 소프트웨어 회사들의 수를 보면 압도당하는 기분이다. 필자는 개인적으로 이러한 회사들의 웹사이트나 브로셔의 절박한 판촉 문구들이 질색이다. 이들의 극단적이고 긴박한 논조는 인재 전쟁이라는 유행어를 탄생시킨 3인의 맥킨지 컨설턴트들이 2001년에 출간한 『인재 전쟁The War for Talent』(최동석 역, 세종서적)에서 유래된 것 같다. 닷컴 버블 시기에 집필된 이 책은 직업시장에서 베이비붐 세대가 은퇴하는 속도가 새로운 젊은 인력의 진입 속도보다 빠르기 때문에 수십 년 내에 리더 역할을 수행할 수 있는 필수 인재의 확보가 어려울 수 있다고 주장하였다. 그러나 그 저자들은 젊은 세대가 아예 직업시장에 진입할 수조차 없었던 2008년의 세계 금융 위기 같은 것은 예측할 수 없었다. (필자는 지금 1장에서 설명한 "누구도 미래를 예측할 수는 없다"라는 이야기를 하지 않기 위해 노력하고 있다.)

물론 높은 실업률에도 불구하고, 제대로 된 인재 관리를 위한 방법론과 절차를 조직 내에 구현하지 않으면 미래의 리더를 식별하여 육성할 수 없고, 우수 인력을 경쟁사에 뺏기게 될 뿐만 아니라 결국엔 회사가 망할 것이라는 풍조는 여전히 존재한다. 그러나 필자는 이러한 문구를 볼 때마다 자신들이 제안하는 방법을 따르지 않으면 아기가 위험할 수도 있다고 엄포를 놓으며 엄마들의 공포를 조장하는 육아 잡지들이 떠오른다. 누구라도 회사가 위험에 처하는 일은 피하고 싶지 않겠는가? 인재 관리와 관련된 컨설팅 및 소프트웨어가 절박한 논조를 보이는 이유는 기실 이 방법론들이 비합리적이기 때문이다.

경쟁 전략에서 역량 개발에 이르는 다양한 경영 방법론 중에서 기업과 그 종업원들의 인생에 가장 악영향을 끼치는 것을 하나 고른다면 현대화된 성과관리체계(Performance Management System)라고 단언할 수 있다. 현재 성과관리체계는 직원에게 목표를 부여하고 인사고과를 통해 이를 평가하며 그 전반적인 결과를 성과급에 의한 보상으로 연동하는 자동화된 시스템으로 진화하였다. 몇 번의 클릭만으로 직원의 정보와 업무성과 이력이 점수화되며 회사 내에서의 경력 개발 경로도 제시된다.

이러한 성과관리체계를 직접적으로 주장한 경영 저서나 관리 방법론이 있는 것은 아니지만 아마도 목표 달성과 직원에 대한 보상을 연결하고자 했던 목표관리제도(MBO, Management by Objectives) 운동으로부터 진화한 것은 아닐까 추측하고 있다. 그 이후 아마 누군가가 역량 개발 계획 같은 것을 덧붙이고 시스템화 및 자동화를 추진한 것으로 본다.

필자는 1990년대 초에 전략 수립 및 프로세스 설계를 수반한 기업 혁신 컨설팅 프로젝트를 진행하면서 목표관리제도를 처음 경험하였다. 물론 당시 컨설턴트들에게 있어서 전략적 목표의 수립과 함께 이를 개별적인 성과 지표로 분해하는 것은 익숙한 일이었지만, 이러한 성과 지표를 '성과급' 형태의 보상과 연관을 짓는 것은 처음이었다. 아울러 모든 과업을 BSC에 기반하여 수행한 첫 프로젝트이기도 했다. 다행히도 당시 이 고객사에게는 모든 절차를 자동화할 수 있는 정보시스템이 없었기 때문에 우리가 만든 성과관리

체계는 서류에 기반하여 회사의 최상위 경영층만을 대상으로 운영되고 있었다.

HR 컨설팅 팀으로부터 목표 달성에 따른 보상 차등화에 대해 설명을 들었던 순간 필자는 매료되고 말았다. 이 보상체계야말로 그동안 다른 프로젝트에서 간과한 영역이며, 전체 조직이 전략대로 움직이도록 하는 핵심장치라고 생각한 것이다. 성과급을 받기 위해서는 고객사의 실무진이 컨설턴트의 권고안을 실제로 실행해야만 하기 때문이다. 게다가 이는 컨설팅 회사에도 좋은 일이었다. 전략 컨설팅 프로젝트 외에도 지표 개발, 목표 설정, 평가자료 수집 및 보고 프로세스 등을 설계하는 운영 컨설팅 프로젝트, 보상 체계 설계, 목표 개발, 인사고과 프로세스 설계를 담당하는 HR 컨설팅 프로젝트, 이 모든 것을 자동화하는 IT 구축 컨설팅 프로젝트를 제안할 수 있지 않은가.

이후 10년간 필자는 에스에이피(SAP)나 피플소프트(PeopleSoft) 등의 대형 솔루션 업체, 석세스 팩터즈(Success Factors)와 핼러진(Halogen) 등의 인사·성과관리 특화 소프트웨어 업체들의 성장과 이를 기업에 구현하는 컨설팅사의 성장을 목도하였다. 현재의 대기업에서 일하는 모든 사람은 어떠한 형태로든 성과관리체계의 영향 하에 있다고 할 수 있다.

2000년, 필자는 컨설팅 업계를 떠나 포춘 100대 기업 중 한 곳으로 이직하였고 2007년 다른 기업이 이를 인수하면서 명함이 또 한 번 바뀌었다.

현업에서 일하면서 필자는 컨설턴트들이 만들어 놓은 성과관리체계의 폐해를 체감할 수 있었다. 두 기업 모두 연말의 6주간은 성과 관리 프로세스를 수행하도록 인사 시스템이 자동화되어 있었다. 그러나 이 활동은 신제품 개발이나 고객 서비스 제공 등에 전혀 기여하는 바가 없다. 그럼에도 필자는 매년 11월, 12월의 주요한 시간을 성과 관리와 관련된 활동을 하며 보내야 했다.

장문의 성과역량 평가서를 작성하고 검토한 다음, 타 평가자의 평가 내용도 검토하고 직원 성과 등급 조정 회의에 참석하면서, 동시에 중점 목표 달성 여부, 리더십 역량 목표 달성 여부, 동료 집단과의 비교 등에 의하여 HR 시스템이 자동으로 계산한 평가 등급을 직원들에게 통보하는 일의 연속이었다.

전략을 구현하려는 의도에서 시작된 일이 직원들을 마치 물품처럼 평가하고 꼬리표를 달아 추적하는 체계로 변한 것이다. 이를 '인적 자산 관리'라고 부르는 것이 이상하지 않을 정도이다. 정말로 종업원들을 '자산'으로 취급하고 있으니 말이다.

전략에 부합하지 않은 업무를 제거하고 직원들을 전략에 정렬시켜 의욕을 고취시키고자 했던 우아한 방법론이 현장에서는 오히려 역효과를 불러일으켰다. 대체 어디서부터 그 단점을 열거해야 할지 어렵다는 점에서 이 체제는 가히 엉터리라고 부를 만하다.

이 방법론의 전제 사항은 사람이 돈에 의해서만 동기가 부여된다는 것이며, 상급자가 수행하는 인사고과를 통해 직원의 성과를 개선할 수 있고 이 모든 체계가 공정하고 객관적이라 자신에게 유리하게 조작하는 사람이 없다는 것이다. 그러나 이 전제 사항들이 다 옳다고 해도 인적 자산 관리를 실시하고 관리하며 유지하는 데 필요한 상당한 노력, 시간, 비용을 감안하면 이 체계를 반대할 이유는 충분하다.

상당한 노력을 들여 성과보상체계를 구현하면 어떤 일이 발생할지 생각해 보자. 우선 업무 및 성과 등급에 따라 얼마만큼의 급여 인상, 성과급 지불, 스톡 옵션, 자사주 증여 등의 보상을 제공할 것인지 결정해야 한다. (어쩌면 가장 먼저 할 일은 이러한 일을 대신해 줄 컨설팅 회사를 선정하는 것일지도 모르겠다.) 예를 들어 새로운 보상 체계 하에서는 만족할 만한 수준의 성과를 보인 관리자는 일정 수준의 보너스 및 급여 인상을 기대할 수 있고 더 높은 성과에 대해선 스톡 옵션까지도 예상할 수 있을 것이다. 참 간단하게 들리지만 이에 대한 전제 사항으로 회사의 업무 영역 전체에 대해 직무 등급의 수준이 표준화되어야 한다. 필자의 경험에 따르면 한 팀의 팀장은 다른 팀의 팀장과 꼭 같은 수준의 역할을 수행하지 않으며, 사업 부문이 다르면 팀장 직급의 수준에도 차이가 두드러진다.

어떤 기업이 인수 합병을 통해 성장하여 왔다면-많은 기업이 그래왔지만-동일한 직함도 직무의 수준에 큰 편차가 있을 것이다. 그러므로 인적 자산 관리를 도입하는 기업은 기업 전체에 걸쳐 표준화된 직급을 구현하거나 현재 존재하는 직급을 몇 개의 표준화된 형태로 정리할 필요가 있다. 그래야만 공정성을 확보할 수 있기 때문이다.

직함과 직급을 표준화하는 일을 경험한 사람들은 이 일이 얼마나 감정적으로 격화되고 정치적인 반향을 불러일으키는 과정인지 잘 알고 있다. 직원들을 어떠한 직급으로 강제 배정하는 것은 상당한 수고를 동반하며 보통 정반대의 직급상향은 없으므로 직원들의 불만족을 불러일으킨다. 원래 회사에서 부장이었다가 합병 이후 차장으로 강등된 관리자라든가 하루아침에 상무보 제도가 없어져 자신의 직급이 부장이 되어버린 사람들에게 이러한 일은 달갑지 않을 것이다. 승진의 사다리를 오르기 위한 그 인고의 세월이 삭제 버튼 한 번으로 사라지고 만 것이다.

이 다음 단계는 성과 평가 양식과 고과 등급을 표준화하는 것이다. 다시 말하지만 사내에 여러 부문이 있거나 인수합병을 거쳐왔다면 그 안에는 다양한 유형의 양식과 등급이 존재하기 마련이다. 어떤 부서는 평가 등급에 A, B, C, F 체계를 사용하고 10점 만점의 평가 등급을 사용하는 부서도 있다. 하나의 평가 체계와 등급으로 통일하는 것에는 전사적인 노력이 필요하지만 서로 밀고 당기고, 타협하는 과정을 통해 2개월 정도의 시간이면 이 작업을 완료할 수 있다.

세 번째 단계는 업무 목표의 작성 · 평가 · 보상에 대한 시점이라든가, 개인 목표 작성 시 전사적 목표에 기반하여 달성 목표를 세분화하는 방식 등을 결정하는 거버넌스 프로세스를 설계하는 것이다. 그리고 마지막 단계는 전 직원에게 새로운 프로세스와 일정에 대해 알리고 필요하다면 교육을 수행하는 것이다. 그러나 서류에 기반하여 이러한 성과 관리체계를 구현하면 다음과 같은 문제점들이 드러난다.

- 목표 설정 수준이 제각각이다. 어떤 사람들은 달성하기 용이한 목표를 설정하는 반면 정량화하거나 달성 여부를 평가하기 어려운 목표를 설정하는 이들도 있다. 게다가 직원들에 대한 관리자들의 기대 역시 천차만별이다. 즉 목표 작성에 대한 표준화된 방법의 필요성이 대두된다.
- 성과라는 것은 매우 주관적이다. 누군가 '보통 등급'이라고 평가한 것을 다른 이는 '기대 이상의 성과 달성'으로 판단할 수도 있는 것이다. 즉 평가 방식에 대해서도 일정 수준의 표준화가 요구된다.
- 연초에 작성한 목표를 연말에 평가하는 체계는 변화하는 사업 환경에 대응하기 위한 유연성이 부족하다. 그러나 연중에도 승인 없이 목표 변경이 가능하다면 직원들이 이미 완료한 과업 위주로 수정할 수 있으므로, 성과 목표 설정의 근본 취지를 훼손할 우려가 있다.
- 연말까지 평가를 유보하면 일이 잘못되어 갈 때 바로잡을 기회를 놓칠 수도 있다. 관리자와 직원이 연중 1회 이상 목표를 재검토할 필요가 있다.
- 어마어마한 서류를 작성하고 관리해야 한다!

결국 이 시점에서 대부분의 기업들은 서류로 성과관리체

계를 운영하는 것이 불가능하다는 것을 깨닫게 된다. 오늘 날에는 이를 대신하는 소프트웨어 제품이 상당히 많기 때문에 이 프로세스는 자동화될 수 있다. 그러나 위에 언급된 단점을 보완하기 위해 IT 시스템을 구축하면 다음과 같은 문제점들이 드러난다.

- 정보 시스템의 개발 또는 외주–IT 컨설턴트 필요
- 하드웨어 및 시스템 개발, 유지보수, 사용자 교육 및 지원을 위한 인력 등의 기반 구조 마련
- SMART한 목표를 작성하기 위한 전사적인 교육 및 변화 관리
- 공정하게 성과 목표를 측정하기 위한 관리자 교육
- S등급 TO를 조정하기 위한 부문간 회의 등 부서 간의 평가 공평성을 보장하기 위한 업무 절차 수립
- 공정한 성과 평가 및 정보 정확성을 보장하기 위한 인사 측면의 지휘 통제 기능
- 주기적으로 목표를 검토하고 결과에 따라 내용을 수정하고 문서화하는 과정

이러한 작업의 결과는 무엇일까? SMART 원칙에 의한

성과 목표 작성, 목표 검토, 목표 수정, 수정 목표의 승인, 성과 요약, 평가자의 정기 평가, 평가 등급 조정, 정규분포에 따라 1차 평가 결과를 재조정하는 작업—이에 의하여 다시 목표와 등급이 변경된다—그리고 결과를 IT 시스템에 다시 입력하기까지 막대한 시간과 비용이 소모된다.

게다가 관련한 IT 시스템을 지속적으로 현행화하고 사용법을 교육하며 각 단계별로 원칙을 준수했는지 점검하기 위한 수고도 상당하다. 사실상 매년 4/4분기의 대부분을 성과 관리 프로세스를 실행하는 데 낭비하는 형편이다. 만약 상반기, 하반기로 나누어 검토를 수행한다면 여름에도 2주의 시간이 소모될 것이다.

또한 성과 평가를 위해 소모되는 시간 외에도 이를 담당하고 지원하는 HR 부서 및 IT 부서 직원들의 인건비와 하드웨어 · 소프트웨어 유지비용도 무시할 수 없다. 무엇보다 문제가 되는 것은 관리자들이 이 프로세스의 실행에 필요한 서류 작업과 관련 회의에 참석하느라 정작 부하직원들을 직접 관리하는 시간을 줄여야 한다는 것이다.

성과 연동 보상 체계의 핵심이 무엇이었는지 기억하는가? 그것은 모든 이가 기업의 목표에 집중하도록 하여 전체 조직이 회사의 전략을 실행하는데 매진하도록 하는 것이었다. 그러나 그 대신에 우리는 전략의 실행에 전혀 기여하지 않는 행정적 부담을 스스로 짊어지고 있다. 분명 독자가 일하는 회사의 사업적 전략이 목표의 관리 및 인센티브 보상 체계의 구현은 아닐 것이다. 물론 이러한 부담에도 불구하고 실제로 직원들에게 동기를 부여하고 근무 의욕을 고취시킨다면 좋겠지만 필자의 경험으로는 그 반대의 일이 벌어진다.

현실에서 성과보상체계는 자잘한 비용만 계속 소모할 뿐 관리자들이 직원들에게 개선을 위한 조언이나 코칭을 하는데 그다지 기여하지 않는다. 오히려 관리자와 직원들이 상호 관계를 구축하기 위한 시간을 앗아가고 사람들이 억지로 준수해야 하는 표준을 제공할 뿐이다. 이 체계가 기반한 가정들을 다시 살펴보자.

- 성과 평가 체계는 공정하고 객관적이다.
- 상급자에 의한 성과 진단 및 인사고과가 직원의 성과를 향상시킬 수 있다.
- 돈으로 사람에게 동기를 부여할 수 있다.
- 이 체계는 객관적이며 오용되지 않는다.

불공정한 프로세스에서는
공정성을 보장할 수 없다

성과평가체계는 공정성이나 객관성과는 거리가
멀다. 대부분 숫자와 체크리스트, 공식 따위를 이용하여 그
러한 척 가장할 뿐이다. SMART 방식으로 목표를 설정하는
것이 객관성과 공정성을 보장하기 위한 선진 사례로 여겨
지고 있지만 제3장에서 필자가 주장한 바와 같이, 수치화된
지표는 오용하기 쉽고 악용될 수 있으며 판단 능력을 제한
한다. 또한 모든 직무가 SMART 방식으로 기술될 수 있는
것도 아니다.

사실 대부분의 일들은 허술하게 정의되어 있으며 고객의
요구나 경쟁사의 행동, 환경에 의하여 종속적으로 변화하게
마련이다. 대부분의 기업들은 '고객의 요구와 변화하는 시
장 니즈에 부응하는 것'을 중요한 가치로 두고 있는데, 이러
한 변화에 대응하는 것을 어떻게 미리 예측하여 성과 목표
에 반영할 수 있겠는가?

필자가 실제로 겪은 일 중에는 다음과 같은 문제가 있었
다. 컴퓨터 고장과 관련하여 직원들의 전화 문의에 응대하
는 팀원이 있었는데, 고장 처리 방법을 문의한 일부 직원들
을 대상으로 의견을 청취하도록 지시하였다. 그런데 인사

팀에서 성과 목표는 SMART하게 작성되어야 한다는 의견을 보내왔고 필자에게 '매월 몇 명 이상의 직원 문의에 응대'와 같은 지표를 추가해야 한다고 제언했다. 그러나 필자의 생각으로는 이 팀원이 전화 문의에 잘 응답하면 될 뿐이지 굳이 불필요한 지표를 설정하여 전화 문의가 적을 때 페널티가 부과되는 것은 정당하지 않아 보였다. 그러자 인사팀에서는 적어도 고장 문의 전화를 건 직원들에게 만족도를 묻는 조사를 수행할 것을 제안했다. 결국 문의 전화를 하는 모든 직원들이 만족도 조사를 수행하는 부담을 갖게 되었고, 이러한 성가심 때문에 전화 거는 일을 삼가게 되었다. 아울러 직원 만족도 조사 결과의 총점을 매기는 것이 그녀의 직무 기술서와 목표에 새로 포함되어야 했다. 한편 이 부가적인 업무가 그녀의 일에 있어 큰 부담을 주었음에도 불구하고 인사팀은 그것이 본연의 업무가 아니라며 공식적인 성과 평가에서 그 비중을 줄여야 한다고 주장했다.

SMART 목표 설정의 다른 문제점은 각 관리자들이 직원에 대해 갖는 기대 수준의 차이를 조정할 방도가 없다는 것이다. 관리자들 중에는 부하직원들에게 더 많은 성과를 기대하거나 그다지 기대를 품지 않는 사람들이 있다. 한 가지 예를 들자면, 한 여직원이 최고의 고과를 받아 필자는 동료들과 함께 그녀가 어떻게 높은 평가를 받았는지 토론한 적이 있다. 이 직원은 학부 졸업 후 업무 비서로 오랜 기간 일하다가 늦은 나이에 대리급의 금융 애널리스트로 승진했다. 그녀는 이전에 필자의 비서로 일했었기 때문에 그녀와 필자는 친분이 있었다. 그녀는 자신의 현 상사가 자신을 무능한 사람으로 취급한다며 필자에게 불만을 토로하곤 했다.

비록 그녀가 업무 비서로 일을 시작했지만 이미 금융 분석 분야에서 거의 20년을 일하며 많은 경험을 쌓아 왔음에도 그녀의 상사는 그녀가 업무 수행에 필요한 전문 지식을 갖고 있지 않다고 생각했다. 그해엔 그녀의 팀 동료들이 출산 휴가, 배심원 참석, 병가 등으로 자리를 비우게 되어 분기 말에 오직 그녀 혼자서 마감 작업을 해야 했다.

업무의 양은 많았지만 경험을 가진 그녀에게 별로 어려운 일이 아니었다. 다년의 경험을 가진 사람이 할 수 있던 당연한 일임에도 불구하고 그녀의 상사는 그 결과에 크게 놀란 모양이었다. 서류상 그녀에게 부여된 직무 목표는 기초적인 자료 입력과 보조 작업이기 때문이었다.

그녀는 상사의 기대 이상으로 일을 해냈지만 그 기대 수준이 너무 낮았다. 이 상사는 그녀에게 최고의 고과 등급을 부여하는 것으로 그녀의 노고에 보답할 수 있으리라 생각했다. 그러나 오히려 그녀는 이 과정에서 모욕감을 느꼈다. 즉 성과 평가에서 가장 높은 등급을 받고서도 직원의 사기가 떨어지는 일이 발생한 것이다. 같은 해 동일한 직급의 다른 애널리스트는 더 어려운 과업을 완수하고도, 이미 그녀에게 최고 등급이 부여되었기 때문에 TO가 한정된 상황에서 더 낮은 고과를 받게 되기도 하였다. 다시 말하지만 이는 공평하지 않다. 모든 사람들이 SMART하게 목표를 정한다고 해도 불공정성과 주관적 판단의 문제는 상존한다.

이러한 이슈들은 예외적인 상황이라기보다 인사고과 결정 회의에서 전형적으로 발생하는 대표적인 사례이다. 이 회의의 목적은 대상 직원들 간의 목표 및 고과를 객관적으로 비교하고 정렬시켜 직원들의 성과 등급 배분을 정규 분포(Bell Curve)에 따라 다시 분류하는 것이다.

그러나 부하직원의 성공을 위해 개인적으로 많은 노력을 쏟은 이후에 어떻게 인정을 무시하고 객관적일 수 있겠는가? 또한 부하직원들의 성공을 위해 개인적인 노력을 다하지 않는다면 어찌 훌륭한 관리자라고 할 수 있을까? 관리자 간에 이뤄지는 인사고과 결정 회의는 감정 개입 없이 진행되지 않는다. 서로 자신의 직원들에게 부여할 A등급 비율을 1%, 0.1%라도 더 확보하기 위해 논쟁이 벌어진다. 그러나 이러한 난리의 결과로 직원들에게 매달 1만 원 정도의 성과급이 더 확보되는 것에 그친다면 애초에 그러한 노력을 할 필요가 있을까?

실은 이 논쟁의 핵심은 돈이 아니라 '숫자'이다. 내 직원들이 당신의 직원들보다 더 낫다고 보기 때문에 더 높은 수치를 확보하기 위한 싸움이 관리자의 의무로 간주되는 것이다. 필자가 그동안 참여해 본 인사고과 결정 회의는 대부분이 감정적이고 주관적이었으며 공정하거나 공평한 성격의 회의는 한 번도 없었다. 게다가 이러한 회의는 더 달변할 수 있는 관리자들에게 유리하다. 논쟁 기술이 미흡한 관리자들의 부하직원은 상대적으로 손해를 입을 수밖에 없다.

이 과정에서 가장 주관적인 편견에 치우칠 수 있는 것은 '고과 평가(Performance Appraisal)'라는 성과 진단 회의이다. SMART 목표 설정과 역량 목록에 따라 이 검토 회의가 객관적일 수 있다고 기대하지만 여러 연구 결과에 따르면 이 평가는 다양한 편견에 의하여 주관적인 성격을 띤다고 한다. 그중 알려진 것은 다음과 같다.

- **편애**—더 좋아하는 사람들에게 높은 등급을 준다.
- **가치관 및 사회적 양식의 공통점**—자신과 비슷한 사람들

을 더 좋아하고 그 때문에 높은 등급을 부여한다.

- 연령, 인종, 성별에 의한 차별—다시 말하지만 자신과 유사한 사람들에게 높은 등급을 부여하거나 고정관념에 의하여 판단한다.
- 후광효과/뿔효과(Halo/Horn Effects)—한 영역에서의 좋은 성과 또는 부정적 성과가 관련 없는 영역에 대한 전체 인식으로 확대되는 현상이다. 예를 들어 옷차림이 단정치 못한 사람이라면 발표 실력도 부진할 것이라고 짐작하고 낮은 고과를 부여하는 것이다.
- 자신이 부여받은 등급—우리에게는 자신이 받은 등급을 기준 삼아 다른 이들의 성과를 평가하는 경향이 있다.

자신의 가치관으로 인해 편견을 갖는 사례에 대하여 필자의 경험을 말하고 싶다. 조직개편 이후 필자는 새로운 팀을 관리하게 되었는데 전임자가 그야말로 완벽주의자였다. 완벽주의는 언제나 80%의 만족을 목표로 일을 처리하려 하는 필자의 가치관과는 상반되는 개념이다. 필자가 보기에 이 세상이 너무나 빠르게 변하므로 완벽한 노력을 기하기보다 적절히 충분한 노력을 하는 것이 더 나은 것 같다. 다시 이야기로 돌아가 필자가 담당한 팀의 팀원 한 명도 완벽주의자였다. 이 팀원은 전임 팀장에게는 세밀한 부분에 주의를 기울이는 자세로 많은 칭찬을 받았으나 필자가 온 이후로는 개선을 위해 코칭을 받아야 하는 지경에 이르렀다. 반면 전임 팀장 하에서는 세밀한 부분이 부족하다는 평을 받은 동료들은 필자와 일하면서 높은 성과를 보이는 듯했다. 사실 그 누구의 성과도 변한 것은 없고 고과를 위한 양식도 그대로였으며 다만 이를 평가하는 주체가 필자로 바뀐 것뿐이었다. 이렇게 성과 평가라는 것은 객관적일 수 없다. 평가나 판단이라는 말 자체가 '주관성'을 내포하고 있기 때문이다.

98%의 직원들은 자신을 평균 이상이라고 생각한다

기업의 성과관리와 보상 체계를 시스템화하기 이전의 시절에는 성과관리의 목표가 직원들의 성과를 향상시키고 다른 직원들과 비교하기 위한 기준선을 제공하는 것이었다. 물론 인사고과는 있었지만 점수는 따로 없었으며 보상과 직접적으로 연계되지도 않았다. 관리자에게 연봉 인상 및 전체 근무성적에 대해 조정할 수 있는 여지가 있었던 것이다.

좋은 관리자를 만난다면 잘한 것이 무엇이고 개선해야 할 점은 무엇인지 이야기를 나눌 수 있었다. 관리자와 부하직원이 정말 좋은 관계라면 면담 시에 서로 마음을 열고 잘된 부분과 그렇지 않은 부분에 대해 돌아보며 앞으로 어떻게 잘해 나갈 것인지 이야기를 나누는 계기가 되었다. 물론 좋지 않은 관리자와 일한다면 성과 면담 시에 단점 지적만 당할 것이다—보통은 이렇게 지적을 당했던 사람들이 남의 단점을 지적하는 것 같다.

일단 다른 이에게 평가를 받는다는 것은 부자연스러운 구석이 있다. 다른 인간관계에서는 타인의 역량을 평가하기 위해 사람을 만나지 않는다. 필자의 경우도 성과평가 같은 것 없이 20년 이상 결혼생활을 잘 이끌어 왔다. 사실 10대 아들들에게 이를 시도한 적이 있기는 했으나 좋은 결과를 볼 수는 없었다. 인사고과 면담은 남을 통제하고 간섭하는 방향으로 흐르기 쉽다. 즉 관리자가 부하직원보다 우월한 판단력을 갖고 있고 그 직원을 위해 좋은 것이 무엇인지 더 잘 안다고 전제하는 것이다. 이 과정에서 직원의 자기 평가는 최종 결과에 반영되지 않는다. 고과의 최종결과가 점수로 표시되기 때문에 면담의 성격이 상사가 위에 서서 부하의 가치를 평가하는 형태가 되어 버린다. SMART한 목표, 역량 목록, 가중 평균 등으로 인해 인사고과가 객관적인 과정이라고 착각할지 모르나 실제로는 매우 주관적으로 수행되는 것이다.

게다가 가장 최악인 것은 고과의 점수 결과가 상사와 부하 사이의 대화 기회를 차단한다는 것이다. 부하직원은 숫자로 평가된 등급에 대해 먼저 듣고 싶어 하며 다른 내용에 대해선 관심을 갖지 않는다. 어떻게 업무성과를 향상시킬 수 있을지 진심으로 대화하는 것이 아니라 오직 점수만을 기대하는 것이다. 게다가 대부분의 직원들은 평가 등급에 대하여 불만족한다. 성과관리체계 하에서는 고(高)성과자와 저(低)성과자의 판별을 위해 정규 분포로 직원들의 등급을 재배치해야 하기 때문에 대부분의 직원에게 '평균' 등급이 부여된다. 이는 스스로에 대한 자기 인식과 갈등을 빚는 요소이다.

우리 모두는 자신이 평균 이상이라고 생각한다. 이러한 인지 편향은 흔히 '평균 이상 효과(Better-than-average effect)[1]', '우월적 환상', '우월적 편향', 또는 사람들이 자신의 가치를 평균 이상으로 인식하는 '워비곤 호수 효과(Lake Wobegon Effect, 워비곤 호수는 한 풍자 소설에 나오는 가상의 마을로, 이 마을의 아이들은 평균 이상의 능력을 갖고 있고 모든 남자들은 보통사람들보다 잘생겼다)'이다. 톰 코엔스(Tom Coens)와 메리 젠킨스(Mary Jenkins)의 저서 『Abolishing Performance Appraisals』에 따르면 "거의 모든 직원들은 자신이 뛰어난 사원이라고 생각한다. 이에 최고 등급을 받지 못한 대부분의 직원들은 자신의 평가 등급에 대하여 실망을 느낀다. 한 연구에 따르면 98%의 종업원이 자신을 상위 50%의 고성과자라고 인식하고 있으며 상위 25%에 속한다고 생각하는 비율도 80%라고 한다."

"당신은 평균적인 인간이다"라는 이야기를 듣고 좋아할 사람은 아무도 없다. 특히 좋은 성과를 보이는 사람이라면 말이다. 더 심각한 것은 최고의 성과자들에게는 '보통 이상'이라는 등급마저 만족스럽지 않다는 것이다. 필자는 최상의 성과를 보인 직원과 인사고과 면담을 하면서 그녀의 점수가 5점 만점에 4.15점이라고 알려준 적이 있었다. 대부분의 직원들이 3점을 받는 그 회사에서 대단히 높은 평가 점수였음에도 불구하고 그녀는 왜 자신이 5점을 받을 수 없는지 물었다. 그녀는 자신이 무엇을 잘못했는지 궁금했던 것이다. 결국 필자는 그녀의 우수한 부분, 더 잘할 수 있었던 과업, 앞으로 변화를 주어야 할 영역 등에 대한 대화를 진행하지도 못하고 4.15점이 정말 좋은 점수이며 5점을 모두 받는 사람은 없다는 것만 설명하느라 진땀을 뺐다. 그럼에도 그녀는 며칠간 풀이 죽어 있었다. 이것은 정말 좋은 점수를 받고도 의욕이 상실된 사례라 하겠다.

필자는 인사고과 과정을 통해 의욕 넘치고 행복한 직원들의 사기가 저하되는 광경을 자주 목도하였다. 우리가 성과관리체계에 대하여 가정한 두 번째 전제는 잘못된 것이었다. 인사고과를 통해 성과는 개선되지 않으며 오히려 역효과가 유발된다. 게다가 인사고과 과정은 사람들을 위축시킨다.

진정한 성과의 개선은 매일의 상호작용에서 지속적으로 코칭과 피드백을 줄 때에 가능한 것이다. 상사와 부하직원 또는 동료직원들 간의 의사소통이야말로 성과 개선을 위한 길이다. 현행의 성과관리체계는 서식을 기입하고 점수를 계산하며 등급을 매기고 성과급을 배분하는 것에만 치중하여 인간관계를 손상시키고 있다. 많은 관리자들은 인사고과 절차를 따라 부하직원의 강약점을 진단하고 조치계획을 작성하는 것으로 부하직원의 관리가 모두 끝난다고 착각하는 듯하다. 과연 면담 시에 부하직원의 업무 개선에 대해 몇 마디 던지고 나면 내년까지 할 일이 없는 것일까? 오히려 이러한 성과 관리 프로세스로 인하여 부하직원과의 진정한 관계를 등한시하는 것은 아닐까?

당신도 오직 돈 때문에 일하고 있는 것인가?

성과관리체계에 대하여 깊이 생각해본 독자들은 그 궁극적인 목적이 돈의 배분이라는 것을 알 수 있을 것이다. 결국 평가 결과에 상응하는 돈을 지급하는 것이다. 그러나 최종 결과물로 돈을 지급하는 이 체계를 '성과관리체계'라고 부르는 것은 언어도단이며 오히려 보상분배체계라고 해야 옳을 것이다. 그렇다면 '사람은 돈에 의하여 움직인다'라는 세 번째 가정에 대하여 생각해보자. 성과관리체계에서는 이 가정에 따라 종업원들이 목표 달성에 매진하도록 목표 달성 여부와 금전적 보상을 결부시킨다.

이 주제에 대해선 최근에 많은 이들이 논하고 있는데, 여러 기사를 비롯하여 알피 콘(Alfie Kohn)의 저서 『Punished by Rewards』와 다니엘 핑크(Daniel Pink)의 『드라이브Drive』(김주환 역, 청림출판)가 가장 유명하다.[2] 알피 콘에 따르면 보상과 인센티브는 단기적으로만 효과가 있으며 장기적으로는 오히려 학습 및 내재적 동기부여를 방해한다. 다니엘 핑크 역시 업계 평균보다 살짝 높은 고정급을 받는 직원들이 가장 행복감을 보이며, 지식 근로자에게 보너스나 스톡옵션 같은 외부적 보상은 거의 효과가 없다는 연구 결과를 인용하고 있다. 두 저자 모두 외재적 보상 체계가 배움의 욕망, 사회에 대한 가치 제공, 일을 잘 하고자 하는 내재적 욕구를 파괴하여 직원들이 업무에 대한 창의성과 열정을 잃어버리게 된다고 지적하고 있다. 어떤 작업에 금전적 가치를 결부시키는 것은 그 작업 자체가 무가치하다고 선언하는 것과 마찬가지다.

또 다른 부작용은 사고의 제한이다. 금전적 보상을 위해 현안 작업에만 집중하기 때문에 도움이 되는 다른 정보를 놓치고 측면적인 사고를 하지 않게 되는 것이다.

종업원의 동기부여 장치로 인센티브 보상을 사용하는 것이 효과적이지 않다는 증거는 상당히 많다. 이 기법은 단순 노동자들이 더 많은 부품을 조립하도록 성과급을 부여하는 등 기계적인 수작업을 빠르게 완료하고자 하는 경우에만 효과적이다. 그러나 이러한 경우에도 리스크가 수반된다. 필자가 이전 장에서 예로 들었던 공장의 사례를 떠올려 보라. 그 경우 시간당 생산량에 대해 보상을 했기 때문에 오히려 주문 납기가 늦어지는 역효과가 발생하였다. 또한 품질이 저하되는 문제도 발생할 수 있을 것이다.

임원 급여 전문 컨설턴트인 마크 호닥(Marc Hodak)은 2006년 S&P 500대 기업에 대한 임원 급여 패키지를 분석하여 우수사례와 실패사례를 도출하였다.[3] 그가 찾아낸 결론을 소개하면 다음과 같다.

- BSC에 따라 성과 보상을 한 기업은 S&P 평균을 3.5% 정도 하회하였다. 너무 많은 지표에 집중하다 보니 임원들이 어느 것 하나에도 집중하기 어렵다고 느꼈다.
- 매출 증대 등 특정한 지표에만 보상을 한 경우 그 지표가 확실히 개선되었다. 그러나 그에 따라 이윤이나 주주가치가 증가하지는 않았다. 각 개인들은 체계의 허점을 찾고자 하기 때문에, 특정 지표의 목표 달성을 위해 다른 지표를 희생하는 경우가 잦았다. 예를 들어 이윤 감소를 감수하면서 매출을 증대하는 행위 등이다.
- 스톡 옵션이나 자사주 보상제(Stock Grant)는 동기 부여에 도움이 되지 않았다. 임원들이 보기에 주가는 자신의 노력이나 내적인 활동을 통해 높일 수 있는 것이 아니라 경기에 의하여 좌우된다고 여겼기 때문이다.

결국 살펴본 바와 같이 지표와 목표의 달성에 대해 동기부여 차원에서 돈과 주식을 제공하는 것은 기업에 도움이 되지 않으며, 오히려 부작용이 많다.

막대한 시간과 비용, 노력을 들여 직무 등급의 레벨을 평준화하고, 성과 기준과 공통 역량을 개발하며, 평가등급에 대한 보너스 및 임금 인상 목표를 합의하고, 이를 위한 서식과 프로세스를 준비하여 자동화하고, 등급 평가 결과에 대한 조정 회의를 수행하고, 이를 다시 정규분포에 따라 배치한 다음, 고과 결과에 대해 이의제기를 받고, 최종 등급에 따라 성과급을 지급하고, 관리자가 부하직원과 면담하며 평가 결과, 성과급 수준·장단점 따위에 대해 논의한 최종적인 결과물이 종업원의 사기와 기업의 성과에 악영향을 끼치는 것이다.

이렇게 문제가 많은 성과관리체계가 경영상의 베스트 프랙티스가 된 이유는 무엇일까? 일부 경영 전문가들이 창안한 흥미로운 이론에 사로잡힌 경영 컨설턴트들이 실제 결과에 대해 생각하지도 않고 고객사인 기업들에게 효익을 설득하였기 때문이다. 보고서 상에선 무엇이든 멋지고 깔끔하게 보이기 마련이다.

불건전하고 궁극적으로 유해한 경영 관행은 그 외에도

여럿 있지만 그중에서도 성과관리체계는 빨리 폐지되어야 한다. 사실 종업원들의 성과를 관리하기 위한 유일한 최선책이라는 것은 없기 때문에 기업 입장에서는 여러 시도를 할 필요가 있을 것이다.

보상의 경우 필자의 의견은 다니엘 핑크의 권고를 따라 평균보다 약간 높은 봉급을 주면서 매우 단순한 PS(이윤 공유, Profit Sharing) 계획을 가져가는 것이다.

회사가 이윤 임계치를 넘을 때 모든 종업원들에게 동일한 비율의 보상을 제공하면 '우리 모두 함께 이룬 결과'라는 일체감을 창조할 수 있다. 스톡 옵션이나 주식 보상제도를 보상 패키지에 포함하는 것은 무의미하지만 특정한 업무를 잘 수행하였을 때 일회성 보상으로 PS에 활용하는 것은 가능하다. 즉 가중목표의 계산이나 평가 결과 조정 회의 같은 것을 다 폐지하고 회사의 성공에 대해 모든 직원들에게 고정된 동일 비율로 이익을 제공하는 것이다.

일종의 복지 차원에서 접근한다면 체계를 오용하는 행위도 사라질 것이다. 모든 종업원이 동일한 양을 수령한다는 점에서 이 방법은 공정성이 보장된다. 이 체제에서는 SMART 방식의 목표 작성이나 정규 분포 곡선도 별 의미가 없게 된다. 즉 모든 종업원이 평균 이상일 수 있는 것이다.

성과 점수 부여와 평가를 없앨 때, 관리자들과 부하직원들은 성과 개선을 위해 서로 협업할 수 있는 여유를 가지게 될 것이다. 이 경우 공식화된 체계 없이도 서로 어떻게, 언제 만날 것인지 정할 수 있다고 본다.

필자는 매월 개별적으로 함께 앉아 면담하는 것을 선호한다. 팀 단위로 성과에 대해 논의하거나 프로젝트 종료 이후의 사후 평가 회의를 활용하는 것도 좋은 방법이다. 그러나 한 명의 관리자가 담당하는 부하직원의 수가 너무 많아 코칭하기도 버거운 경우에는 동료 간의 피드백이 유용할 수 있다.

매년 성과 평가로 낭비하였던 2개월의 시간을 확보하였으니 회의 보고, 사업 단계별 추진 교훈(Lessons Learned) 공유, 팀 성과 개발 모임 등 다양한 검토 과정 및 피드백 과정을 실행할 수 있는 시간은 충분할 것이다. 이러한 활동은 굳이 연말까지 미룰 필요 없이 연중 수행할 수 있기 때문에 실행이 쉽고 더욱 정확하며 시의적절하다.

종업원들도 불이익의 두려움 없이 도전적인 목표를 스스로 설정할 수 있다. 사실 목표관리제도(MBO)라는 개념을 창안한 피터 드러커(Peter Ferdinand Drucker)도 종업원이 스스로 자신의 목표를 만드는 것이 매우 중요하다고 믿었다.[4] 남이 부여한 목표보다 스스로 정한 목표를 따르는 것이 더 의욕을 고취시키기 마련이다. 자신이 좋아하는 프로젝트가 더 재미있지 남이 시키는 프로젝트는 재미없는 것처럼 말이다.

성과 체계에 영향을 미치는 일을 고려할 필요 없이 시장 상황에 따라 각자의 성과 목표도 쉽게 변경할 수 있다. 물론 기업의 목표와 정렬하는 것은 관리자와 부하직원의 몫이지만 이들이 각자의 목표를 기업의 목표에 맞추기 위해 노력할 것이라 믿기 어렵다면 이미 그 기업은 목표 정렬보다 더 큰 문제에 봉착한 상황일 것이다.

개인의 성과를 다룰 수 있는 유일한 방책은 이를 개인에 맞게 처리하는 것이다. 표준화된 양식, 회의 주제, 체크리스트, 산식 등은 표준화된 종업원에게만 적용 가능한 방법이다. 그런데 표준화된 종업원이 세상에 존재할 리가 없다. 경영진과 종업원은 회사의 목표를 달성하기 위해 협업하여야 한다. 필자는 이것이야말로 사람을 재고 자산처럼 취급하며 점수를 부여하고 등급을 매겨 꼬리표를 붙이는 것보다 더 나은 경영 방식이라고 생각한다.

주

1) 평균 이상 효과에 대해서는 마크 알리케(Mark D. Alicke)와 올레시아 거버런 (Olesya Govorun)의 책인 『The Self in Social Judgment』를 참고하기 바란다.

2) 알피 콘과 다니엘 핑크의 책 외에 금전적 보상의 유해성에 대하여 플로리 안 에더러(Florian Ederer)와 구스타보 만소(Gustavo Manso)의 논문 「Is Pay-for-Performance Detrimental to Innovation?」과 제프리 페퍼(Jeffrey Pfeffer) 가 1998년 5,6월 HBR에 게재한 기사인 「Six Dangerous Myths About Pay」, 마이클 쿠퍼(Michael J. Cooper), 후세인 굴렌(Huseyin Gulen) 및 라가벤드 라 라우(Raghavendra Rau)의 「Performance for Pay? The Relationship Between CEO Incentive Compensation and Future Stock Price Performance」를 참고하 라. 또한 테레사 애머빌(Teresa Amabile)은 비금전적으로 종업원의 의욕을 고 취시키는 방안에 대해 연구하고 있다. 저서의 제목은 『전진의 법칙The Progress Principle』(윤제원 역, 정혜)이다.

3) 마크 호닥이 쓴 「Pay for Performance: Beating Best Practices」는 2006년 7,8월 호 Chief Executive지에 게재되었다.

4) 피터 드러커는 1954년 저서 『경영의 실제The Practice of Management』(이재규 역, 한국경제신문사)에서 목표관리제도에 대해 언급하였다. 필자는 아직 이 책 을 읽지 못했다.

05

어떻게
훌륭한 관리자가
될 수 있을까

성공적인 관리자가 되기 위해
수많은 매뉴얼을 모두 읽어야 하는가?

경영 모델과 기법은
이미 충분하다

컨설턴트 시절 필자는 여러 번 관리 기법 연수의 강사진으로 활동한 바 있다. 관리 기법에 대한 교육 수요는 항상 높은 편이다. 맘에 들지 않는 상사 또는 상사와의 갈등 관계는 직원들의 퇴직 사유 중 가장 흔한 것으로, 많은 기업들이 직원에 대한 관리 역량을 중요시하기 때문이다.[1] 직원들의 성과를 높이는 것도 관리자의 주요 임무 중 하나인데 이는 여간 어려운 일이 아니다.

그럼에도 다행스러운 것은 이 업을 전문으로 하는 컨설턴트들이 많이 있으며 관련된 관리 이론과 모델도 다양하다는 것이다. 독자 여러분을 위해 필자가 제미니 근무 시절에 만들었던 참조 노트의 내용을 소개해 보겠다.

- 행동 변화를 위한 코칭-5단계
- 효과적인 피드백 전달-7가지 구성요소
- 피드백을 선물로서 전달하는 기법-6단계
- PACR-환언Paraphrase, 질문Ask, 점검Check, 반응Respond 경청 기법
- 저항에 대응하는 AIR-인지Acknowledge, 조사Investigate, 강화Reinforce 모델
- 신뢰관계의 공식
- 이해관계자 구성도
- 팀 성장의 단계
- 그 외 여러 모델(총 36가지)

이후 필자는 2개의 여성 리더십 연수를 포함하여 4개의 리더십 교육 과정을 수료했고 더 많은 관리 모델 이론에 익숙하게 되었다.

그렇다면 훌륭한 관리 기법이란 대체 무엇일까? 코칭과 피드백, 업무 위임, 직원의 역량 개발 중 더 중요한 것은 무엇일까? 이 오래된 질문에 답하기 위해 필자의 책장에 꽂혀 있는 관련 도서들을 훑어 보았다. 리더십 전문가들은 '리더십'과 '관리활동'이라는 말을 구분하고 있으나, 일단 이번 장

에서는 '리더십'과 직원의 '관리활동'이라는 말을 동의어로 사용하고자 한다.

개인적으로 필자는 탁월한 관리자가 아닌 사람이 탁월한 리더가 될 수 있다고 생각하지 않는다. 관리자로서의 성공 없이 어떻게 리더 위치에 오를 수 있겠는가? 또한 사람들에게 영감과 동기를 부여하는 방법을 알지 못하면 어떻게 훌륭한 관리자가 될 수 있겠는가?

무수히 많은 연수 프로그램에서 사용된 참고서적을 살펴보는 중에 제일 먼저 시선을 끈 것은 『Successful Manager's Handbook』이라는 책이었다. 필자가 이 책을 언제, 어디서 구매했는지는 기억나지 않지만, 사우스웨스트 항공의 리더십 연수 과정의 교재로 채택된 것은 알고 있다.

『Successful Manager's Handbook』은 색인 및 부록을 제외하고 609쪽이나 되는데 유명한 대형 HR 컨설팅사인 PDI(Personnel Decisions International)의 컨설턴트들이 집필한 것이다.

PDI는 다양한 인사 관리 모델 및 자산에 대한 상표를 출원하고 있으며, 그 중 PROFILOR 360 평가 기법이 가장 유명하다. 이 책은 PDI사가 제창한 리더십 성공의 순환이라는 개념을 다음의 4가지 역량으로 표현하고 있다.

- 자기 리더십
- 결과 리더십
- 인적 리더십
- 사고 리더십

이 같은 4대 리더십의 영역은 커뮤니케이션 요인, 전략 요인 등 모두 9개의 요인들로 분류되고, 다시 32개의 하위 스킬이 정의된다. 리더십 성공을 마스터하려면 '신뢰의 영감', '변화와 혁신의 옹호', '전략적 사고', '결과중심주의' 등의 스킬이 필요하다고 한다. 그리고 이 32개의 스킬은 더 세부적인 작업과 속성으로 세분화된다.

예를 들어 '변화와 혁신의 옹호'는 '개인적 창의성의 개발', '타인의 혁신을 장려', '변화 과제의 포용'이라는 3개의 구성 요소를 지닌다. 또한 각각의 구성 요소는 부속하는 하위 분류를 갖고 있다. 독자 여러분이 이 스킬들을 친숙하게 느낀다면, 이것이 오늘날 기업에서 사용하는 리더십 역량 모델의 근간을 이루고 있기 때문이다.

필자가 세어본 결과 이 책에는 성공적인 리더십 역량을 구성하는 속성 또는 행위 433가지가 실려 있다. 그리고 다시 각 속성에 대한 달성방법을 609페이지에 걸쳐 설명한다.

각 장은 스킬에 대한 설명, 조언과 행동 지침, 단계적 가이드, 템플릿, 정보 및 참고 자료를 제시하고 관련된 만화가 포함된 경우도 있었다. 어떤 조언들은 "중요한 일을 달성하기 위해 추가적인 노력을 취하라"와 같이 거의 무의미한 내용이지만, 이 책은 신임 관리자가 익숙하지 않은 업무 계획 수립을 위한 도구에 대해서도 설명하고 있다. 그러나 솔직히 말해서 필자는 이 책의 내용을 활용한 적이 없다. 이 책은 609페이지로 손으로 들면 무거울 정도의 두께이며, 이 책이 참고용 서적이라는 것은 잘 알지만 목차를 봐도 대체 무슨 말인지 이해하기 어려웠기 때문이다. 이 책을 펼치면 매번 두통이 엄습했다.

책장에서 이 책 옆에 꽂힌 것은 대조적으로 『플렉서블─켄 블랜차드의 상황대응 리더십Leadership and the One Minute Manager』(구세희 역, 21세기북스)이었다. 큰 활자로 인쇄되었으며, 156페이지밖에 되지 않는 이 책은 인사 컨설팅의 대부 중 한 사람인 켄 블랜차드(Ken Blanchard)가 집필한 것으로 필자는 이 책을 몇 년 전 상황대응 리더십 교육 과정에 등록했을 때 스탬프가 찍힌 포스터, 명함지갑, 노트, 이러닝 CD, 용도가 불확실한 카드보드 장치와 함께 받았다.

상황대응 리더십 모델은 켄 블랜차드와 폴 허시(Paul Hersey)가 공동으로 개발한 이론에 근거하고 있으며 가장 유명한 관리 모델이자 높은 브랜드 가치를 갖고 있다. 켄과 폴은 이후 각자의 길을 걸었고 자신만의 상황대응 리더십 모델을 개발하였다.

블랜차드 버전의 리더십 모델(SL-II, Situational Leadership II)에 따르면 관리 스타일에는 지시형, 코칭형, 지원형, 위임형의 4가지가 존재한다고 한다. 또한 역량 수준 및 헌신도에 따라 직원들을 4가지 수준으로 분류한다.

여기서 핵심은 직원의 능력 또는 경험에 따라 상황에 적합한 관리 방법 또는 리더십 방식을 활용해야 한다는 것이다. 부하직원에게 새로운 업무를 부여할 경우 지시형을 채택하여 이 직원이 무엇을 할지 알려 주고 밀접한 감독 활동을 수행해야 한다. 또한 부하직원이 업무에는 익숙하지만 역량이 미흡하고 자신감이나 회의감의 문제를 겪고 있다면 코칭 방법을 택하고 용기를 북돋아 주는 피드백과 함께 구체적인 지시를 내려야 한다. 지원형은 부하직원이 직접 결정을 내리고 과업을 완수하도록 절차를 중재하고 중간 지원을 제공하는 것이다. 위임형의 경우는 직원들이 각자의 일을 알아서 수행하면 된다. 즉 직원들의 유형에 따라 유연하게 관리 방식을 선택하면 되는 것이다.

동시에 나아가 상황에 따라 적합한 관리 기법을 택할 필요가 있다. 이 관리 모델에서는 리더가 작업의 목표를 명확히 하고 성과를 관찰하며 피드백을 제공해야 한다고 강변한다. 허시의 상황대응 리더십 모델도 이와 유사하지만 '지시하기, 설득하기, 참여하기, 위임하기'라는 용어 사용에 차이가 있다. 그러나 허시는 켄 블랜차드의 회사와 같은 마케팅 역량을 보유하고 있지는 않으므로 여러분이 '상황대응 리더십'이라는 말을 듣는다면 보통은 켄의 SL-II 모델을 지칭한다고 봐도 무리는 없다.

상황대응 리더십과 대조적으로 로버트 탄넨바움(Robert Tannenbaum)과 워렌 슈미트(Warren H. Schmidt)는 1958년에 출간한 『How to Choose a Leadership Pattern』에서 부하직원들의 혼동과 그릇된 기대를 피하기 위하여 한 가지 리더십 방식을 선택하여 고수할 것을 주장한다.

이들의 관리 모델은 독재형 스타일에서 자유방임형에 이르기까지 다양하다. 양 극단의 중간에는 설득형, 참여형, 중재형, 민주형 등의 다른 관리 방식이 존재한다. 관리 방식의 선정은 기업의 문화, 부하직원들의 역량과 기대, 관리자의 능력과 자신감에 따라 결정하여야 한다. 관리자의 능력과 부하직원의 역량 간에 격차가 크다면 독재형이 적합하다. 그러나 역량의 격차가 작다면 자유방임형이 더 낫다.

이 저자들의 의견에 따르면 어떤 관리자의 성공은 자신의 가치관과 능력에 대한 이해, 부하직원의 필요와 욕구에 대한 이해, 특정한 상황에서 요구되는 필요성, 그리고 이에 따라 행동할 수 있는 관리자의 역량에 달려 있다.

보다 최근 연구에 관심이 있다면 정서지능(EI, Emotional Intelligence)이라는 개념을 창시한 다니엘 골먼(Daniel Goleman)의 리더십 모델을 참고하라.[2] 그의 모델은 다른 사람의 감정을 파악하고 긍정적인 방향으로 이끌 수 있는 능력인 공감 개념에 기반하고 있다.

높은 정서지능을 가진 사람은 타인에게 공감할 수 있다. 골먼은 관리자의 정서가 부하직원들의 정서에 영향을 미친다고 보았고 공감 관점에서 비전형, 코칭형, 친화형, 민주형, 선도형, 명령형이라는 6대 리더십 방법을 정의했다. 이 모든 리더십 방법은 특정 상황에 적합한데 선도형과 명령형은 좀 더 독재성이 강하므로 오용될 경우 조직에 부정적인 영향을 줄 수 있다고 한다.

그러나 이쯤에서 독자 여러분도 리더십 모델의 소개에

피로감을 느낄 것이라고 본다. 표면적인 소개에 그쳤지만 필자 역시도 피곤하다. 결국 필자가 말하고자 하는 바는 이 세상에 정말 많은 리더십 모델과 이론이 존재하며 사람들이 그것을 중요하다고 인지하고 있다는 것이다. 이러한 맥락에서 구글이 2011년 3월에 발표한 산소 프로젝트(Project Oxygen)의 결과를 살펴보자.[3]

이 프로젝트는 훌륭한 관리자의 특성을 파악하기 위해 2년간 진행된 연구이다. 구글이 자체적으로 수행한 이 연구는 수천 장의 인사고과 결과와 피드백 설문조사를 바탕으로 자체적인 리더십 모델을 만드는 것을 목적으로 하였다. 그리고 이 프로젝트의 결과는 뉴욕타임즈의 비즈니스 섹션을 비롯하여 여러 비즈니스 및 기술 블로그에서 수도 없이 언급되었다. 구글의 놀라운 연구 결과를 중요한 순으로 요약하면 다음과 같다.

구글의 성공적인 관리자들의 8가지 습관

- 훌륭한 코치이다.
- 팀에게 위임하고 세부적인 것에 관여하지 않는다.
- 직원들의 성공과 안녕에 대한 관심을 표명한다.
- 생산적이며 결과 중심적이다.

- 의사소통을 잘하며 팀원의 의견을 청취한다.
- 직원들의 경력 개발을 돕는다.
- 팀을 위한 명확한 비전과 전략을 갖고 있다.
- 팀원을 지도할 수 있는 핵심적인 기술적 스킬을 보유하고 있다.

이 새로운 리더십 모델은 언론에서 많은 조롱과 더불어 찬사를 받았다. 이 황금률이 이미 지난 50년간 관리 이론의 근간이었기 때문이다. 이것은 초보 수준의 직원 관리 서적을 읽거나 어떤 리더십 연수 과정에 참여하더라도 충분히 들을 수 있는 이야기이다. 그러나 이 모델은 다른 이론에 비하여 매우 단순하고, 그 원칙들이 중요성에 따라 배열되어 있으며 구체적인 데이터에 의하여 뒷받침되고 있다!

직원 관리를 위한
간단한 요령은 없다

현 시대 가장 숭배받는 기업이자 모두가 모방하고자 하는 기업인 구글이 훌륭한 관리자의 특성에 대한 연구를 해야겠다고 생각했다는 사실은 기업 세계에서 훌륭한 관리가 얼마나 어려운 일인지를 보여주는 사례이다. 이처럼 중요성에 공감한 많은 기업이 관리자 연수 과정을 의무화하고 있지만 탁월한 관리자를 보유하고 있다고 자신 있게 말할 수 있는 기업은 거의 없다. 이는 마치 시지프스의 형벌과 같다. 훌륭한 관리를 위해 많은 시간과 비용, 주의를 기울여도 이를 달성하는 사람은 없는 듯이 보인다.

상황대응 리더십 모델을 채택하여 관리자들에게 2주간의 리더십 연수를 필수화하는 화이자 같은 회사에서도 이 고민은 해결되지 않았다. 필자가 화이자에서 관리자로 근무할 때의 일이다. 임원과 이야기를 나누다가 필자의 팀원 한 사람이 화제에 올랐다. 그 임원은 해당 직원이 보인 기대 이상의 성과와 필자의 팀원들이 성취한 결과에 대해 칭찬을 아끼지 않으며, 필자에게 팀 관리 기법을 공유해 줄 것을 부탁했다. 처음에는 이 요청 뒤에 숨은 상사의 인정이 기뻤지만 다시금 생각해 보니 깜짝 놀랄 만한 일이었다. 필자에게는 별다른 관리 기법이라 할 것이 없었기 때문이다.

대체 뭘 공유할 수 있을까? 처음에는 자신이 없었지만 얼마 후 깨달음의 순간이 찾아왔다. 필자는 나를 위해 일하는 사람들을 좋아했고 그들의 성공을 원했다. 그리고 그들과 좋은 관계를 유지하고 있었다. 필자는 이전 직장의 상사 및 부하직원들과도 여전히 좋은 친구 관계를 유지하고 있다. 직업적으로 서로를 돌보고 성공하며 성취하기 위해 협력했다. 여기에는 서로의 대화와 솔직함이 도움이 되었다. 요약하자면 좋은 관계를 구축해 온 것이다.

필자는 직장에서 근무하는 동안 부진한 성과를 보이는 직원들이 최고의 에이스로 탈바꿈할 수 있도록 지원을 아끼지 않았다. 필자는 이에 대한 재능을 갖고 있는 점이 자랑스러우며, 스스로도 사람을 돕는 일에 필요한 노력을 기울였기 때문에 성공했다고 생각한다.

문제가 있는 직원들을 필자의 팀으로 배속시켜 지원하고자 할 때, 다른 관리자들은 깜짝 놀라곤 했다. 이것은 팀을 최고의 성과자들로 채워야 한다는 일반적인 관리 이론에 반하는 일이다. 필자 스스로 이러한 표현을 쓰고 싶지는 않지만 저성과자를 팀의 일원에 포함시키는 것은 유기견을 보호하는 것과 비슷하다. 난처한 상황으로 곤란을 겪는 직원에게 좋은 환경을 제공한다면 평생 여러분의 힘이 될 것이다.

처음에는 어느 정도 수고를 동반하지만 그들은 극도로 헌신적이고 열심히 일하며 행복한 팀원이 될 수 있다. 물론 필자 역시 잠재성이 있는 사람들에 한정하여 이러한 노력을 베풀며, 그동안의 성과는 꽤 좋은 편이지만 100% 성공하지는 못했다.

필자가 이른바 '문제아 직원'을 처음으로 돌본 것은 한 대형 컨설팅 프로젝트에서였다. 당시는 고객사의 요건에 대해 과업 범위를 명확히 하고 프로젝트를 팔기 위한 제안 작업을 진행하는 영업 단계였다. 제안팀에는 컨설팅 경험이 없는 신입사원 프랭크가 포함되었다.

이 프로젝트는 대규모인데다가 불확실성이 많았고 프로젝트 사이트로 함부로 접근할 수 없었다. 우리 대부분은 고객사가 아닌 각자의 호텔방에서 일해야 했지만 PC와 프린터가 놓인 회의실을 지정하여 PM(프로젝트 매니저)과 진척을 점검하곤 했다.

프랭크를 포함한 몇 명에게는 고객사의 재무 보고서를 검토하고 경쟁사의 재무 지표를 벤치마킹하는 일이 주어졌다. 우리는 근처 도서관의 데이터베이스를 활용하기 위해 그곳으로 향했고 보고서 내에서 분석할 영역을 분담했다. 우리의 계획은 다음 날 모여 서로의 조사 내용을 맞춰보고 PM에게 이를 보고하는 것이었다.

그런데 이튿날 예정대로 조사 결과를 토의하려 했는데 프랭크가 참석하지 않았다. 그에게 자동응답 메시지를 남기고 방으로 전화도 해 보았지만 회신이 없었다. 그리고 그날 저녁 회의실에서 다음 날 있을 PM 보고를 위한 결과서를 작성하던 중에 프랭크가 흥분하여 달려왔다. 그는 우선 낮에 있었던 회의에 불참한 것에 대해 사과했다. 도서관에서 정보 조사에 빠져 시간 감각을 잃었다는 것이었다. 그렇지만 매우 흥미로운 데이터를 찾았으며 하루 종일 씨름하며 관련 작업을 진행하고 있었다고 했다.

우리는 현재 프레젠테이션 자료를 작업하고 있으니 그의 조사 결과를 장표화할 수 있도록 도와주겠다고 했으나 그는 정중히 거절했다. 이미 발표가 가능한 수준으로 데이터를 엑셀 파일에 정리하였다는 것이다. 앞서 PM이 기대하는 것은 결과 내역을 파워포인트로 정리하는 것이라고 이야기했음에도 불구하고 그는 자신의 흥미로운 자료에 대해 PM이 충분히 납득할 수 있으리라 자신했다.

다음 날 우리는 조사 결과를 PM에게 보고했고 PM은 자연스럽게 질문과 함께 추가적인 조사를 진행하도록 지시했다. 그리고 프랭크의 차례가 되었다. 그는 행마다 데이터가 가득한 엑셀 스프레드시트의 출력물을 나눠주고 각 숫자에 대해 설명하기 시작했다. 그의 눈은 출력물에서 떨어질 줄을 몰랐다. 재무 수치에 대해 설명한지 3분이 지났을까, PM이 "그만!"이라고 소리쳤다. 프랭크는 여전히 열광에 가득 차 "다른 질문이 있어서 그러신가요?"라고 물었고 이에 PM은 "그래, 대체 무슨 짓거리인가?"라고 응답했다. 비즈니스 상에서 이렇게 거친 단어를 쓰는 것은 일반적인 상황이 아니었기 때문에 방 안의 모두가 크게 웃었다. 우리가 진정되었을 때쯤, PM은 고개를 절레절레 저었고 다음 발표자의 차례로 넘어갔다. 프랭크는 풀이 죽었고 굴욕감을 느끼는 것 같았다. 당혹스러워하는 그가 안쓰러웠다.

그날 늦게 필자는 프랭크를 다른 팀원들과의 저녁 식사에 초대했다. 그는 이에 대해 엑셀 작업을 더 진행하여 자신감을 회복하겠다며 필자의 초대를 거절했는데, 필자는 저녁 식사에 함께하는 것이 더 나을 것이라고 힘주어 이야기했다. 그는 필자에게 어떤 의도가 있는지 눈치를 채고 저녁 식사에 동석했다.

그날 필자는 이것이 그의 첫 번째 컨설팅 경험이자 첫 회사 생활이라는 것을 알았다. 그는 ROTC 출신으로 장교 생활을 했지만 컨설팅은 물론 민간 기업에서의 업무 경험이 전혀 없었다. 학생으로서 그리고 군인으로서 좋은 성과를 얻었기 때문에 컨설턴트로서도 성공하리라 믿었던 그에게 당일의 실패는 큰 충격이었고 그는 자신감 회복을 위해 노력해야 한다고 마음먹고 있었다. 필자는 이에 대해 그의 실수는 조사 결과를 종합하여 프레젠테이션 자료를 만드는 조사팀 회의에 참석하지 않은 것이라고 말했다. PM이 기대하는 결과물의 수준을 다른 팀원들이 알고 있는데 그는 알지 못했기 때문이다. 식사 이후 우리는 아침에 개별적으로 추가 조사를 수행한 다음 오후에 만나 프레젠테이션 자료를 수정하기로 결정했다. 이번에는 프랭크도 참석했는데 알고 보니 그가 수집한 데이터는 이미 팀에서 갖고 있는 것이었다. 그렇지만 그의 자료를 프레젠테이션의 결론을 뒷받침하는 증빙 자료로 추가하기로 했다.

그는 자신이 찾은 것이 대단한 의미를 가지지 못한다는 사실에 실망했지만 적어도 발표할 거리를 하나는 확보한 셈이었다. 언뜻 느낌이 좋지 않아 프랭크에게 그의 발표분을 리허설해 볼 것을 권유했다. 아니나 다를까 그는 세부적인 수치에 집착하기 시작했고 몇 번의 시행착오 끝에 우리는 그에게 올바른 발표 방법을 납득시킬 수 있었다.

우리의 마지막 PM 보고는 성공적으로 진행되었으며, 그는 이 보고서를 당일 클라이언트사에도 발표하여 큰 프로젝트를 수주하였다. 그 다음 주, 해당 프로젝트 매니저는 과제 착수를 위해 팀 리더들에게 업무를 할당하는 회의를 열었다. 이후 각 팀 리더들이 팀을 구성할 컨설턴트 인력을 배치하는 과정을 진행하였다. 프랭크의 이름이 호명되자, PM은 깜짝 놀라 고개를 흔들었다. 갑자기 모두가 나를 쳐다 보았다. 그를 나의 팀으로 데려가라고? 당시 필자는 다른 컨설턴트들을 관리하는 역할이 낯설었고, 사실 팀을 리딩하는 것은 이번이 두 번째였다. 게다가 프랭크는 다른 컨설턴트들에 비해 더 많은 관리를 필요로 할 터였다. 그러나 그는 성공을 열망하고 열심히 일했으며 코칭에 대해 잘 따르는 편이었다. 게다가 필자에게는 다른 선택이 없었기 때문에 그를 필자의 팀에 배속시키는 데 동의했다.

그 후 몇 주간, 필자는 팀원들과 산출물의 윤곽을 잡는 일을 수행했다. 팀 회의 이후에는 따로 시간을 내어 프랭크와 함께 그의 작업물을 검토했다. 몇 번 기대한 것과 다른 결과를 가져오는 일이 반복되자, 필자는 명확한 커뮤니케이션이 필요하다고 생각했다. 아울러 그에게도 불분명한 점이 있다면 꼭 필자에게 확인할 것을 당부하였다.

필자는 그에게 최종 산출물이 어떠한 형상이어야 하는지 초안을 그려 주고는 했다. 이와 같은 업무를 통하여 프랭크는 프로젝트에 익숙해져 갔다.

프랭크의 장점은 전염성이 있는 열의와 훌륭한 인적 스킬이었다. 그러나 그에게 발표를 시키면 그는 자신이 흥미를 느끼는 세부사항에 매몰되어 주제를 벗어나곤 했다. 사실 클라이언트들이 그를 좋아했기 때문에 이러한 돌발행동은 비공식적인 회의에서 어느 정도 용인되었다. 그러나 공식적인 프로젝트 진척 보고에서는 프레젠테이션을 할 수 없었다. 이는 컨설턴트로서 큰 문제이며 해당 직업을 그만두어야 할 중요한 사안이다. 이에 발표 주제에 집중하고 내용을 요약하여 전달하도록 여러 번 코칭했지만 세부사항을 파고 드는 그의 발표는 여전했다. 그 스스로도 변화의 필요성을 절감했지만 통제가 안 되었던 것이다. 그는 정보의 세부사항에 매료되었고 다른 팀원들도 여기에 매력을 느껴야 한다고 생각했다.

이에 분노한 필자는 지금까지 수행한 코칭이 효과적이지 않다고 판단하고 다른 접근 방식을 취하기로 했다. 고객사의 간부급 직원들을 컨설턴트 내부 비공식 회의에 초청한 다음, 프랭크가 논점을 벗어나거나 세부에 집착하면 맹렬히 비평하도록 몰래 부탁했다. 물론 프랭크는 필자가 이러한 부탁을 했다는 사실은 눈치채지 못했다.

고객사 간부들이 내부 회의에 모습을 드러내자 프랭크는 순간 놀랐지만 일단 발표를 진행했다. 몇 분 후 그가 세부사항의 함정에 빠지자 청중들의 지적이 시작되었다. 다시 초점을 찾은 그는 주제로 돌아가는 것 같았지만 다시 옆길로 샜다. 이에 청중들의 더 큰 피드백이 이어졌다. 그의 발표가 세 번째로 논점을 벗어나자 청중들은 더 큰 목소리로 조롱하듯 의견을 던졌다.(사실 고객사 간부들은 이를 재미있어 했다.) 참석자들이 적대적으로 변한 것이다. 프랭크는 충격을 받았지만 자신이 모두를 지루하게 만들고 있으며 중요한 참석자들의 시간을 낭비하고 있다는 사실을 불현듯 깨달았다. 그에게는 세부사항이 흥미롭겠지만 다른 이들에게는 그렇지 않을 수 있는 것이다.

청중의 의향이 발표자 자신의 흥미보다 더 중요한 것은 아닐까? 필자는 그의 얼굴에 떠오르는 희미한 깨달음의 표정을 볼 수 있었다. 그리고 그가 우리를 향해 이렇게 말했다. "이제 알았습니다. 모두들 디테일이 흥미롭지 않고 별로 신경 쓰시지 않는군요. 아마도 가장 중요한 요점에 대해서 알고 싶겠지요?"

그 사건 이후 프랭크는 완전히 다른 컨설턴트가 되었다. 진행 중인 작업에 집중하고 자신의 결과물을 그가 원하는 방식이 아닌 남이 원하는 방식으로 능숙하게 가공했다. 또한 그는 필자가 총애하는 팀원이 되었다. 여러 일에 자원했고 작은 일에 대해서도 기대 이상의 성과를 보였다. 그의 성과는 업무상의 성공에만 그친 것이 아니었으며 개인적으로도 우리는 가까워졌다. 필자는 그에게 신뢰를 보였으며 그 역시 필자를 실망시킨 적이 없었다. 비록 프로젝트 초반부에 많은 시간과 에너지를 소비했지만 프로젝트 말미에는 두 명 이상의 일을 해내는 팀원이 되었다.

이 프로젝트에서 가장 최고조의 순간은 프로젝트의 결과물을 고객사 임원진에게 발표하는 최종보고였다. 특히 컨설팅 수수료를 비용절감 내역에 따라 결정하는 구조였기 때문에, 고객사가 최종보고의 결과물에 동의할 수 있어야 했다. 그러므로 이 최종보고는 대단히 중요했다.

프랭크에게 그의 작업 결과를 발표하기 위한 15분이 주어졌다. 프로젝트 초기의 프랭크만을 아는 컨설턴트들은 필자에게 그를 발표에 참석시키는 것에 대해 재고할 것을 충고했다. 그러나 다행히도 일전에 프랭크의 교육 겸 발표 세션에 참여했던 두 명의 고객사 간부들이 최종보고에 배석했는데, 이들이 프랭크에 대한 지지 의사를 표명했다.

보통 클라이언트들은 컨설턴트의 프레젠테이션에서 누락된 요소를 찾아 지적하고자 하는 경우가 많은데, 흥미롭게도 이들은 진정으로 프랭크의 성공을 바라는 것 같았다. 자신의 차례가 오자 프랭크는 다른 동료들이 그를 어떻게 생각하고 있는지 알기 때문에 조금은 불안해 보였다. 이에 필자는 필자와 다른 두 명의 우호적인 고객을 바라보며 발표를 진행하라고 말해 주었다. 우리의 긍정적인 바디랭귀지를 보며 그의 자신감은 커져 갔다. 그의 발표는 세련되고 프로페셔널했으며 상당히 매력적이었다. 이전의 프레젠테이션에서 논점을 벗어나는 원인이었던 그의 전염적인 열정이 이 프레젠테이션에서는 참석자들을 매혹시키는 방향으로 전이되었다. 결과는 성공적이었다. 눈물이 날 정도로 너무나 자랑스러웠다.

이 사례에서 프랭크만 중요한 것을 배운 것은 아니다. 필자 역시도 많은 것을 배웠다. 그 중 하나는 모든 사람이 각자의 세계 인식을 갖고 있다는 것이다. 한 명에게 매혹적인 것이 다른 이에게는 여분의 참조 정보일 뿐이다.

또한 때로는 조언과 피드백만으로 충분치 않을 수 있다. 부하직원에게 문제점을 말로 설명하는 것보다 직접 보여주는 것이 효과적일 수도 있다. 필자는 또한 자신에 대해서도 한 가지 배웠다. 이전까지는 스스로를 '사교적인 사람'으로 여긴 적이 없었다. 정서적인 것보다는 지적인 문제에 더 관심이 있는 편이라고 스스로 생각해 왔었지만, 프랭크가 최종보고에서 훌륭한 일을 해내는 것을 보고 이것이 필자가 커리어상에서 이룬 큰 성과 중 하나라고 생각했다. 특히 이후의 다른 프로젝트에서 그가 거둔 성공을 보며 이러한 느낌은 더 커져 갔다.

훌륭한 관리자와 훌륭한 개인

직원 관리 모델에 대해 배우기 전에도 필자는 관리자로서 큰 성공을 거두었다. 프랭크라는 팀원을 관리하면서 배운 교훈은 삶의 다른 영역에도 적용할 수 있으리라 생각되었다.

1. 관심을 갖고 있다는 것을 보인다

필자는 부하직원뿐만 아니라 동료와 가족, 친구들의 성공을 진정으로 바란다. 나는 친구이자 적(Frenemies)이라는 말이 선뜻 이해가 가지 않는다. 부하직원들의 성공은 나의 성공이다. 필자는 팀원에 대해 관심을 기울이며 그들을 더 알고자 노력한다. 그리고 이처럼 가정에서의 생활, 취미, 좋아하지 않는 것들에 대해 알고 싶은 이유는 이를 통해 그들을 더 잘 관리하고자 함이 아니라, 더 개선된 인간관계로 이어나가고 싶기 때문이다. 이는 단순한 테크닉이 아닌 진심으로 타인들에 대해 알고자 하는 의도에서 비롯된 것이다. 흥미로운 사람들과 친분을 이어가는 것이야말로 인생을 흥미롭게 만드는 방법이라고 생각한다.

2. 대화한다

누구도 당신의 머릿속을 모를 것이며 배우자나 자녀, 그리고 부하직원들 역시 그러할 것이다. 필자는 프랭크와 일하며 대화의 중요성을 깨달았다.

함께 일하면서 초기에 필자는 프랭크에게 업무 기대 수준에 대해 명확하고 구체적으로 이야기하면 다른 결과를 가져오리라 예상했었다. 그러나 반복되는 검토에도 다른 결과를 가져오자 상당히 화가 났었다.

물론 필자는 지적인 사람이므로 어떤 방법이 적용되지 않는다면 다른 방법을 택해야 한다는 것을 알고 있었다. 필자 스스로는 명확하고 구체적이었다고 생각했지만 그에게는 분명 그렇지 않았던 것이다. 이것이 바로 필자가 느낀 '아하!'의 순간이었다. "내 힘으로는 프랭크가 내 말을 이해하도록 만들 수가 없구나." 뿐만 아니라 그의 마음 속으로 들어가 이를 바꿀 수 있는 방법도 없었다. 그러나 그가 확실히 필자의 의도를 이해했는지 확인하는 것은 할 수 있는 일이었다. 대체 무슨 생각을 하고 있는지 물어볼 수는 있었기 때문이다. 필자는 접근방법을 바꾸었고 오늘날에도 부하 직원들에게 다음과 같이 부탁한다.

"지금 제가 내린 지시사항들이 그다지 명확하지는 않을 수도 있습니다. 제 말을 듣고 어떤 일을 하면 된다고 생각했지요?"

아하! 이제 남들이 무슨 생각을 하고 있는지 알고 있으니까 대답이 이상하면 다시 지시를 내리면 되는 일이다.

3. 유연하게 융통성을 가지고 응답하는 사람이 되자

이 규칙에 대해 어떻게 칭해야 할지 확신할 수 없지만 이는 필자가 세상이 돌아가는 방식에 대해 오랫동안 품어온 생각을 반영한 것이다. 근본적으로 하나의 방법이 작동하지 않으면 다른 방법을 시도해야 한다. 매번 실패의 결과를 낳는 일을 동일하게 반복하면서 어느 날 마법처럼 성공할 것이라 기대할 수는 없는 것이다. 하나의 코칭 방법이 효과가 없으면 다른 방법을 시도해야 한다. 제3자로부터 피드백을 받을 수도 있고 직원과 그들의 행동 원인에 대해 토의할 수도 있다. 그래도 효과가 없다면 필자가 프랭크에게 한 것처럼 어떤 경험을 할 수 있는 무대를 마련할 수도 있다. 똑같은 일을 되풀이하며 다른 결과를 기대하지 않도록 항상 주의하라.

4. 미리 생각하고 계획하라

관리대상인 사람들이 아니라 업무 및 업무부하에 대하여 이 원칙을 적용할 필요가 있다. 목표와 일정을 구체화하고 그 정보를 팀과 공유하라. 일의 이해당사자와 만나 그들이 해야 할 일을 판별한 다음 팀과 최종 작업 계획을 수립하라.

참 쉽게 들리지만 팀의 의견 청취 없이 일을 할당하거나 프로젝트 진행에 대해 팀원에게 공유하지 않는 관리자들도 많다. 앞으로 일어날 일에 대해 직원들이 걱정하는 것을 바라지 않기 때문이다. 그렇지만 모든 작업을 공유하여 팀원 전체가 각자 어떠한 일을 진행 중인지 알게 하고 새로운 과업에 자원하게 하거나 다른 이들과 업무를 분담하도록 하는 것이 바람직하다.

자, 그렇다면 필자의 경험이 구글의 연구 결과나 학계의 관리 모델과는 어떻게 다를까? 연구 조사나 데이터 마이닝 (Data Mining, 대량의 데이터를 분석하여 추세 또는 통찰을 이끌어 내는 행위−역주), 학자로서의 연구 이력이 없는 필자의 관리 이론을 독자들은 어떻게 생각하고 계신가? 일단 필자의 교훈은 그 영역이 4가지밖에 안 되므로 다른 복잡한 이론에 비해 간단하다는 것이 장점으로 보인다.

구글의 관리 모델로 돌아가 보자. 필자는 이를 스티븐 코비(Stephen Covey)의 7가지 습관과 매칭해 보았다.

표 1 구글 vs 코비

구글	스티븐 코비
성공적인 관리자의 8가지 습관	성공적인 사람들의 7가지 습관
4. 생산적이며 결과 중심적이다.	주도적이다.
7. 팀을 위한 명확한 비전과 전략을 갖고 있다. 중요한 것부터 먼저 한다.	목표를 확립하고 시작한다.
3. 직원들의 성공과 안녕에 대한 관심을 표명한다. 1. 훌륭한 코치이다.	상호이익을 모색한다.
5. 의사소통을 잘하며 팀원의 의견을 청취한다.	이해시키려 하기 전에 상대방을 이해한다.
2. 팀에게 위임하고 세세한 것에 관여하지 않는다.	시너지를 창출한다. (창조적 협력)
6. 직원들의 경력 개발을 돕는다.	자신의 톱을 연마한다. (자기 쇄신)
8. 팀원을 지도할 수 있는 핵심적인 기술적 스킬을 보유하고 있다.	

딱 맞아 떨어지는 것은 아니지만 기업에서의 훌륭한 관리 기술이 개인의 삶의 훌륭한 습관과 맞아 떨어지며 유사함을 가지고 있음을 알 수 있다. 구글의 성공적인 관리자의 습관 목록을 더 일반화시키면 사실상 비슷해지지 않을까?

스티븐 코비는 7가지 습관을 3개의 유형으로 나누고 있다.

- 자아수련과 비슷한 개인적인 성취 및 효율성
- 타인과 협업하기 위한 공공적인 성취
- 자신을 개선하기 위한 시간을 갖고 쇄신하는 것

필자 역시 이 분류에 동의한다. 훌륭한 관리자가 된다는 것은 자신의 업무를 잘 수행할 수 있고, 남들을 관리할 수 있으며, 그들이 기술을 연마하도록 돕는 것이기 때문이다. 즉 훌륭한 관리자가 되는 것은 훌륭한 개인이 되는 것과 상당히 비슷하다.

또한 훌륭하고 성공적인 사람이 되기 위해서는 좋은 인간관계를 유지해야 한다. 훌륭한 직원 관리 역시 부하직원들과 좋은 관계를 유지하는 것이다. 그들의 의견을 경청하고, 조언하며, 서로의 오해를 명확히 밝히고 피드백을 주는 등 개방적이고 솔직한 의사소통을 이루는 것이다. (구글 규칙 1번, 3번, 5번) 이 모두는 훌륭한 인간관계를 위한 조건이기도 하다. 나아가 부하직원과 좋은 관계를 유지한다는 것은 그들을 신뢰한다는 것이므로, 세세한 하위 작업에 관여하는 이른바 마이크로-매니지먼트(Micro-management)를 할 필요가 없다(구글 규칙 2번). 이는 또한 그들의 장래를 신경 쓴다는 의미이기도 하다(구글 규칙 6번).

정서지능에 기반한 골먼의 리더십 모델(비전형, 코칭형, 친화형, 민주형, 선도형, 명령형)에 대해서도 다시 살펴보자. 골먼이 의미하는 바는 훌륭한 리더는 공감적이며 유연해야 한다는 것이다. 특히 탄넨바움-슈미트(Tannenbaum-schmidt)의 모델은 리더십 스타일의 선택이 자아 성찰, 부하직원들이 필요로 하는 바, 조직의 상황이 원하는 것을 이해하는 데 달려 있다고 말한다. 즉 이 모델에서도 자신에 대한 이해와 타인에 대한 공감 및 유연성을 강조한다. 필자의 요지는 이것이 리더십 스킬, 관리 스킬 또는 비즈니스 스킬에 그치는 것이 아니라 우리의 인생에도 필요한 스킬이라는 것이다.

상황대응 리더십 모델에서도 관리자는 부하직원들의 니즈에 부응하는 관리 모델을 택해야 한다고 한다. 이를 위해선 부하직원들과 논의하여 그들의 니즈를 파악하고 적합한 리더십 방법을 택해야 한다. 제미니 컨설팅에는 프로젝트 초반에 PM과 투입 컨설턴트가 상호 기대 사항에 대하여 검토하는 관행이 있다. 이 모임에서 각 컨설턴트는 프로젝트에서 PM이 기대하는 바에 대해 이해하고, 컨설턴트 자신도 이루고자 하는 바에 대한 기대 사항을 PM에게 설명한다. 일반적인 업무의 목표가 업무에서 '무엇'을 달성하고자 하는 것이라고 한다면, 위에서 말하는 '기대'란 어떻게 일을 수행하고자 하는가이다. 즉 부하직원으로서 기대하는 관리 방식과 PM으로부터 어떠한 지원을 필요로 하는지 미리 이야기하는 일이다. 관리자인 PM도 정보 공유 및 의사소통과 관련하여 부하직원에게 무엇을 기대하는지 미리 이야기해야 한다. 이를 통해 양측은 업무 수행을 위한 서로의 역량과 자신감을 확인할 수 있다.

필자의 경험으로는 이 면담이 양측의 협업을 위한 건설적인 방안을 논의하는 것이기 때문에 매우 유용했던 것으로 기억한다. 상황대응 리더십 모델의 가장 큰 가치는 관리자와 부하직원 간에 대화를 갖는다는 사실에 있다. 이 모델은 필히 양자가 의사소통하도록 하고, 이를 위한 기반을 제공하며 유연하게 접근할 수 있도록 한다.

필자가 말하고자 하는 것은 훌륭한 관리 기법이 무슨 대

단한 첨단 과학이 아니라는 것이다. 너무 복잡하게 생각할
필요가 없다. 훌륭한 관리자가 되려면 우선 자신을 돌아볼
수 있어야 하고, 자신을 둘러싼 이들과 훌륭한 인간관계를
유지할 수 있어야 한다. 자신과 팀의 장래에 대한 고려 역
시 필요하지만, 앞서 기술한 두 가지에 비하면 그 우선순위
가 낮다. 훌륭한 관리 스킬은 훌륭한 관계 스킬이다. 다시
언급하지만 이것은 대단한 과학이나 기법이 아니기 때문에
지금까지 설명한 것으로 충분하다고 본다.

부하직원과 친구처럼 지내는 것에 대해 주의해야 한다고
크게 강조하는 경영 조언서 몇 권을 읽은 적이 있다. 여기에
서는 다음과 같은 일화를 제시한다. 친구처럼 지내다가 자
신이 먼저 진급한 경우 친구가 제대로 일을 하지 못했는데
도 정 때문에 용인하거나, 또는 이에 대해 상급자인 자신이
이를 묵인하거나 일을 대신 해 주기를 바란다는 사례이다.

이에 대한 필자의 소감은, 대체 그것이 제대로 된 인간관
계인가 하는 의문이다. 진정한 친구라면 다른 친구를 이용
하려 들지 않을 것이다. 그들은 친구가 아니라 적이다. 필
자의 경험에 따르면 자신이 상사를 진정으로 존경한다면 그
를 위해 무엇이든 할 수 있다. 상사가 자신에게도 똑같이
해줄 것을 알기 때문이다. 운 좋게도 필자는 상하로 그러한

관계를 가질 수 있었다. 팀원들에게 어서 퇴근하도록 하고 너무 일에 대해 몰입하지 않도록 부탁한 적도 많았다. 필자가 그들의 작업에 관여하면 스스로 수행해 보고 도움이 필요하면 사무실로 찾아뵙겠다고 훌륭하게 말할 줄 아는 직원들이기도 했다. 이것이야말로 사람이 다른 이들과 자연스럽게 어울리는 행동 방식이다. 일부 관리자들이 이러한 방식을 신뢰하지 않는 이유는 직원 관리라는 것이 과학 또는 규칙, 방법론 같은 것이며 자의적 판단이 아닌 증명된 가이드라인을 부자연스럽게 따라야 한다고 가르치는 경영 전문가들을 맹신하기 때문이다.

그러나 이 세상에 더 추가적인 관리 모델이나 기법이 더 필요한 것 같지는 않다. 기존에 있던 모델들이 효과가 있는가 없는가도 중요하지 않다. 진정한 가치는 모델에 있지 않기 때문이다. 협력을 위한 관리자와 부하직원 간의 대화 그 자체가 가치를 지닌 것이다. 사람들과 일하기 위한 올바른 방식은 한 가지만이 아니다. 독자 여러분이 부하직원을 관리하기 위한 방법을 알기 위해 609페이지의 책을 읽는데 시간을 보내고 있다면, 여러분은 실제로 이들을 관리하고자 하는 것이 아니다. 이는 여러분이 진정으로 해야 할 일을 회피하는 장치가 될 뿐이다. 사람들을 잘 다루기 위한 유일한 방법은 실제로 그들과 어울리는 것이다. 이들을 다루기 위한 책을 읽고, 체크리스트를 만들고 조사하는 등 방법에 대해 더 많은 시간을 고민할수록 실제로 사람을 만나기 위한 시간은 더 줄어든다. 부하직원과 어떻게 일해야 할지 모를 때 여러 곳에서 자문을 얻고 책도 읽고 교육을 수강할 수도 있겠지만, 가장 효과적인 방법은 바로 직원들에게서 해답을 구하는 것이다.

주

1) 마커스 버킹엄(Marcus Buckingham)과 커트 커프먼(Curt Coffman)의 저서 『유능한 관리자First, Break All the Rules』(한근태 역, 21세기북스)에서 인용한 갤럽 조사에 따르면 종업원들이 꼽은 이직 사유 1위는 상사가 좋은 사람이 아닐 때였다. 한편 『The Successful Manager's Handbook』은 더 두꺼워졌다. 필자가 갖고 있는 것은 2000년에 출간된 제6판인데 최신판이 2010년도에 출간되었다.

2) 다니얼 골먼의 모델은 HBR 2000년 3,4월호에 게재된 「Leadership That Gets Results」라는 논문을 참고하였다. 필자는 HBR지를 신뢰하고 있다. 개인적으로 수 년간 구독해 오기도 했고, 기업 경영에 대한 최신의 이론을 다루기 때문이다. 게다가 HBR은 논문 단위로 구매할 수도 있기 때문에 책 전체를 읽는 것보다 편리하고 비용도 저렴하다. 각 논문의 개요도 포함하고 있으니 더 좋다.

3) 구글에 대한 뉴욕타임즈 기사는 「Google's Quest to Build a Better Boss」(2011. 3)이다.

06

인재 관리를
중단하라

알버트 아인슈타인은 A급 인재가 아니었다

A/B/C는
이제 그만

　　지금까지 이 책을 읽은 독자들은 필자가 실제로 어떤 회사를 망친 적은 없다는 것을 깨달았을 것이다. 그러나 컨설턴트들이 여러 기업을 망친 것은 사실이며, 필자는 그중 가장 유명한 사례인 엔론사에 대해 이야기하고자 한다.

　회계법인 아더 엔더슨(Arthur Andersen)이 엔론이 그야말로 창의적인 분식 회계를 하도록 방조한 것에 대해선 잘 알려져 있으나, 엔론과 깊이 관여되어 있는 컨설팅사인 맥킨지는 상대적으로 화를 입지 않고 엔론 스캔들을 벗어날 수 있었다.[1] 이전 장들에서도 『인재 전쟁』에 대해 언급했지만, 필자가 이 책을 꺼리는 이유 중 한 가지는 엔론을 우수 사례로 제시했기 때문이다. 엔론의 CEO였던 제프리 스킬링

(Jeffrey Skilling)은 맥킨지 출신으로 이 책에서 소개된 여러 경영 원칙을 실제로 엔론에 구현했다. 좀 더 공평하게 말하자면 맥킨지 컨설턴트들이 이러한 원칙들을 제대로 구현하지 못해서 엔론을 망쳤다고 해야 할 것이다.

『인재 전쟁』에서 제시하는 권고안의 대부분은 인재 확보에 대한 사고방식의 정립, 직원들의 역량 개발 및 코칭, 채용의 창의성과 같이 상대적으로 온건한 것이었다. 그러나 엔론의 몰락에 기여했으며 필자를 가장 놀라게 한 것은 이 책에서 주장한 직원들의 차별화 및 직원 대우의 차등화이다. 이 책의 저자들은 직원들을 A, B, C의 세 등급으로 분류하고 각 등급을 차별적으로 대우해야 한다고 주장한다.[2]

통상 상위 10~20%를 차지하는 A등급자들에겐 더 많은 보상과 함께 기회의 추구와 경력 발전을 위해 더 많은 재량권을 주어야 한다. A등급자들은 회사의 미래이며 그들의 필요를 무시하면 회사를 떠날 수 있으므로 주의해야 한다. 하위 10~20%를 차지하는 C등급자들은 성과가 개선될 때까지 코칭하여야 하며 그렇지 않을 경우 내보내야 한다. 대부분의 관심이 A등급과 C등급으로 향하지만 B등급자들도 중요하며 필요에 따라 역량을 발전시켜야 한다.

이러한 차별화 기법은 '스타 제도(Star System)'라고도 불리며 상위 등급, 하위 등급에 따라 '밀어주고 솎아내는 (Rank and Yank)' 관리 체계라고도 한다. 맥킨지가 이러한 차별화 방식을 최초로 고안해낸 회사는 아니겠지만, 『인재 전쟁』이라는 유명한 용어를 제창하고 우수 관행으로서 전파한 것은 맥킨지이다.

등급별 차별화 철학은 고도로 경쟁적이고 오만스러운 환경을 만들어 엔론의 직원들이 과도한 리스크를 감수하고 속임수를 쓰도록 장려했으며, 소위 스타급 인재들이 자신들은 '인재'이므로 실패할 리 없다고 생각하게 하여 결국 엔론이 사망하는 데 큰 원인이 되었다. 재기 넘치는 A등급자에게는 새로운 신규 사업을 시작함에 있어 감독이 없는 상당한 재량권이 부여되었다. 실패가 나쁜 것으로 여겨지진 않았지만 A등급자로서 리스크를 감수하고자 하는 태도가 드러난 것으로 간주되었다.

A등급자에게 주어진 재량권의 극한적인 예시로써, 말콤 글래드웰(Malcolm Gladwell, 저널리스트이자 『아웃라이어 Outliers』(노정태 역, 김영사) 등 명서의 저자)이 엔론에 대해 뉴요커(The New Yorker)에 기고한 글에서 언급한 루 파이(Lou Pai)의 사례를 살펴보자. 루 파이는 엔론의 전 중역으로 전력 거래 사업으로 수백만 불의 손실을 냈음에도 불구

하고 다시 전력 아웃소싱 사업을 맡아 회사에 더 큰 손해를 끼쳤다.

이러한 차별화 철학은 물론 불공정하고 심지어 무자비하기도 하다. 특히 필자가 문제시하는 것은 이 철학이 조직 내에 A등급자, B등급자, C등급자가 존재한다는 가정에서 출발한다는 것이다. 필자는 이러한 스타 철학이 근거하는 전제에 대해 회의적이다. 도서 『인재 전쟁』의 한 장에서는 해군사관학교에서 퇴학당한 낮은 성과의 생도가 주도적인 성향의 멘토를 만나 마침내 탁월한 리더가 되는 사례를 다루고 있다. 즉 이 사례에서는 부진한 성과로 인해 축출된 C등급자가 멘토링을 통해 A등급자가 된 것이다.

그런데 바로 다음 장에서는 보유한 인력을 A, B, C등급으로 구분하라고 제언한다. 만약 C등급자가 B등급 혹은 A등급이 될 수 있고, B등급자도 C등급이나 A등급이 될 수 있다면, A등급자도 C 혹은 B등급자가 되지 않을까? 특히 감독을 하지 않는다면 말이다. 여러분이 C등급자의 멘토가 된다면 B등급이 될 때 멈추겠는가 A등급자가 될 때까지 진행하겠는가? 이들을 A등급자까지 멘토링하는 것이 더 쉽지 않을까? 그리고 그 목표에 도달했다는 것은 어떻게 알 수 있을까?

성과는 상황에 따라
달라진다

독자 여러분이 엔론의 붕괴에 대해 잘 알고 있는 것처럼 알버트 아인슈타인(Albert Einstein)의 인생에 대해서도 들어 보았을 것이다.[3] 그의 이름과 이미지는 천재라는 말과 동의어로 통한다. 그는 가장 위대한 물리학자들 중 한 사람으로 꼽히며, 1999년 타임(Time)지는 그를 20세기의 가장 중요한 과학자가 아닌 가장 중요한 세기의 인물로 평하기도 했다.

아인슈타인의 가장 유명한 과업은 일반 상대성 이론이지만 광전 효과에 대한 연구로 노벨상을 수상하였다. 그는 1905년 광전효과, 특수 상대성 이론, 브라운 운동, 질량과 에너지의 동등성($E=mc^2$) 등에 대한 놀라운 논문을 작성했다. 이 각각의 논문들은 노벨상을 수상할 만한 가치가 있다. 심지어 그는 블랙홀과 웜홀의 존재도 예견했다. 그는 필자가 이 책에서 언급하기도 어려울 정도로 많은 300개 이상의 과학 논문과 여러 중요한 물리학 이론의 저자이기도 하다.

아인슈타인이 가장 후회했던 것 중 한 가지는 1903년 그의 부친이 사망할 때까지 아무도 그에 대해 몰랐다는 것이다. 그의 부친의 눈에 초등학교도 졸업하지 못하고 중퇴했던 아인슈타인은 완전한 골칫거리였다. 그가 산수를 잘 하지 못했다는 것은 출처가 불분명하지만 실제로 그를 가르친 교사 중 한 사람은 아인슈타인이 대단한 인물이 될 수 없으리라고 단언한 바 있다. 게다가 아인슈타인은 취리히연방공과대학의 첫 입학시험에도 실패했다. 재수하여 입학한 다음에도 그의 독특한 사고와 수업을 빼먹는 버릇 때문에 교수들을 괴롭게 했다.

대학을 졸업할 당시 그의 취직을 알선한 교수는 아무도 없었다. 그는 초보적인 수준의 과외교사 일을 구했지만 얼마 안 가 해고당하고 말았다. 그의 개인적인 인생은 그야말로 엉망진창이었다. 유대인으로서 부모의 반대에도 불구하고 기독교인 여성과 결혼하고 싶어 하여 혼외로 자식까지 가졌지만 자녀의 운명은 오늘날 알려져 있지 않다. (두 사람은 결국 결혼했지만 상당히 씁쓸한 이혼으로 종결되고 말았다.) 결국 친구의 도움으로 베른의 특허사무국에서 사무원으로 일할 수 있었지만 이곳에서도 충분한 엔지니어링 경험이 없는 탓에 승진에서 누락되었다. 그러나 아인슈타인은 상식을 뛰어넘는 4개의 과학 논문을 저술했고 이는 세상을 바꾸었다.

만약 누군가 아인슈타인의 교수들에게 그가 성공을 거둘 가능성에 대해 물었다면 아마도 고개를 저으며 혀를 차는 소리만 들었을 것이다. 과학과 수학에 대한 그의 능력이 출중함에도 불구하고 그는 비상식적이었고 자유로운 사고를 즐기며 고집불통인데다가 타인의 코칭에 순응하지 않는, 20세기 초의 학계 분위기에서 바라지 않는 성품의 인간이었다. 그러나 바로 그러한 특질이 아인슈타인이 비범한 이론 물리학자가 될 수 있도록 만든 것이다.

요약하자면 그는 1900년대 초의 엄격한 교육 기관에 적합하지 않았으며, 그 환경에서는 훌륭한 교수가 되지 못했을 것이다. 또한 지시를 따르지 않는 성격 때문에 엔지니어가 되었어도 성공을 거두지도 못했을 것이다. 역설적으로 만약 그가 대학 졸업 후 더 근사한 직업을 가졌다면 직업적으로 성공을 거두었겠지만 물리학 이론에 대해 연구할 시간을 갖지는 못했을 것이다. 즉 오늘날 우리가 알고 있는 그의 성공과 명성은 없었을 것이다. 어찌 보면 베른의 특허사무국에서 일하게 된 것이 그에게는 행운이다.

실패의 이력을 가진 또 다른 유명인은 율리시스 그랜트 장군이다.[4] 그는 남북전쟁 이전에 몇 가지 사업체 운영, 농업, 부동산업을 시도하였으나 모두 실패하고 말았다. 그럼에도 모두의 예상과 달리 전쟁에서 북군의 훌륭한 지휘관이 되어 남군의 로버트 리(Robert E. Lee)와 맞서 승리를 거두었다. 미국의 역사서는 북군의 승리를 산업적 생산 역량에 기인한 것으로 자세하게 서술하지만 남군과 쌍수를 이루었던 북군의 장교들에 대해서는 잘 다루지 않는다. 실제로 링컨(Abraham Lincoln) 대통령은 북군을 이끌 수 있는 역량 있는 지휘관을 찾기 위해 상당한 시간을 들였다. 그리고 그랜트는 멕시코 전쟁(1846~1848년 미국의 텍사스 병합에 따른 미국-멕시코 간의 전쟁)에서 좋은 성과를 얻었지만 그 이후 군에서의 경력은 눈에 띄는 것이 없었기 때문에 지휘관 후보의 목록에 오르지도 않았다.

결국 그는 가족과 떨어져 발령이 나게 되자 전역을 신청하고 음주로 시간을 보냈다. 남북전쟁 초기 병사들의 훈련을 위해 다시 자원 입대했을 때 그랜트에게 별다른 평판이랄 것은 없었다. 폭음, 끽연 그리고 날려버린 돈으로 유명한 사람이었다.

그러나 그에겐 그를 위대한 장군으로 만들어 준 세 가지 능력이 있었다. 지형지물을 활용하여 이점을 취하는 불가사의한 역량과 병참 보급을 위한 요령, 그리고 부하병사들에게 군기를 불어넣고 사기를 고취시키는 능력이었다. 그

는 겸손한 사람이었고 그의 병사들은 장군을 사랑했다. 그
랜트의 인기는 이후 그를 미국 대통령으로 당선시킬 정도
였다. 그러나 불행하게도 그 내각은 스캔들과 부패로 오염
되었고 그의 재임시기는 남북전쟁 직후 재건기의 권력 남
용으로 얼룩졌다. 그는 국가의 재건이 아니라 군에 있는 자
신의 패거리들의 몫을 챙기는 데 더 관심이 많다고 지탄을
받았다.

　그랜트는 삶에서 알코올로 문제를 겪었으며 상관과 만나
는 회의 중에도 취한 것처럼 보였다. 재임 이후 유럽에서는
인기로 인해 강연을 다니거나 사교계의 인물들과 어울렸다.
그는 투자회사에 이름을 빌려주었다가 사기를 당해 모든 돈
을 잃었는데, 이러한 상황에서 친구들과의 연분이 도움이
되었다. 친구인 마크 트웨인(Mark Twain)은 그에게 회고록
을 쓰라고 강권했고, 후두암으로 죽어가는 상황에서도 사후
가족들을 위한 돈을 벌어야겠다는 생각에 그랜트는 힘을 다해
자서전을 집필했다. 그가 병상에서 집필한 자서전은 베스트셀
러가 되었다. 이 책은 백 년 이상이 지난 오늘날에도 서점에
서 팔리고 있으며, 최고의 군사적 회고록 중 한가지로 손꼽
히고 있다. 자, 그렇다면 이 율리시스 그랜트 장군은 A등급
자일까, B등급자일까 아니면 C등급자일까?

그는 위대한 장군이자 작가이며 변변치 못한 대통령이자 최악의 사업가였다. 그러므로 어떤 상황에서는 훌륭한 성과를 낸 사람이며 다른 경우에는 부진한 성과자로 평할 수 있다. 그랜트의 경우가 특별한 상황은 아닐 것이다.

우리는 모두 장점과 단점이 있다. 자신이 잘 할 수 있는 분야가 있고 그렇지 않은 분야가 있다. 그럼에도 미국의 기업에서 관리자로 일하게 되면 이러한 인재 관리 베스트 프랙티스에 따라 직원들을 평가하고 상, 중, 하 등급분류에 따라 그들에게 스타, 평균, 실패작 등의 꼬리표를 붙여야 한다.

직원들에게는 고과 결과가 따라다닌다. 물론 긴 시간 동안의 이력에 따라 등급이 결정되지만, 신입사원 채용이나 기업의 M&A와 같이 단 한 번의 성과 검토로 부하직원들의 등급을 평가해야 하는 상황도 있다. 그렇다면 1903년의 아인슈타인이나 1859년의 그랜트 장군은 어떤 등급을 받게 될까?

라벨의 문제는
그것이 '고착'된다는 것

필자는 고등학교도 거의 수석으로 졸업했고 명문 대학 입학생이며 씽크탱크(Think Tank)에서 일한 경험도 있고 경영 컨설턴트로 일하며 포춘 100대 기업을 상대하는 등 인생에 있어 항상 최상의 성적 또는 성과 등급을 받아온 사람이다. 그러나 솔직하게 이런 필자에게도 성과가 부진할 때가 있었다. 사실 완벽하게 실패한 상황이 몇 번 있었다.

처음 실패를 겪었던 것은 어떤 제조업체의 비용을 조사하는 프로젝트였다. 회계원칙의 변경으로 제품 생산 비용이 너무 높게 표시되어 새 회계기준 상에서 제품 비용을 결정하기 위한 방식을 고민해야 했던 것이다.

당시는 1980년대였기 때문에, 오늘날의 얇은 노트북과 달리 커다란 냉각팬과 손잡이가 달린 '휴대형' 컴팩 컴퓨터를 가지고 다녀야 했다. 그러나 프로젝트 사이트에 도착해서 이 무거운 컴퓨터를 렌터카 트렁크에서 들어올리다가 허리를 삐끗했고 근처의 의원을 방문했더니 코데인이 포함된 타이레놀을 처방해 주었다. 그때까지 필자는 자신이 코데인에 민감하다는 것을 몰랐다.

약을 먹은 후 필자는 더할 나위 없는 우울과 슬픔에 빠지게 되었다. 당시 수행해야 하는 업무는 비용에 대한 세부사항을 담은 대규모의 엑셀 스프레드시트를 만드는 것이었는데, 필자는 세부사항을 다루는 것에 능숙하지 않은 편이었다. 컨설팅 프로젝트가 보통 그렇지만, 장시간 불편한 의자에 앉아 컴퓨터를 바라보는 것은 고역이었다. 고통과 피로, 코데인에 대한 반응으로 필자는 스프레드시트의 숫자를 자꾸만 잘못된 셀에 입력했다. 제대로 데이터를 입력할 수 있는 상황이 아니었다. 필자가 잘못 입력하면 다른 이들의 작업도 함께 망가졌기 때문에 모두 필자에게 화를 냈다.

게다가 누군가 필자를 꾸짖을 때마다 필자는 엉엉 울며 눈물을 흘렸다. 소속 사무소(대형 컨설팅사, 특히 미국에 소재한 컨설팅사는 뉴욕, LA, 시카고 등의 지역별로 별도의 지사를 두고 운영하되 프로젝트 특성 및 필요로 하는 컨설턴트 스킬에 따라 다른 지사의 컨설턴트들을 섭외하여 프로젝트를 수행한다. 이 경우 컨설턴트들은 다른 도시 또는 국가로 출장을 가 프로젝트를 수행하고, 이를 완료하면 소속 사무소로 다시 복귀하는 과정을 거친다−역주)로 복귀한 이후, 필자는 부문장과 만나 성과에 대해 면담을 해야 했다.

필자는 지금까지 다른 프로젝트들을 성공적으로 수행했고 심지어 다른 사무소의 파트너에게 이직하라는 제안도 받은 적이 있었지만, 이 한 번의 실수로 인해 회사 내에서 문제아가 되어 버렸다. 면담의 요지는 성과가 개선되지 않을 경우 연말 평가에서 나쁜 고과를 받을 것이라는 통보였다. 이 경우 보너스나 연봉 인상도 기대할 수 없고 회사에서의 미래도 참담해진다. 필자는 이 상황을 믿고 싶지 않았다. 그동안의 탄탄한 성공 실적이 있었지만 아무 소용이 없었다. 단 한 번의 실패 때문에 골칫덩이라는 꼬리표가 붙었다. 이후 필자는 소속 지역 사무소에서는 일을 찾을 수 없어 다른 사무소의 프로젝트에 참여해야 했다.

필자가 그다지 좋은 성과를 거두지 못한 다른 시기는 자녀들이 아직 학교에 입학하기 전, 어머니가 불치병을 선고받아 지속적인 간호가 필요할 때였다. 병환과 별개로 그녀는 큰 법적 문제를 가지고 있었고 이는 갑자기 필자의 책임이 되었다.

육아, 어머니의 병간호, 적합한 의사와 치료법을 찾고 변호사와 씨름하는 동안 필자의 직업은 인생에 있어 우선순위가 5위로 떨어졌다. 근무 시간의 대부분을 병원, 의사, 변호사에게 전화하는 데 써 버리고 정작 일에는 많은 주의를 기울이지 못했다. 어떻게든 그 해에는 평균적인 성과 등급을 받았다. (필자는 쉽게 달성 가능한 목표를 설정하는 편이다.) 당시 매니저와 성과 평가에 관해 면담할 때, 그는 왜 필자가 잠재력을 발휘하지 못하는지 궁금해했다. 다시 필자는 실의에 빠졌다. 개인적인 문제가 어떻게 업무 성과에 아무런 영향을 미치지 않겠는가?

가장 최악의 경험은 이전에 독자 여러분에게 소개했던 생산 스케줄링 프로젝트이다. 공장의 생산일정 관리 영역을 개선하는 임무를 맡았지만, 프로세스가 문제가 아니라 근본적인 비즈니스 모델이 문제가 있다는 것을 알았던 섬유업체 프로젝트 말이다.

이 프로젝트에서는 새로운 컨설팅 팀이 들어와서 문제 해결에 적합할 것 같지 않은 방법론을 써야 한다고 고집했었다. 필자가 접근법에 동의하지 않는 것과는 별개로, 고객사에게 약속한 비용 절감을 달성할 수 없으리라는 것은 분명했다. 그럼에도 프로젝트의 매니저(PM)는 고객사의 종업원 수를 줄여 비용 절감이 가능하다고 생각했다.

필자는 그전까지 구조조정을 권고하기 위해 프로젝트를 수행하는 것이 아니라고 고객사의 직원들에게 말했는데, 이제는 고객사의 직원 중 누구를 해고할 것인지 결정하는 끔찍한 작업을 담당해야 했다. 해고 대상자를 선정하라는 지시를 거부한 결정은 PM의 분노를 불러일으켰다. 게다가 필자는 고객사 앞에서 부주의하게 PM의 험담을 했는데, 이는 컨설턴트로서 큰 실수이며 그 이야기가 그대로 PM에게 전달되었다.

그 이후 필자는 무능하다는 꼬리표 외에도 '무슨 일을 저지를지 모르는 사람'이자 '팀 플레이어가 될 수 없는 자'로 낙인찍히고 말았다. 심지어는 수년간 성공적인 컨설턴트로 일해왔음에도 불구하고 더 이상 컨설팅 경력을 추구하는 것이 무의미하다는 이야기도 들었다.

필자는 실패자로 낙인찍히는 순간부터 무엇 하나 제대로 할 수 없었다. 다른 때 같으면 잘했을 프레젠테이션도 실수를 연발하였다. 심지어는 PM이 지시한 내역을 기록하는 변경내역서를 두 사람이 같이 작성하는 경우에도, 해당 문서의 최종 마무리는 필자가 아닌 다른 컨설턴트가 해결했다.

필자에겐 꼬리표가 붙었고 필자가 하는 모든 일은 이 꼬리표를 통해 비춰졌다. 그동안의 실적은 상관이 없었다. 사건 이후 투입된 새 프로젝트에서는 필자가 하는 모든 일을 상급자가 감독하면서 체크하게 되었다. 그러나 2개월이 지난 후 그는 필자가 무능력하거나 반항적이지 않다는 사실을 깨달았다. 충분한 역량이 있었지만 나쁜 상황에 있었을 뿐이었다. 우리 모두들 실패라는 것을 그렇게 설명하지 않는가?

항상 자신을 실패자로 생각하는 사람은 없다. 단지 특정한 상황에서 실패를 겪은 것이라고 생각한다. 아인슈타인은 과학적 교조주의에 자신을 맞춰 교수들을 기쁘게 해야 하는 나쁜 상황에 있었을 뿐이다. 그는 천성적인 인습 타파 주의자이며 이로 인해 실패를 겪었지만 이 세상에 큰 선물을 안겨 주었다. 그랜트 장군은 병참에 뛰어났지만 기업 관리, 특히 돈 관리에는 능숙하지 못했다. 그는 전시(戰時)에는 뛰어난 지휘관이었지만 대통령으로서의 능력이나 성품은 가지지 못했다. 필자에게도 강점과 약점이 있으며 이는 흔히 동일한 것의 다른 면인 경우가 많다. 필자는 사물을 전체적인 시각에서 보고 문제의 원인을 파악하는 데 뛰어나다. 그러나 필자는 세부 사항을 기억하고 방법론을 따르는 것에는 능숙하지 못하다.

다행히도 필자에겐 C등급보다 A등급자로의 꼬리표가 붙는 경우가 많았다. 이 꼬리표 역시 계속 따라다니게 마련이다. 해외 자본 투자를 개선하는 어떤 프로젝트에서 필자는 해당 국가의 통화로 투자에 대한 위험 헤징(hedging)을 하도록 권고했다. 이는 고객사의 재무실에서 내놓은 의견이었고 필자는 이 의견을 경영진에게 전달했을 뿐이었다.

제안에 따른지 일주일 후, 페소(peso)의 가치가 반으로 떨어졌다. 고객사는 페소화로 상당한 투자를 했는데, 페소화로 헤징을 했기 때문에 수천억 원의 잠재적 손실을 미연에 방지할 수 있었다. 사실 필자가 사건 이전에 헤징을 제안한 것은 순전히 운이었다. 당시 필자는 금융에 대해 아는 것이 없었으며 글로벌 경제에 대해서는 더더욱 몰랐다. 그러나 이 사건을 통해 장래를 내다보는 비즈니스 제언을 한 컨설턴트로서 명성을 얻게 되었다. 그 이후 온갖 회의에 다 초대를 받았고 재무담당최고책임자(CFO)를 쉽게 만날 수 있었으며, 필요한 자료는 무엇이든 열람할 수 있었다. 게다가 필자는 원하는 과업을 고를 수도 있었다. 과업과 팀, 그리고 자신을 도울 수 있는 사람들에게 쉽게 접근할 수 있다면 성공은 따놓은 당상이다.

필자가 스타 꼬리표를 달아본 다른 경험은 성과 부진 부서를 맡아 새로운 서비스를 만들고 재건시킨 것이다. 해당 부서의 업무 중 한 가지는 신규 서비스를 알리는 것이었는데, 팀원들은 사내 방송에 '광고'를 내보내는 것을 포함하여 변화를 알리기 위한 창의적인 아이디어들을 가져왔다. 당시 필자는 부하직원 외에도 다른 직원들에게 훌륭한 코칭을 제공하는 사람으로 사내에 알려져 있었고 많은 이들이 필자를 찾아와 조언이나 아이디어를 구했다. 그렇기에 다른 사람들의 작업에 필자의 손때가 묻어 있다는 사실은 명백해 보였다. 이에 필자에게는 창의성이 넘치고 타인을 지원한다는 좋은 꼬리표가 붙었고, 다른 사람들이 혁신적인 아이디어를 가져왔을 때에도 필자에게 공이 돌아갔다. 사람들은 필자가 관여하지 않은 경우에도 자신들의 성취를 필자의 코칭이나 조언으로 돌렸다. 필자는 자신이 저지르는 실수를 동료들이 용인하는 것을 깨달았다. 필자가 회의 중에 보고자료를 누락하면 창의적인 인재가 저지른 귀여운 실수로 여겨졌지만, '실패작'들이 똑같은 실수를 저지르면 그들의 무능함을 증명하는 사례가 되고 말았다.

낙인효과(Labeling Effect)라고도 하는 이 인지편향(Cognitive Bias)에 대해 많은 심리학자와 신경과학자들이 언급하고 있다. 독일의 심리학자 뤼디거 폴(Rüdiger Pohl)은 저서 『Cognitive Illusions』에서 낙인 효과를 "어떤 꼬리표로 인하여 특정한 자극이 발생하고 이후의 판단 및 회상에 영향을 미치는 왜곡 현상"으로 규정하고 있다.

우리는 개인의 삶에서 타인을 전형화하거나 낙인찍지 않도록 주의하고 있다. 특히 학교에서는 이러한 일이 중요하다. 학생들에게 꼬리표를 붙이고 그 결과를 관찰하는 두 가지의 유명한 실험이 있다.[5] 하나는 이른 바 〈분열된 학급(A Class Divided, 또는 푸른눈 갈색눈)〉이라는 유명한 다큐멘터리로 만들어지기도 했다. 이 실험에서 교사들은 눈동자의 색으로 학생들의 편을 갈랐다. 어느 날은 푸른 눈의 학생들에게 이들이 갈색 눈의 아이들보다 더 우월하다고 이야기해 주었고, 이들은 실제 그렇게 행동하며 심지어 시험에서도 좋은 성적을 거두었다. 그러자 교사는 상황을 역전시켜 갈색 눈의 아이들을 우월자의 위치에 두었다. 그러자 갈색 눈 학생들의 성적이 푸른 눈의 아이들보다 더 좋아졌다.

학생들이 결부된 또 다른 실험은 교사들을 속여 임의로 선정된 학생들을 학업준비를 위한 시험에서 좋은 성적을 거둔 우수학생이라고 믿게 한 것이다. 그럼에도 학년 말의 평가에서는 임의 선정된 학생들의 성적이 대조군보다 뛰어났다. 이 두 가지 실험은 아무런 근거가 없어도 꼬리표로 인하여 그 대우가 달라진다는 것을 보여준다. 이러한 유형의 실험으로 인하여 미국 초등학교 교실에서는 학생들을 명백한 능력에 따라 구분하는 일이 사라졌다.

어떤 연구에 따르면 사물에 특정한 방식으로 낙인을 찍으면 그 낙인이 잘못된 경우에도 우리는 원래의 낙인으로 그 사물을 인지한다고 한다. 즉 꼬리표를 통해 우리의 인식을 거르는 것이다. 꼬리표는 이른 바 '자기 충족적 예언 (Self—Fulfilling Prophecy, 그럴 가능성이 높다고 인식하면 그 기대에 맞춰 행동하고 결국엔 그대로 이루어진다는 뜻—역주)'에도 영향을 미친다.

교육계에서 고성과자를 구분하고 분류하는 일의 부작용에 대해 성찰하는 데 반하여, 아직도 인재 관리 컨설턴트들은 이러한 관행이 조직의 성공에 필수적이라고 이야기하고 있다. 이들에 따르면 인재들이 기업의 미래이기 때문에 스타를 찾아 보상을 해야 하는 것이다!

이는 기업이 직원들을 등급과 꼬리표로 분류하는 절차와 정책을 가져야 한다는 것을 의미한다. 이것은 인종이나 종교와 관련이 없어야 하지만 실제로 인종, 종교, 성별, 다른 요인에 영향을 받을 가능성이 많다. 다른 분야에서 기피하는 관행이 기업에서는 인재 관리 베스트 프랙티스로 간주된다. 이 체계는 관리자의 편견에 영향을 받고 직원들을 특정한 고정 시점에 평가해야 하는 문제점이 있다. 관리자는 직원의 전체 근무 이력을 판단할 수 없는 상황에서도 해당 직원에 대해 솔직한, 때로는 편견에 치우진 성과 진단을 내려야 한다. 그것이 관리자에게 부여된 역할이기 때문이다.

즉 관리자는 단기간에 직원의 성과를 평가·판단해야 하는 것이다. 그러므로 성과를 평가하는 기간에 벌어진 일이 결국 오랫동안 따라다니는 꼬리표를 만들게 된다. 이직하지 않거나 상사가 바뀌지 않는다면 이 꼬리표는 직원들에게 더 오래 붙어 있을 것이다.

A등급 고과자도 소외시키는 인재관리체계

성과 평가에 기반하여 직원들을 줄 세우는 목적은 리더로서 잠재성을 지닌 직원을 찾아 이들이 다음 단계로 성장할 수 있도록 하는 것이다. 인재 경영의 논리에 따르면 리더 후보의 발굴은 매우 중요하기 때문에 다른 직원들을 소외시키는 한이 있더라도 A 등급자에게 주의와 자원을 집중해야 그들이 뛰어난 성과를 보이고 회사에 남아 있을 것이라고 한다.

인재 전쟁의 관점에서는 A등급자를 잃는 것이 기업에게 많은 비용이 소모되는 일이다. 포춘에서 선정한 '가장 일하고 싶은 회사 100대 기업' 중 두 곳에서 일해 본 필자의 경험으로 이러한 정책은 고성과자도 소외시키는 결과를 낳는다. 가장 최악의 사례는 필자가 여성 리더십 육성 프로그램에 참가할 때였다. 필자가 속한 사업부는 임원진 중 여성 및 소수자 비율이 특히 낮았기에 이를 해결하기 위한 몇 가지 제도를 구체화했다. 필자는 멘토로 삼을 만한 한 여성 임원을 소개받았으며, 주기적으로 만나 그녀로부터 경력 조언을 들을 수 있는 기회를 갖고자 했다. 그러나 조언을 기대한 필자에게 그녀는 오히려 현 경영진에 대한 불만을 토로했고 다른 회사로 이직할 계획이라는 이야기를 해 주었다.

당시 사업부에서 임원으로 승진하기 위한 경로는 마케팅 근무를 거쳐야 했는데, 그녀는 이미 마케팅 근무를 거쳐 국가 담당 관리자로 일하고 있었다. 미래 리더 후보로서 인식된 그녀는 역량 개발 프로그램의 대상 인재로 선정되었고 글로벌 다양성 프로젝트를 맡게 되었다. 이 프로젝트는 18개월간 진행되었다. 우연의 일치로 그녀가 리더십 팀의 다양성을 개선하기 위한 과제를 수행하는 동안, 그녀의 남성 동료들은 더 많은 책임을 가진 역할로 서서히 승진해 나가면서 경영 전반에서 더 많은 기회를 갖게 되었다.

게다가 회장이 사임하면서 상층부에 공백이 발생했고 임원으로 승진할 기회가 생겼다. 그녀가 18개월의 프로젝트를 마치고 돌아왔을 때 그녀의 다른 동료들은 이미 상급의 직위로 승진했고 그녀의 자리는 없었다. 그녀는 일반적인 경영 전반의 경험을 쌓기 전에는 승진할 방도가 없었다. 자신에게 부여된 리더십 육성 기회 때문에 오히려 경력이 단절된 것이다. 필자와 대화하던 당시 그녀는 또 다른 글로벌 과제를 수행하는 중이었고 이는 승진과는 거리가 먼 과업이었다. 이에 그녀는 타사로의 이직을 고려하고 있었다.

그녀의 상황이 대단히 운이 없긴 하지만 유사한 일은 다른 A등급 인재 육성 계획에 참여하는 사람들에게도 발생할 수 있다. 마케팅 부문의 다른 여성 중역도 그녀가 경력 개발 과정에 참여하는 동안 전체 경영진이 다른 직위로 이동함에 따라 복귀가 어려워진 상황을 겪었기 때문이다. 그녀는 2년 6개월 전에 자신이 수행했던 직위로 복귀해야만 했고, 경력 개발 과정에 참여하지 않은 다른 동료들은 이미 승진한 후였다. 인재 육성 프로그램에 참여하고 복귀하려 했지만 근무하던 부서가 구조조정으로 사라져 복귀할 방법이 없는 경우도 목격한 바 있다. 앞서 이야기한 여성 리더십 육성 프로그램으로 참석자들이 모였을 때 가장 먼저 들은 조언도 "회사가 제시하는 인재 육성 프로그램에는 참여하지 말라"는 것이었다.

필자가 다른 회사에서 경험한 인재 육성 프로그램도 그다지 결과가 좋진 않았다. 필자가 경험한 과제는 이른바 '윈도우/오피스/탐색기 업그레이드' 프로젝트를 리딩하는 것이었다. 필자는 이러한 유형의 프로젝트에 대한 경험도 없었고 흥미롭지도 않았으며 개인적 기술에 적합하지도 않은 일이었다. 솔직히 이러한 결정을 내린 상층부의 생각을 이해할 수 없었다. 이 과업은 직원들의 컴퓨터에 있는 모든 프로그램을 파악하여 이것이 OS 및 오피스 프로그램 업그

레이드 이후에 잘 실행될지 테스트하는 일이었다. 이러한 유형의 프로젝트가 성공하기 위해서는 모든 세부사항에 주의를 기울이고, 전반적인 사항을 모두 시험하며 이를 다시 문서화하는 노력이 필요하다. 테스팅이나 문서화를 그다지 좋아하지 않는 필자에게 시험 결과를 보증하는 일이 주어진 것이다. 앞서 언급한 것처럼 필자는 세부사항에 신경 쓰지 못하는 약점을 갖고 있다.

또한 필자는 기억력이 좋으므로 필기하는 습관을 갖고 있지 않다. 즉 필자는 세부사항 파악, 체크리스트 작성과 검수, 세부사항의 문서화 및 조합 등 이 과업을 수행하기 위한 모든 역량이 미흡한 상태였다. 대체 필자의 강점을 전혀 살릴 수 없는 이러한 프로젝트를 과업으로 부여하는 이유가 뭐란 말인가? 아마도 누군가 필자가 '디테일을 챙기는 능력'을 개발해야 리더로서 경쟁력을 보유할 수 있으리라 생각한 것이 아닌가 싶다. 결국 이 과업은 필자의 마지막 업무가 되었고, 이 리더십 육성 프로그램 이후 필자는 근무하던 회사를 떠났다.

필자의 경험을 바탕으로 한 이 일화들이 인재 육성 프로그램에 대한 통계적으로 의미 있는 연구라고는 생각하지 않는다. 그러나 이 프로그램들이 세계 수준의 두 기업에서 A등급 인재들을 소외시켰다는 점에 대해서 강조하고 싶다. 어떤 상황에서는 이러한 관행이 분명히 의미 있을 것이다. 그러나 이것이 A등급 인재를 대우하기 위한 최상의 방책이라는 보장은 없다. 그럼에도 불구하고 오늘날 이 방법은 리더 인재 개발에 있어 최상의 관행으로 여겨지고 있으며 미래 리더 양성을 원하는 모든 기업들이 택하고 있다. 그러나 A등급 인재를 육성하기 위하여 다른 이들을 소외시키는 동안 그 A급 인재들 역시 이러한 제도에서 소외될 수 있다는 점을 이해하여야 한다.

피터의 법칙은
농담이 아니다

직원들에게 등급을 부여하는 다른 목적은 승진 대상자를 선정하기 위함이다. 대부분의 기업에서는 승진을 위하여 월등한 성과를 보여야 한다. 이 기준 뒤에 숨은 가정은 하나의 업무를 잘 수행하는 사람이라면 다른 업무 역시 잘 수행할 수 있으리라는 믿음이다. 현재의 직무를 탁월하게 수행하지 못한다면 계속 이전의 직위에 머물러 있거나 이직을 고려해야 한다. 이러한 체계를 전체적인 관점에서 보면 하급 및 중급의 성과자들은 동일한 직위에 머물러 있는 반면, 고성과자들은 그들이 무능해지는 시점까지 계속 승진한다. 이른바 피터의 법칙이다.[6]

피터의 법칙은 보통 농담의 대상이지만 실제로 존재하는 현상이며 이로 인해 직원들의 전체 역량은 최소화된다. 피터의 법칙이 생소한 독자들을 위하여 설명하자면 이 법칙은 1969년 로렌스 피터 박사(Lawrence Peter)와 레이몬드 헐(Raymond Hull)이 집필한 책에서 처음 소개되었다. 이에 따르면 "모든 조직에서 각 구성원은 자신의 무능이 드러나는 시점까지 승진하는 경향이 있다"고 한다.

즉 어떤 직무에서 성과를 보여 새로운 직무로 승진하다가 더 이상 승진이 어려운 무능한 수준까지 이른다는 것이다. 피터의 법칙에 따르면 결국 조직 내에서 대부분의 사람들은 자신의 직무에 대해 무능하게 된다.

카타니아(Universita di Catania) 대학의 세 학생들이 이 법칙이 사실인지 시뮬레이션하기 위해 행위자 기반의 컴퓨터 모델(Agent Based Model, 다양한 구성원들이 참여하는 복잡계의 상호작용을 컴퓨터로 모델링하는 것−역주)을 만든 적이 있다. 이들은 피라미드형 계층구조에서 160개의 직위를 만들고 각 행위자에게 나이와 역량 수준을 부여한 다음 무능한 행위자를 해고하고 늙은 행위자를 은퇴시키는 모델을 만들었다. 그리고 각 행위자들이 계층구조 내에서 승진하기 위한 세 가지 방식을 정의했다. 이 방식은 차례대로 최고 역량자를 승진시키는 방법, 최저 역량자를 승진시키는 방법, 그리고 임의적인 선택에 의한 승진 방법이었다. 또한 승진한 이후 새롭게 역량을 판별하기 위해 두 가지 방식을 정의했다.

새롭게 역량을 할당하거나 예전 역량에 임의의 퍼지 요인(Fudge Factor)을 부여했다. 최고 성과자를 승진시키는 것은 각 행위자들이 승진 이후에도 높은 경쟁력을 유지할 때에만 제대로 기능했다. 즉 현재의 고성과자들이 모든 직무에서 높은 성과를 거둘 수 있을 때에만 이 법칙이 유효했다. 승진 이후 역량 수준이 변화하는 경우(승진 이후 해당 직무에 대해 무능해지는 경우) 고성과자를 승진시키는 것은 조직 전체에 무능을 전파하는 결과를 낳았다.

역량 수준의 변화에 대한 두 가지 시나리오에서 가장 위험부담이 적은 전략은 최고 성과자와 최저 성과자를 번갈아 승진시키는 것이었다. 또한 임의로 직원들을 승진시키는 방식 역시 효과를 거두었다. 앞서 말한 후자의 방식은 사람들이 자신의 직무를 수행할 수 없을 때 일을 그만둘 수밖에 없도록 만들었기 때문에 피터의 법칙이 적용될 수 없는 유일한 방법이었다. 일부 기업은 피터의 법칙이 일어나지 않도록 빈번하게 직무 변경을 시도하는데, 이것이 실제로 작동하는지는 알 수 없다. 이 정책 하에서는 열린 TO가 임의로 생성되므로 각 직원이 잘하는 일을 얻을 수 있는 확률이 낮다.

평범을 강요하는
성과 평가 체계

이러한 '무능'에 대처하는 최상의 방책은 그 직원이 다른 일을 하도록 조정하는 것이다. 그러나 이는 C등급자에 대한 일반적인 추천방침, 즉 현재의 직무에서 개선을 보이도록 코칭하여 성과를 개선하거나 그렇지 않으면 회사를 나가도록 하는 방침과는 대치된다. (필자의 생각에는 바로 회사를 나가게 하는 것도 다른 일을 할 수 있도록 조정하는 한 가지 방식이다.)

일부 기업에서는 C등급자가 다른 직원들과 같은 대우를 받을 수 있도록 복권되려면 조치 사항에 대한 공식적 이행계획을 세우고 얼마간의 유예 기간을 갖도록 하는 정책을 실행하고 있다. 이러한 징벌적 정책이 없는 기업에서는 내부적인 직무 후보자에 대한 입소문이 동일한 효과를 가진다.

C등급자에 대한 가장 가혹한 대우는 앞서 말한 하위 등급자의 해고 또는 솎아내기라고 할 수 있다.

컨설팅사나 로펌 같은 전문 서비스 제공회사들은 'up or out(승진하지 못하면 퇴직)'이라는 유사한 정책을 갖고 있다. 즉 일정한 기한 내에 승진하지 못한다면 회사를 떠나야 한다. 다행히도 요즘엔 이러한 정책이 수그러드는 추세이기는 하다.

필자가 일했던 한 컨설팅사에서는 컨설턴트들이 인사부에서 만든 'up or out' 정책을 'up and out(승진 이후 퇴직)'이라며 조롱하곤 했다. 이 회사에서는 승진 기한을 넘긴 이들을 포함하여 하위 10%의 인력이 매년 퇴직을 당했다.

부장에서 이사로 승진한 컨설턴트들에게는 프로젝트의 수행 및 팀 관리 외에도 고객사를 대상으로 컨설팅 용역의 영업을 수행하는 임무가 부여되었다. 이사급 컨설턴트들은 이미 프로젝트 관리 경험을 갖고 있지만, 영업이라는 것은 새로운 직무 영역이다.

최고의 컨설턴트들은 새로운 역할에 적응하지 못해 허우적거렸고 이들이 프로젝트를 제안하고 고객사와 관계를 유지하는 방법을 배우기까지는 얼마간의 적응 시간이 필요했다. (컨설팅사에서 이사급, 시니어 매니저(Senior Manager)

들은 프로젝트의 성공적인 수행 외에 할당된 양의 프로젝트 용역에 대한 영업을 수행할 수 있어야 한다. 지속적으로 서비스 영업 매출을 창출하고 탄탄한 고객군(Account)을 확보한 자들만이 컨설턴트의 꽃이라 할 수 있는 파트너(Partner) 또는 최고 중역(Senior Executive)으로 승진할 수 있다-역주)

그러나 하위 10%를 내보내는 이 정책 때문에 그들은 새로운 직무에 적응하기도 전에 퇴직해야 했다. 즉 승진을 통해 체계적으로 최고의 인재를 솎아낸 것이나 마찬가지다. 몇 년 후 최상의 인재들을 놓친 이후에야 이 정책은 폐기되었지만 해고당한 컨설턴트들뿐만 아니라 승진을 앞둔 컨설턴트들도 같은 꼴을 당하기 싫어 우르르 회사를 떠났다. 징벌적인 HR정책을 순순히 받아들이는 사원은 거의 없다.

정리하자면 A등급자들을 슈퍼스타로 대우하거나 이들을 인재 육성 프로그램에 참여시키는 것은 나름의 위험 요소가 있다. 또한 C등급자들을 솎아내는 것도 마찬가지이다. 그렇다면 조직의 대부분을 이루는 B등급자들은 어떨까? A, C등급 인재에게 모든 노력을 다하되 B등급 인재에게는 계속 관심을 기울이며 요청이 있을 경우 자기 개발의 기회를 주라는 것이 일반적인 지침이다. 즉 중간 등급의 사람들은 말 그대로 중간에 낀 것이다. 어찌 보면 인력을 A, B, C등급으로 나누는 것은 모든 인력을 평균화하는 것에 지나지 않는다. C등급은 내보내거나 코칭하여 B등급으로 만든다. A등급 인재는 육성 프로그램과 승진을 통해 결국엔 B등급 인재가 되어 거의 관심을 받지 않게 된다. 아주 일부의 사람들만이 지속적으로 A등급 인재가 되어 조직의 최상층까지 올라가는 것이다. 나머지 B등급은 A등급이 되거나 C등급으로 떨어지기 전까지 그대로 머무른다. 결국 인재 관리 정책의 최종적인 결과는 모든 직원들을 아무런 관심이 주어지지 않는 통계 분포의 가운데로 밀어 넣어 범용한 조직을 만드는 결과를 낳는다.

필자는 A/B/C 등급체계 철학을 접할 때 좌절감을 느낀다. 솔직히 이야기하자면 인재 관리 철학이 내세우는 대부분의 주장이 당황스럽다. 재능 또는 잠재력이란 상수(constant)라고 할 수 있다. 즉 사람에게 어떤 재능(talent)이 있거나 없거나 중의 하나이다. 이러한 재능은 성과와는 다른 성격을 지닌다. 고성과자들 중에서도 재능을 지닌 사람은 일부에 불과하다. 그럼에도 인재 관리에서는 뛰어난 성과가 고성과자들의 재능에 기인한 것으로 간주한다. 사실 이러한 고성과자들 역시 훌륭한 성취를 보이는 반면 위험을 감수하거나 실패하기도 한다. 즉 고성과자들의 성과라는 것도 변동적이며 실패의 가능성을 포함하는 것이다. 다른 한편 인재 관리 철학에서 실패했다는 사실은 성과 부진자의 특징으로 간주된다. 게다가 코칭을 통해 부진 성과자를 고성과자로 거듭나게 할 수도 있다고 한다. 인재 관리 관점에서 성과라는 것은 육성이 가능하며 잠재력이나 재능 역시 그러하기 때문이다. 그런데 재능은 상수라고 했으니 어떤 개인에게 없을 수도 있는데 육성이 가능한 것일까? 관리자들이 부하직원의 역량 개발 결과에 따라 평가받아야 하지만, 저성과의 직원들로 인한 페널티를 감수할 필요는 없다는 말은 어떤가? 자신의 목표를 달성하는 것은 직원 각자의 책임이라고 하는데 말이다.

위 단락에서 언급한 인재 관리의 논리는 상당히 어려우며 필자도 혼동스러울 지경이다. 필자뿐만이 아닐 것이다. 필자가 볼 때 직장에서의 성과는 다음과 같이 정의할 수 있다.

• **성과는 조건적이다.** 사람들의 능력과 성취는 다양하지만 대부분 적합한 조건에서 높은 성과를 보일 수 있으며 부적절한 상황에서는 제대로 성과를 낼 수 없다. 그러므로 고성과자들이 직무나 환경과 상관없이 언제나 높은 성과를 거두리라 기대하는 것은 올바르지 않다. 이는 저성과

자들에 대해서도 마찬가지이다.

- 저조한 성과가 꼭 무능의 결과만은 아니다. 물론 실제로 무능력한 사람들도 있지만 대부분의 성과 문제는 직무가 적합하지 않거나 동료나 관리자와의 관계 문제 또는 기업 문화에 대한 부적응이 그 원인이다. 해당 직원의 전반적인 역량 미흡과 관련된 비율은 매우 적다.

- 등급이라는 꼬리표는 자기 충족적 예언으로 기능한다. 고성과자들은 보통 더 많은 관심과 자원을 비롯한 훌륭한 기회에 접근할 수 있게 되어 성공할 가능성이 더 높아진다. 저성과자 딱지가 붙은 이들은 엄격한 구속하에 자원과 기회에 대한 접근이 제한되어 성공을 위한 가능성이 제약된다. 평균적인 성과를 보이는 이들은 평균의 성과를 기대받기 때문에 거의 관심을 받지 못한다. 대부분의 성과관리체계는 직원들이 평균 수준에서 성과를 보이는 것을 요구하기 때문에, 결국 이러한 결과로 이어진다. 사실 대부분의 인사부서는 이를 목표로 한다.

- 피터의 법칙은 실존한다. 사람들은 자신이 능숙한 직무로부터 능숙하지 않은 직무와 직위로 승진한다. 적합하지 않는 일을 맡은 사람들은 이를 벗어나기 위해 자신만의 방책을 찾기 마련이다.

• 사람들은 자신의 운명을 스스로 개척하고자 하며 이 경향은 고성과자일수록 두드러진다. 사람들을 자신이 원하지 않는 프로젝트나 과업에 할당하는 것은 보상이 아니라 징벌이다. 어떤 직원이 자신만의 안락한 영역을 벗어나 도전하도록 격려하는 것은 그렇게 강제하는 것과는 차원이 다르다.

사람을 일에 맞추지 말고
일을 사람에게 맞추라

직원들을 A/B/C등급으로 분류하는 데 열중한 나머지 많은 기업들은 사람들에게 가장 큰 영향을 미치는 직무 적합성에 대한 논의를 놓치고 있다. 누구의 연봉을 10만 원 더 올릴 것인지로 싸우고, 직원들의 평가 등급 비율 구성을 몇 시간에 걸쳐 고민하며, 추가적인 역량 향상이 필요한 부분이 있다며 트집을 잡는 데 시간을 낭비하는 반면 그들이 현재 부여받은 직무가 적합한지 대화하는 데에는 거의 시간을 쓰지 않는 것이다.

필자는 30년에 걸친 직장 생활 중 관리자들이 부하직원들의 성과를 높이기 위해 고민하는 회의를 연다는 이야기를 들어본 적이 없다. 평균적인 성과를 보이는 직원들을 위한 역량 육성 기회를 논의하는 회의도 없었다. 또한 직원들의 직무 적합성에 대해 논의하는 회의도 관찰할 수 없었다. 물론 A등급자나 경영진에 대해선 이러한 논의가 이뤄지기는 하지만 그마저도 당사자들이 참석하지 않은 상황에서 이뤄지는 경우가 많았다. 대부분의 기업은 역량 개발에 대한 대화를 관리자와 직원 간의 연간 인사고과 면담 중에 수행하라고 미룬다. 그러나 대부분의 관리자들은 부하직원들을 새로운 직무로 옮겨줄 수 있는 권한이 없으며, 바로 자신이 직원의 성과부진의 원인일 때에도 그 사실을 깨닫지 못한다.

심사숙고해보면 직무 적합에 대한 논의야말로 경영에서 가장 중요한 대화라는 것을 알 수 있다. 조직의 잠재력을 끌어낼 수 있는 방법? 더 많은 직원들의 성과를 높이는 방안? 이에 대한 해답은 사람들이 가장 최적의 균형, 즉 적합한 일을, 적합한 사람이, 적합한 능력을 가지고 수행할 수 있도록 조정하는 것이다. 이러한 최적의 지점이 누구에게나 존재하는 것은 아니겠지만 시도조차 하지 않는다면 이를 발견할 기회마저 없을 것이다. 그럼에도 필자는 지금까지 직장에서 이러한 종류의 대화를 경험한 적이 없다.

그보다는 성과 등급 평가에 대해 논쟁하고, 관리자들이

상대평가 비중에 맞춰 부하직원들의 등급을 조정하도록 하며, 당사자의 의사를 묻지도 않고 인재 개발 계획을 세우고, 승계 계획을 만드는 것이 중요시되고 있다. 심지어는 임원진 중 절반이 비행기 사고로 사망하는 경우의 HR 비상 계획을 수립하는 경우도 있다. 그럼에도 직원들 대부분의 잠재력을 끌어내기 위한 시도는 충분히 이루어지지 않고 있다. 그렇다면 이를 개선하기 위해서 어떻게 해야 할까?

우선 꼬리표를 붙이는 관행을 철폐해야 한다. 그리고 정규곡선에 맞추어 상대평가로 등급을 부여하는 일을 중단해야 한다. 또한 직원들에 대한 불필요한 인재 육성 프로그램도 폐지해야 할 것이다. 직무를 바꾸고자 하는 직원들이 쉽게 새로운 일에 도전할 수 있도록 하라. 그리고 무엇보다도 직원들과 관리자들이 가장 잘 맞는 일을 찾을 수 있도록 대화를 시작해야 한다.

〈그림 4〉는 훌륭한 직무 적성의 기초 요소를 설명하기 위한 도식으로 필자가 직접 만든 것이다. 가장 왼쪽의 두 영역은 기업 문화와 관리자 및 동료들과의 관계이며 오른쪽의 두 영역은 직원들 개인에 관련된 내용들이다. 그림에서 보듯 개인의 특성이 중요하기 때문에 직무 적성을 판단하기 위해서는 관리자와 부하직원 간의 일대일 대화가 필요하다.

그림 4 직무 적성의 최적 지점

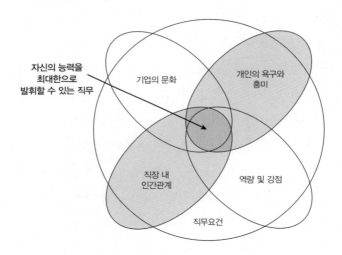

자신의 능력을
최대한으로
발휘할 수 있는 직무

기업의 문화

개인의 욕구와
흥미

직장 내
인간관계

역량 및 강점

직무요건

즉 직무가 당사자의 관심 및 역량과 정렬되어야 한다.

이러한 노력을 통하여 누구나 최적의 직무를 찾을 수 있다고 말할 수 없지만, 적어도 절반 이상의 직원들이 자신에게 맞는 일을 수행하고 있다고 상상해 보라. 직원들을 성과 등급이라는 범주 안에 억지로 구겨 넣는 것에 비해 직무 적성을 찾기 위해 들이는 시간은 직원들의 재능을 활용하여 실용적인 가치를 창출하는 데 이바지한다.

직무 적성에 대한 면담은 인재 관리에서 벌어지는 많은 문제점에 대한 해결책이 될 수 있다. 이 체계 하에서는 모든 이가 개발 가능한 일정 수준의 재능을 갖고 있다고 가정한다. 재능과 성과는 동일한 것이 될 수 있다. 직원들에게 등급을 매기지 않기 때문에 회의와 그 결과물을 숨길 필요도 없다. 직원들은 성공과 실패를 모두 경험할 수 있으나 그 결과가 이들에게 낙인으로 남지 않는다.

또한 타인이 어떤 직원의 경력 관리를 책임지는 것이 아니라, 각자가 자신의 경력에 대해 책임을 지고 관리해 나갈 수 있다. 즉 직무의 이동을 요청할 수 있는 것이다. 나아가 자신의 역량과 관심에 대해 논의하기 위해 미리 준비하고, 면담을 통해 가장 잘 맞는 직무를 논의할 수 있다.

관리자들 역시 부하직원의 경력개발이라는 자신의 재량권으로 감당하기 어려운 업무의 부담을 덜 수 있다. 대신에 관리자들은 부하직원의 성과 개선이라고 하는, 자신의 통제영역에 있는 과업에 집중할 수 있다. 성과관리 면담의 중심을 성과 등급이나 재능으로부터 직무 적합성으로 전환하는 것의 또 다른 이점은 다른 직무로 이동하는 사유가 현재의 직무와 맞지 않기 때문이라는 것이다. 이는 성과부진을 이유로 직무를 바꾸는 것에 비하여 덜 개인적이며 당사자가 이를 지위의 하락으로 여겨 수긍하지 않을 가능성이 낮다.

이를 위하여 우리는 직무기술서도 재고할 필요가 있다.

물론 직무기술서가 도움이 되는 경우도 있다. 필자 역시 이를 많이 작성하곤 했다. 그러나 직무에 대한 설명과 필요 요건을 기록하고 이 틀에 맞는 사람을 찾는 것은 사람을 두고 일을 찾는 것에 비해 생산적이지 않다. 아인슈타인의 예를 다시 들어보자. 아인슈타인이 세상을 바꾸기 전에는, 물리학자로 일한다는 것이 보통 실험 물리학자(Experimental Physicist)를 의미했다.[7]

그러나 아인슈타인은 물리적 실험이 아닌 '사고 실험(Thought Experiments)'을 즐겼다. 아인슈타인을 최초의 이론 물리학자(Theoretical Physicist)라고 할 수는 없지만, 적어도 그가 명성을 얻은 이후 실험 물리학자와 더불어 이론 물리학자가 존재한다는 것이 상식이 되었다. 즉 아인슈타인은 새로운 직무기술서를 창조한 것이나 마찬가지이다.

주

1) 영국 가디언옵저버(Guardian Observer)지의 기사 「The Firm That Built the House of Enron」(2002. 3. 23)에 따르면 맥킨지 컨설턴트들은 엔론에서 그들이 제언한 권고안이 실패한 이유를 엔론이 실천하는 방식에 문제가 있었기 때문이라고 설명한다.

2) 잭 웰치는 『인재 전쟁』이 출간되기 전에도 GE의 성과부진자 하위 10%를 해고하는 관행으로 유명했었다.

3) 아인슈타인에 대한 정보는 노벨상 웹사이트의 수상자 이력, Biography.com, Einstein.biz, 위키피디아(위키피디아를 출처로 언급하다니 죄송합니다.), PBS방송국 Nova 다큐멘터리 중 〈Einstein, the Nobody〉, 뉴욕타임지의 기사 및 부고란, 안토니오 모레노 곤잘레스(Antonio Moreno Gonzalez)의 짧은 전기를 참고하였다.

4) U.S. 그랜트 장군에 대한 정보는 그의 회고록, 진 에드워드 스미스(Jean Edward Smith)가 집필한 그랜트 전기, Biography.com의 정보, 남북전쟁을 다룬 잡지인 America's Civil War의 온라인 버전, 「Ulysses S. Grant's Lifelong Struggle with Alcohol」이라는 제목의 논문을 참고하였다.

5) 학생들을 대상으로 한 낙인 효과에 대한 연구는 1968년 로버트 로젠탈(Robert Rosenthal)과 레노어 제이콥슨(Lenore Jacobson)이 발표한 논문 「Pygmalion in the Classroom: Teacher Expectation and Pupils' Intellectual Development」를 참고하였다. 같은 이름으로 저서 『피그말리온 효과pygmalion effect』(심재관 역, 이끌리오)도 출간된 바 있다. 낙인 효과는 피그말리온 효과나 위의 실험을 따라 로젠탈 효과라는 이름으로도 불리며 스테레오타이핑, 자기 충족 예언이라고도 한다.

6) 피터의 법칙에 대한 논문은 알레산드로 플루치노(Alessandro Pluchino), 안드레아 라피사다(Andrea Rapisarda), 체사레 가로팔로(Cesare Garofalo)가 2009년 10월 게재한 것을 참고하였다.

7) 아인슈타인이 수학자들은 자신을 물리학자로 간주하고 물리학자들은 수학자로 여긴다며 불만을 말했다는 일화가 뉴욕타임즈 기사 「From Companion's Lost Diary, A Portrait of Einstein in Old Age」(2004. 4. 24)에 실려 있다.

07

위대한 리더는
리더십 모델로
정의할 수 없다

스티브 잡스도
리더십 역량 진단을 통과하지 못했을 것이다

해묵은 주제: 리더를 만드는
특징은 무엇인가?

기업 내에서 고과로 줄을 세우고 등급을 매기는 일을 없앤다고 할 때 가장 문제가 되는 것은 장래 회사를 이끌 리더를 판별할 수단이 없다는 것이다. 잠재적인 리더 후보자의 육성과 공급이 없다면 기업 경영이 평범한 2류 수준으로 전락하여 하버드 MBA의 케이스 스터디에 부정적인 예시로 등장할지도 모르는 일이다.

인재 전쟁의 연속선상에서 인재 관리 컨설턴트들은 이러한 리더십 후보 육성의 위기를 자신들이 제시하는 인재 관리 체계의 이유로 내세우기도 한다. 그렇다면 왜곡된 인재 육성 관리 없이 미래의 리더를 어떻게 찾을 수 있을까? 이 질문에 대하여 다년의 컨설팅 경력을 가진 전문가로서 필자의 의견은 다음과 같다.

자신의 일을 잘 수행하지만 거기에만 집착하며, 다른 이들이 이 사람의 업무에 대해 모르는 사람은 분명 미래의 리더 후보가 아닐 것이다. 반면 모든 이들이 그의 업무에 대해 잘 알고 있으며 팀과 프로젝트를 리딩하는 것을 즐기는 이는 잠재력을 갖고 있다고 할 수 있다.

약간 경박한 설명에 대해 독자 여러분의 양해를 구한다. 그러나 실제로 이 문제는 많은 기업들이 중요시하는 사안이다. 수많은 리더십 컨설턴트, 코치, 전문가를 비롯하여 온갖 리더십 진단 방법과 육성 프로그램 등이 자신들이 말하는 리더십 역량을 개발하여야 한다고 주장하지만 과대 선전과 추측으로부터 제대로 된 방법을 구별해내는 것은 어려운 일이다. 필자는 지금까지 리더십과 관리를 구분하지 않고 설명했는데, 이번 장에서는 현재 업계에서 '리더십 육성'이라고 칭하는 관행에 대해 논의할 것이므로 독자 여러분께서는 주의하시길 바란다.

많은 기업에서 리더십 육성은 전 직원을 대상으로 한다. 즉 기업들은 모든 이들이 일정 수준의 리더십 스킬을 연마해야 하며, 실제로는 달성하기 어렵지만 관리자가 아닌 리더로서 자리매김하는 것을 기대한다. 리더십 육성 프로그램의 전제는 훌륭한 리더십이 학습 가능한 어떤 소질들로 구성되어 있다는 것이다. 필자가 소질(capabilities)이라는 말을 사용한 이유는 리더십 육성 프로그램에서 말하는 역량이라는 것이 '명확한 커뮤니케이션 능력' 같은 일반적인 기술이 아니라 '자기 인식'과 같은 개인적 품성을 의미하기 때문이다. 이 간단한 전제에는 더 많은 주장이 내포되어 있다.

첫 번째로 이는 리더십 역량이 하위의 구성요소로 분해될 수 있다는 것을 전제로 한다. 이 가정은 역으로 말하면 모든 훌륭한 리더들이 동일한 유형의 스킬과 품성을 갖고 있다는 것을 의미한다. 두 번째 전제는 이러한 스킬과 개인적 품성이 선천적인 것이 아니라 노력을 통해 획득 가능하다는 것이다.

그렇다면 훌륭한 리더의 품성이란 무엇일까? 윈스턴 처칠(Winston Churchill), 마하트마 간디(Mahatma Gandhi), 마틴 루터 킹 목사(Martin Luther King), 링컨 대통령, 율리시스 그랜트 장군, 루즈벨트 대통령(Franklin Roosevelt), 맥아더 장군(Douglas MacArthur), 아이젠하워 대통령(Dwight Eisenhower), 미국 국부 토마스 제퍼슨(Thomas Jefferson) 같은 사람들은 모두 훌륭한 리더로 통한다.[1] 이 사람들이 공통으로 가진 성격은 무엇일까? 카리스마나 매력일까? 사실 그랜트 장군이나 토마스 제퍼슨은 카리스마적 인물은 아니었다. 심지어 제퍼슨의 경우엔 대중 연설을 기피했으며 그다지 능하지 않았고,[2] 이전의 두 대통령들과 달리 연두교서를 직접 발표하지 않고 서신으로 전달하기까지 했다.[3] 간디, 루터 킹, 링컨은 그들이 보인 겸손함으로 존경을 받는 데 비해 처칠, 루즈벨트, 맥아더 같은 인물들은 겸손하다고 할 수 있는 편은 아니었다.

맥아더는 드라마틱한 인생을 산 사람이라는 평을 갖고 있고 아이젠하워나 그랜트의 경우엔 느긋한 성격이었다. 처칠과 그랜트는 알코올 중독 상태로 전투에 임했고, 제퍼슨은 빚더미에 빠져 비참하게 죽었으며 자신의 노예를 해방하지도 않았다. 링컨과 간디는 그와 대비되는 도덕적 인물들이었다. 이 인물들에게서 우리가 얻을 수 있는 교훈이 무엇일까? 어떤 사람들은 부자였고 어떤 이들은 가난했다. 이들이 가진 비전? 분명 마틴 루터 킹에게는 꿈이 있었고 제퍼슨도 국가에 대한 비전을 갖고 있었다. 그러나 아이젠하워나 그랜트가 비전을 갖고 있었을까? 그러지는 않았을 것이다. 사실 필자로선 이 리더들이 가진 공통적인 특징이 명확하지 않다.

다행스럽게도 관리 기법과 달리 리더십이란 것은 수

세기에 걸쳐 연구되어온 주제이다. 마키아벨리(Niccolo Machiavelli)를 시작으로 역사상의 많은 사람들은 무엇이 위대한 리더를 만들어내는가에 대해 매혹되었다. 물론 기업 세계에서도 뜨거운 토픽이다. 리더십 전문가, 도서, 모델의 종류는 정말 다양하므로 전문가들이 말하는 리더의 품성에 대해 알아보자. 우리 시대는 르네상스 이후로 많은 변화가 있었으므로, 마키아벨리보다는 좀 더 최근의 전문가들의 의견부터 알아보고자 한다.

이를 위해 필자는 책장에 먼지 덮인 채로 놓여진 옛 책들을 다시 뒤져 보았는데, 그 결과 책장에 직원 관리에 대한 책보다 리더십에 대한 책이 더 많다는 것을 깨달았다. 다행히 609페이지 이상으로 두꺼운 책은 없었다.

필자가 처음 접한 리더십 도서는 워렌 베니스가 저자 서명과 함께 선물로 증정한 『워렌 베니스의 리더On Becoming a Leader』(류현 역, 김영사)로 1989년에 출판되었다. 베니스는 리더십 전문가 집단의 초기 인물 중 한 사람이다. 그는 리더십의 구성요소를 비전, 열정, 무결성, 신뢰성, 호기심, 도전의식으로 정의하고 있다. 베니스는 자신이 바라는 모습으로 스스로를 단련하여 그 결과 주변 환경도 변모시키는 위대한 리더의 능력에 대해 강조한다. 이 책의 도입부에서 그는 리더십에 대한 자신의 연구를 다음과 같이 요약한다.

"리더의 자리를 그대로 유지해야겠다고 생각하는 리더는 없다. 리더란 자신을 자유롭고 완전하게 표현하는 자이다. 즉 자신의 지위를 남에게 증명하려 하기보다 자신의 본질을 표현하고자 하는 뜻을 이어가는 사람이 리더이다. 둘의 차이는 극명하다. 상황에 이끌려 가는 많은 사람들과 스스로 이끌어 가고자 하는 소수의 사람들이 다른 것처럼 말이다."

리더십에 대한 베니스의 관점은 소박하다. 필자가 알고 있는 리더에 오른 많은 사람들은 그 자리에 오르기 위해 투쟁적으로 노력했는데도 불구하고 말이다.

당시 읽었던 두 번째 리더십 책은 존 가드너(John W. Gardner)의 『On Leadership』이다. 당시만 해도 가드너는 리더십 전문가로 유명했는데 오늘날에는 많이 언급되지 않고 있다. 아마도 2002년 그가 작고한 이후 대중의 관심을 놓고 경쟁하는 다른 전문가들에게 밀려났기 때문이 아닐까 한다. 존 가드너는 미국의 36대 대통령인 린든 존슨(Lyndon Johnson) 행정부에서 건강, 교육, 복지 담당 장관으로 일하면서 메디케어와 교육에 있어 미 연방정부의 역할을 재정의한 초중등교육법(Elementary and Secondary Education Act, 1965년 제정된 미국의 초중등교육 혁신안. 평등한 교육 기회의 제공과 이를 위한 연방정부의 역할을 명시하고 있다-역주), CPB(Corporation for Public Broadcasting, 공영방송을 진흥하기 위해 설립된 비영리기관으로 미 연방정부에서 재원을 지원-역주) 등의 굵직한 연방정부 프로그램을 통하여 유명세를 얻었다. 가드너는 리더와 일반 관리자를 구분하는 6가지 특징을 다음과 같이 설명한다.

- 장기적 전망으로 사고한다.
- 큰 그림을 볼 수 있다.
- 직접적인 통제 대상이 아닌 외부인에게도 영향을 준다.
- 비이성적이고 무의식적이며 비가시적인 측면의 행동에도 가치를 둔다.
- 다양한 대상자 유형들을 다루는 정치적 능력을 보인다.
- 현재의 상태에 대하여 끊임없이 의문을 갖는다.

이는 베니스의 연구와는 다른 각도이다. 베니스는 자아실현을 위한 내재적인 품성에 주안점을 두고 있으나, 가드너가 주장하는 요소들은 리더가 외부 세계와 관련하여 보여주는 전략적 사고, 정치적 역량, 영향력 등을 중시한다.

짐 콜린스는 보다 최근의 경영 전문가이자 저명한 경영

베스트셀러의 저자이다. 그는 저서 『좋은 기업을 넘어 위대한 기업으로』에서 위대한 기업들이 탁월함을 달성하고 위대함을 지속적으로 끌어갈 수 있도록 하는 몇 가지 특징을 설명하고 있다. 그 특징 중 하나는 기업을 이끄는 리더가 제5수준(최고 수준)의 리더라는 것이다.

제5수준 리더란 개인적인 겸허함과 직업적인 의지를 겸비한 사람이다. 즉 성공의 이유를 다른 이들과 외부 요인으로 돌리고 실패에 대해 스스로 책임을 지는 사람이다. 이들은 기업이 직면한 도전에 대하여 현실적으로 파악하되 이를 도전하기 위한 의지를 내비친다. 이들은 강렬한 자기 성찰 또는 생애동안 겪은 비참한 사건을 통해 더 높은 목표를 달성하기 위해 자신의 이기심을 통제할 수 있다.

콜린스는 비전을 향해 다른 이들을 이끌기 위해 독선적이고 때로는 카리스마적 성향을 보이는 제4수준 리더와 제5수준 리더를 구분하고 있다. 제4수준 리더는 놀라운 변화를 달성할 수 있을지도 모르나 지속적인 리더십을 가지고 위대한 조직을 만들어내는 것은 제5수준 리더에게만 가능하다는 것이다.

앞서 언급했던 다니엘 골먼도 리더십 스타일 유형 외에 자신의 정서 지능 이론에 따라 성공적인 리더의 자질을 정의한 바 있다.[4] 그에 따르면 리더가 보유해야 할 자질은 자기 인식, 자기 통제, 동기 부여, 공감, 사회적 기술이다. 골먼이 정의한 자질들이 워렌 베니스의 리더십 특징이나 짐 콜린스의 정의와는 다를지 모르지만 이 모두가 개인의 내적인 품성 관점으로 리더십을 설명하고 있다. 필자는 내적인 품성에 대한 이 관심을 '자아실현형 리더 모델'이라고 칭하고자 한다.

또 다른 유명한 경영 전문가이자 하버드 경영 대학원의 교수인 존 코터(John Kotter)는 성공적인 리더의 특징으로 변화 에이전트(Change Agents, 경영혁신 등과 관련하여 기업 내에서 관계자들의 의식변화가 필요한 변화관리(Change Management)를 기획할 때, 변화 목표에 대하여 먼저 공감하고 다른 이들에게 그 효과와 미래상에 대하여 전파 및 전도하는 역할을 맡은 사람. 변화관리 관점에서는 우선 변화 에이전트를 먼저 육성한 이후 조직 내에서의 혁신 전파 및 변화 수용을 도모한다–역주)로서의 역할을 꼽는다. 그는 방향성을 정의하고 사람들을 목표에 따라 정렬시키며 의욕을 고취하는 것이 리더십이라고 설명하고 있다. 이는 존 가드너의 모델과 유사한 행동 모델에 가깝다. 즉 리더로서 해야 할 일 또는 할 수 있는 일에 대해 다루는 것이다.

아직도 피터 드러커, 스티븐 코비, 피터 센게(Peter Senge)가 남아 있는데 필자의 머리가 점점 아파온다. 필자가 작가로서 갖고 있는 소신은 쓰는 것이 지루할 정도라면 읽는 것은 더 지겹다는 것이다. 그러므로 리더십 모델에 대한 소개는 이쯤에서 마무리하도록 하겠다.

필자가 말하고자 하는 바는 수많은 리더십 전문가들이 풍부한 연구를 수행하여 왔고 각 리더십 모델들은 리더가 되기 위해 필요한 특성이나 행동에 대해 설명하고 있다는 것이다. 이 특성은 일부 유사한 점은 있지만 정확하게 합의될 수 있는 성격의 것은 아니다.

그러나 리더가 만들어질 수 있다는 점에는 모든 전문가들이 동의하고 있다. 리더십 개발이라는 개념이 정말로 실현 가능한 것처럼 보이는 것이다. 그러나 정말 많은 이들이 리더십 개발이라는 컨셉으로 생계를 유지함에도 서로 갈등의 요소가 없다는 것을 생각해 보라. 특히 필자의 조사에 따르면 이런 전문가들은 소수의 특징들만 이야기하고 있을 뿐이다. 가장 긴 베니스의 목록에서도 불과 6개의 특징만 언급된다.

리더십 진단은
대체 무엇을 진단하는 것일까?

필자가 갖고 있는 리더십 이론을 실제 업계에서 수행되는 관행과 비교하여 보겠다. 리더십 진단은 성장하는 사업이다. 그동안 필자에게 이루어진 리더십 진단 내역을 찾기 위해 책상을 뒤지던 중 필자는 이 진단이 한 번이 아니라 3회에 걸쳐 각각 다른 도구를 사용하여 진행되었다는 사실에 충격을 받았다.

필자가 그 한 번의 리더십 진단을 기억했던 이유는 그것이 통찰력을 주었기 때문이 아니라 너무 길었기 때문이다. 무려 24개의 핵심 우위 영역에 대해 필자의 리더십 자질을 진단하기 위한 답변을 기록해야 했는데 질문지가 수십 페이지에 이르렀다. 게다가 필자만 답변을 작성한 것이 아니고 필자의 관리자와 직속 상사, 동료 집단의 직원들까지 필자에 대한 의견을 세 번이나 작성해야 했다. (다행히 뒤의 두 가지 질문지는 좀 짧기는 했다.)

2년 후 필자도 두 명의 다른 직원들을 위해 장문의 리더십 진단 의견을 작성하게 되었다. 정말이지 끝이 없는 작업이었다. 최선을 다해 도움이 되는 정보를 주고 싶었지만 너무나 많은 질문들에 대해 유의미한 답을 하기 어려웠고 결국 뒷부분에 서는 피곤에 지쳐 리더십 진단에 대한 질문의 답을 대충 '평균'으로 작성하고 말았다.

질문지 후반부의 평가를 '평균'으로 대충 입력했던 경험에 비추어 필자는 이전에 필자가 받았던 리더십 진단 결과에 대하여 큰 통찰을 할 수 있었다. 이 진단 결과는 필자의 강점과 약점을 알려 주었는데, 강점은 더 살리고 약점은 보완할 수 있는 조치 계획을 제출해야 했다.

10년의 시간이 흐른 뒤 당시 제출한 계획을 보니 너무나 우스웠다. 리더십 역량에 있어 필자에게 가장 보완이 필요한 부분은 정리성이었던 것이다. 필자는 이 보고서를 보고 정말 크게 웃었는데 그것이 책상 위에 기둥을 이루며 쌓여 있는 서류함과 책 아래에 깔린 종이 더미 안에 있었기 때문이었다. 정리성이 부족한 필자가 훌륭한 리더가 되는 것은 불가능한 일일지도 모르겠다.

이러한 리더십 핵심 역량은 직원들의 교육이나 자기계발을 위한 진단용으로만 사용되는 것이 아니다. 최근에는 인사고과 결과서에도 기록되는 추세이다. 목표 달성에 대한 등급만 평가되는 것이 아니라 리더십 자질에 대해서도 직원들을 평가하는 것이다. 즉 특정 기술 영역에 부족한 점이 있다면 성과 검토 시 빨간줄이 그어지기 때문에 직원들은 모든 리더십 자질 영역에 대해 일정 수준의 우위를 확보하도록 노력해야 한다.

사실 많은 기업들은 전 영역에 대한 리더십 역량 개발을 기하기 위해 연수 프로그램을 운영하고 있는데, 어떤 프로그램에서는 20가지의 핵심 역량을 마스터한다면 성공적인 리더가 될 수 있다고 가정한다. 독자 여러분은 20종이라고 하는 긴 목록이 예외적인 것이 아닌가 생각할지도 모르겠다. 필자는 앞서 말한 필자 자신에 대한 리더십 평가 결과 외에도 서류 더미를 뒤져 다른 성과 검토서도 찾아냈다. 이 성과 검토서는 조사 대상자가 가진 리더로서의 행동에 대한 평가 결과를 8대 영역 34개 행동으로 구분하여 수 페이지에 걸쳐 기술하고 있었다. 예를 들어 그 내용은 다음과 같다.

- 성과에 대하여 집중한다.
  - 사업 개선 기회를 포착한다.
  - 높은 기준에 따라 행동한다.
  - 우선순위를 잘 설정한다.
  - 고객 중심적으로 행동한다.
- 포용적인 환경을 만든다.

- −새로운 생각에 개방적이다.

- −동료와 협업한다.

- −관리자와 협업한다.

- 열린 토론과 토의를 권장한다.

- −적극적으로 경청한다.

- −조직에 기여하도록 돕는다.

- −비판을 수용한다.

- −회의 및 협의를 잘 주재한다.

- −효과적으로 의사소통한다.

- 변화를 관리한다.

- −전략적으로 변화를 예상한다.

- −주도적으로 행동한다.

- −더 나은 개선점을 기획한다.

- −다른 이들이 행동하도록 권한을 부여한다.

- −변화 에이전트들을 교육한다.

- −더 나은 방법을 모색한다.

- 직원들의 역량을 개발한다.

- −이하 생략

- 조직 내에서 조화를 추구한다.

- −이하 생략

- 혁신과 창의성을 지원한다.
  -기타 등등
- 전략적인 민첩성을 드러낸다.
  -기타 등등

　한번은 필자의 지인이 대규모 조직을 위해 개발한 리더십 핵심역량 모델을 살펴본 적이 있다. 이 모델은 원을 4분할하여 사고, 결과, 개인, 대인관계 등의 구성요소를 배치하고 있는데 609페이지의 『Successful Manager's Handbook』에서 제시한 역량 구분과 유사했다. 각 구성요소 별로 20개의 기능이 있고 다시 그 아래에 필자가 미처 세지 못한 수많은 하위 기능이 배치되어 있었다.

　이러한 유형의 리더십 역량 모델은 이미 일상적인 경영관리 내에 깊숙이 침투하였다. 이에 따르면 훌륭한 리더가 되기 위해선 20~40개의 '리더십 핵심 역량'에 대하여 '충분하게 습득'해야 한다고 한다. 그런데 스티브 잡스(Steve Jobs)는 과연 이 테스트를 통과할 수 있을까?

　솔직히 스티브 잡스라는 인물은 지금까지 열거한 모든 리더십 역량 진단을 통과하지 못할 것이다. 그가 직원들, 친구들 심지어는 자신을 아끼는 주변인들에게 했던 행동들을 보면 그런 밉상이 따로 없다.[5] 그의 교활한 행동이 우리가 일반적으로 생각하는 훌륭한 리더 상과는 다를지 몰라도 그가 위대한 리더라는 사실은 누구도 부인할 수 없을 것이다.

그가 창립한 3개의 기업 중 애플(Apple)과 픽사(Pixar)는 대단한 성공을 거둔 놀라운 기업이다. 그는 아이튠즈, 아이팟, 아이패드, 아이폰으로 대변되는 새로운 비즈니스 모델과 사업을 일구어냈다. 잡스는 우리가 서로 소통하는 방식, 웹을 탐색하고 음악을 듣는 모든 방식을 급진적으로 변모시켰다.

짐 콜린스에 따르면 제5수준 리더는 지속될 수 있는 기업을 창조할 수 있는 사람을 말한다. 스티브 잡스는 아예 새로운 업계를 창조했다는 점에서 그 기준을 훨씬 뛰어 넘는다. 잡스가 작고했을 때 사람들은 유명 연예인이나 정치가 수준으로 그를 추모했다. 그야말로 전 세계에 그의 추종자들이 있었다. 그럼에도 그는 분명 겸손한 사람이 아니다. 대인관계 기술이 부족한데 특히 공감력이 없다. 어쩌면 스티브 잡스는 예외적인 인물일지도 모르겠다.

그렇다면 다음 사람들은 어떨까? 오라클(Oracle)의 래리 엘리슨(Larry Ellison)[6]이라면? HP의 칼리 피오리나(Carly Fiorina)[7]는? e-Bay와 HP의 메그 휘트먼(Meg Whitman)[8]

은? GE의 중성자 잭, 잭 웰치[9]? 디즈니의 마이클 아이스너
(Michael Eisner)[10]라면?

열거한 이 CEO들은 무자비하고 공격적이며 무뚝뚝하고
자질구레한 것까지 통제하는 독재적인 인물들로 알려져 있
다.[11] 스티브 잡스가 이상적인 CEO로 떠오름에 따라 여러
경영 관련 언론에서는 과연 훌륭한 리더가 되기 위해 대인
관계 능력이나 공감력이 필요한 것인지 토론이 벌어졌다.[12]

포브스(Forbes)지에 실린 「왜 일부의 사이코패스들이 위
대한 CEO가 되는가」라는 기사에 따르면 일반 대중에서 사
이코패스 비율이 1%인데 반하여 CEO 집단에서는 그 비율
이 4%이며, 사이코패스의 공격적이고 냉정한 품성은 그들
이 조직 내에서 성공하는 데 도움이 된다고 한다.

뉴욕 타임즈의 다른 기사인 「탐닉적인 당신의 성격, 리더
에 적합할 수 있다」에서는 비슷한 논조로 CEO 중에 탐닉적
성격을 지닌 이들이 많으며, 이들은 더욱 편집적이며 위험
을 감수하는 경향이 있다고 말하고 있다. 끊임없이 아드레
날린이 솟구쳐야 하는 사이코패스들은 평범한 성취에 만족
하지 못하는 것이다.

저명한 리더십 전문가인 맨프레드 케츠 드 브리(Manfred
F. R. Kets de Vries)는 CEO를 비롯한 성공적 리더들의 공

통적인 특징으로 자기도취(Narcissism, 나르시시즘)를 꼽고 있다. [13] 정신의학적인 나르시시스트의 특징은 아버지가 부재하거나 멀리 있는 상황에서 헌신적인 어머니에 의하여 압도된 유년기를 겪었다는 점이다.

메이요 클리닉(Mayo Clinic)의 웹 사이트에 따르면 '자기애성 인격 장애(Narcissistic Personality Disorder)'는 "자신의 중요성을 과도하게 인지하고 있으며 타인의 숭상을 갈구하는 정신 장애를 말한다. 이러한 장애를 가진 이들은 자신이 남들보다 우월하다고 믿으며 다른 이들의 감정에는 주의를 기울이지 않는다"고 한다.

정신분석학자인 마이클 맥코비(Michael Maccoby)도 자기도취적인 리더들에 대해 많은 글을 저술했는데 특히 그들의 강점과 약점에 대해 다루고 있다. [14] 다양한 성격 유형 중에서도 나르시시스트들은 새로운 산업과 놀라운 제품을 만들어내는 데 필요한 위험을 감수할 만한 자신감과 과감함을 보이는 것 같다.

훌륭한 리더가 될 수 있는 여러 '특성' 중에서 성공과 가장 관련성이 높은 것이 자기도취라고 가정한다면, 쓸데없이 다양한 사회적 역량에 대한 평가 대신에 각자가 유년기에 부모와의 관계가 어떠했는지 물어보는 것이 리더십 진단에

도움이 된다고 판단할지도 모르겠다. 그러나 다음 인물들은
어떠할까?[15]

- 월마트(Wal-mart)의 창업자 샘 월튼(Samuel Moore Walton)
- IBM의 루 거스너(Louis Gerstner)
- 버크셔 해서웨이(Berkshire Hathaway)의 워렌 버핏(Warren Buffett)
- 사우스웨스트 항공의 허브 켈러허(Herb Kelleher)
- 월트 디즈니(Walt Disney)

이 인물들은 저명한 성공적인 리더들로 병적인 자기중심
주의자가 아니며 타인을 착취하는 나르시시스트도 아니다.
그렇다면 해답은 무엇일까? 훌륭한 리더는 나르시시스트
일까? 자기를 실현하는 성취자일까? 아니면 비전을 행하는
사람들일까?

사실 전문가들도 어떤 합의에 이른 것 같지는 않으므로
이 모든 논의를 시작하게 만든 리더에게 이를 물어보도록
하자.

2003년 미국 CBS의 보도 프로그램인 60Minutes에서 스
티브 잡스는 이렇게 밝혔다.

"저는 비틀즈를 비즈니스 모델로 삼았습니다. 그들은 각자의 부정적인 경향을 잘 참아낸 4명의 남자들입니다. 그들은 서로의 약점을 보완하고 각자의 합보다 더 위대한 전체를 만들어 냈습니다. 저 역시 비즈니스를 이렇게 바라봅니다. 비즈니스에 있어 위대한 것은 단 한 사람이 이룰 수 없습니다. 오직 팀을 이룬 사람들만이 이를 가능하게 합니다."

한 사람이 모든 것을 잘할 수 없으므로, 우리는 팀을 이룬다

지금까지 이야기한 리더십 역량들은 대화하기에는 좋은 소재지만 훌륭하거나 성공적인 리더가 되기 위한 필수적인 조건은 아니다. 실제로 사람들은 자신과 타인의 강점과 약점에 적응하여 살아간다.

리더는 자신의 약점을 보완하기 위해 자신이 부족한 점을 갖고 있는 다른 사람들과 함께하는 사람이다. 이를 통하여 만들어진 팀은 각자의 강점을 내세워 일할 수 있다. 다른 흥미로운 점은 리더의 추종자들 역시 충분한 이유가 주어진다면 그 리더의 약점을 감수할 수 있다는 것이다.

스티브 워즈니악(Steve Wozniak)은 스티브 잡스와 함께 애플 컴퓨터를 창업했다. 그러나 두 명 모두 창고에서 PC를 만든 것은 아니었다. 워즈니악은 기술적인 부분을 담당했고 잡스는 마케팅과 영업을 담당했다.

잡스는 개인용 컴퓨터 시장이라는 기회를 눈치채고 워즈니악을 설득하여 회사를 같이 시작하였다. 애플 컴퓨터를 돋보이게 한 GUI(Graphical User Interface, 그래피컬 유저 인터페이스) 역시 잡스가 만든 것이 아니다. 그는 제록스사(Xerox)의 팔로알토 연구센터에서 GUI를 처음 접하고 그 잠재력을 깨달았다.

이는 픽사 역시 마찬가지이다. 잡스는 픽사의 잠재성을 알아보고 루카스필름(Lucasfilm)으로부터 인수했다. 한편 그의 제품들은 디자인으로 호평을 받았는데 잡스는 디자이너도 아니었다. 그는 훌륭한 디자인을 선호했기 때문에 훌륭한 디자이너들을 고용했다. 잡스의 팀은 좋은 아이디어와 훌륭한 사람들의 잠재성을 알아보고 활용하는 그의 능력 때문에 잡스의 밉살스러운 행동을 감수할 수 있었다. 이 재능이 없었다면 그의 이기주의와 완벽주의를 참아낼 수 있는 사람은 없었을 것이다.

위대한 기업과 리더들에게 공통적인 부분은 이 리더들이 혼자서 이룬 것이 없다는 사실이다. 위대한 CEO들에게는 다양한 능력을 가지고 그를 위해 일하는 사람들이 있었다.

이 세상에 누구에게나 적용할 수 있는 리더십 공식이나 모델이라는 것은 없다. 각 개인은 고유한 능력과 품성을 갖고 있으며 이러한 강점을 최대화해야 하고, 동시에 교육과 보상, 또는 다른 이들과 팀을 이루어 자신의 약점을 보완해야 한다.

정리를 하지 못하는 필자의 습관을 뒤돌아 보면 그것이 '리더로서 자리매김하는 데 지장을 주는' 일은 없었던 것 같다. 사실 필자는 서류를 채워 넣거나 책상을 깨끗하게 치우는 일에 관심이 없다. 시간 낭비인 것 같다.

그럼에도 다행인 것은 필자가 문서화에 뛰어나거나 정돈과 조직화에 능숙한 사람들과 함께 일했다는 것이다. 정리를 하지 못하는 필자의 습관이 농담 혹은 작은 조롱의 대상인 적은 있었지만 이를 심각하게 불평한 사람은 없었다. 리더십 진단서는 필자가 한 개인으로서 발전하기 위해 필요하다고 생각되는 어떤 항목(정리하는 습관)의 점수가 낮다고 평가했다. 그러나 몇 장의 서류로 사람을 판단하는 일이 가능한 것일까?

필자의 부하직원, 동료, 관리자들에게는 사람들의 장점을 알아보고 문제를 해결하며 많은 업무를 다루는 필자의 재능이 더 중요했다. 그렇기 때문에 너저분한 책상 따위는 크게 문제삼지 않았다. 사람은 적응하기 마련이다. 우리는 주변의 환경과 사람들에게 적응한다. 타인이 뭔가 이점을 줄 수 있다면 그 성격의 결점 정도는 용서할 수 있기 마련이다. 바로 이 점이 중요하다. 어떤 재능 혹은 역량을 갖고 있어야 한다.

그러나 재능을 가진 많은 사람들이 리더인 것은 아니다. 리더가 윗자리에 오를 수 있는 것은 어떠한 충동 또는 출세하고자 하는 의지이다.

나르시시스트들은 타인의 찬사를 받고자 하는 욕구에 의하여 움직인다. 자기 실현적인 리더들은 세상을 더 나은 곳으로 만들고자 하는 열정과 욕구에 의하여 움직인다. 비전을 좇는 자들은 자신의 비전을 실현하고자 하는 마음에 따라 움직인다. 즉 그들이 열심히 일하고, 목표를 위해 노력하며 주변인들에게 동기를 부여하도록 추동(推動)하는 무언가가 있는 것이다.

이러한 의지가 내재적이든, 외부적이든, 이타적이든, 이기적인 것이든 상관은 없다. 필요한 재능이 없는 추진력은 아무런 결과를 낳지 못하기 때문이다. 그러나 재능을 지닌 사람들로 팀을 만든다면 추진력과 결합할 수 있는 재능을 확보할 수 있다.

그렇다면 왜 우리는 리더십과 상관없는 잡다한 기술과 소질을 놓고 직원들이 이를 개발하도록 요구하는 것일까? 더 역설적인 것은 이러한 리더십 프로그램의 대상자를 선정하기 위해 직원들의 '의지'를 진단하는 것은 정말 쉽다는 것이다. 지원 절차를 매우 복잡하게 만든다면 의지를 지닌 직원들만 지원할 것이기 때문이다.

팔방미인을 추구하면
결국 평범한 사람이 될 뿐이다

HR 전문 컨설턴트인 친구들과 리더 역량에 대한 필자의 의견을 논의한 적이 있는데, 이들의 말에 따르면 이러한 역량 모델이 직원들에게 주는 장점이 많다고 한다. 즉 직원 교육 프로그램의 기초가 되는 경우가 많다는 것이다. 필자 역시 직원 역량 개발 및 교육은 가치가 있다고 동의한다. 경험적인 증거를 살펴보아도 교육 및 역량 개발 등 직원에게 많이 투자하는 기업들은 그렇지 않은 기업에 비하여 더 높은 성과를 거둔다. 그러나 직원들이 30가지의 기술 분야에 대해 일정 수준의 역량을 갖추도록 강제하고 기업이 교육 참석을 지원하는 것은 진정한 리더십 개발을 가로막는 일이라고 생각한다. 이와 관련하여 필자가 사과하고 싶은 건이 있다. 1990년대 초반 필자는 이와 같은 역량 개발 광풍의 최전선에서 복잡한 리더십 역량 모델을 만드는 데 일조했다. 다시 한 번 피해자들에게 사과의 말씀을 전한다.

1994년, 필자는 당시 일하던 컨설팅사에서 내부 교육 부문을 맡게 되었다. 당시에 회사가 가진 프로그램은 '제미니 스킬 워크샵(Gemini Skills Workshop)' 또는 GSW라고 부르는 2주간의 신입사원 숙박 교육이 유일했다.

이 프로그램은 다음과 같은 이유로 회사 내에서 베스트 프랙티스로 여겨졌다. 우선 실제 고객사 사례 연구를 기반으로 과정이 구성되었다. 이 과정은 지겨울 정도로 실제 사용되는 몇 가지 스킬에 집중하고 있으며 2주에 걸쳐 강사진들의 집중적인 지도와 다른 교육생들의 피드백을 받게 된다. 전반적으로 볼 때 GSW 과정은 기업 문화, 집단의 은어(jargon)와 조직 가치가 주입되는 강렬한 유대의 경험이었다. 이 과정의 장점 중 한 가지는 회의 준비, 브레인스토밍 기법, 고객사 현업 인터뷰 등 컨설팅에 필수적인 기술에 집중한다는 것이다. GSW 과정의 목표는 이를 거친 컨설턴트들을 바로 프로젝트에 투입 가능한 수준으로 만드는 것이었다. 우리는 컨설팅 스킬의 로드맵을 만들고 GSW 과정 수료 시 기대하는 역량 수준을 문서화했다. 이를 통해 프로젝트의 PM들은 신입 컨설턴트들이 어떠한 스킬 수준을 가지고 있는지 알고 적재 적소에 배치할 수 있었다.

한편 교육 과정의 유용성을 위해 교육 부문에서는 주기적으로 조직의 리더들을 대상으로 설문을 진행하여 집중해야 할 스킬이 무엇인지 판별하였다. 다만 필요에 따라 가끔 신규 교재를 만들기는 했지만 기본은 거의 변하지 않았다.

회사가 점차 성장하고 대규모 기업 혁신실행 사업에 집중하는 전략을 펼침에 따라 경영진에서는 컨설턴트들을 대상으로 더 많은 교육이 필요하다고 판단하였다. 특히 사세 확장에 따라 경력직이 아닌 신입 직원들을 더 많이 채용하였고 교육의 중요성은 더 커졌다. GSW 과정이 그동안 성공적이었기 때문에 경영진은 유사한 형태의 교육을 추진하고자 하였다. 제미니 유니버시티(Gemini University, GU)라는 사내 인재교육원이 이렇게 탄생한 것이다.

그 이후에는 대체 무엇을 가르쳐야 할지 판단하는 일이 남았다. 우리는 핵심 역량의 개념을 바탕으로 회사 전체에 이를 투영하였다. 이미 '역량(Competency)'이라는 말은 기업 내에서 너무나 친숙한 개념이었고, 우리는 제미니의 각 컨설팅 사업부문별로 컨설턴트에게 필요한 역량과 교육 과정을 개발했다. 그러나 모든 직원들을 산업별(금융 서비스, 제조 등), 프로젝트 유형별(운영 컨설팅, 전략 컨설팅, IT 컨설팅 등), 전문분야별(공급망, 영업 및 마케팅 등) 역량 개발 선상에 배치하는 것은 어마어마한 일이었다.

그 결과 직위에 따른 필요 역량의 목록과 이를 성취하기 위한 필수 과정들이 정의되었다. 비록 운영 컨설팅 리더들이 공급망 조직에 속한 모든 직원들이 APICS(American Production and Inventory Control Society, 공급망관리 등 산업공학 분야의 전문가 협의체로 CPIM 자격 등이 유명하다—역주) 자격을 필수적으로 따야 한다고 말했으나, 일단 대부분의 교육 과정은 GU를 통하여 내부 과정으로 진행되었다.

제1차 GU는 뉴저지에서 열렸는데 많은 컨설턴트들이 참여하여 큰 성공을 거둔 것으로 평가받았다. 이 얼마나 좋은 얘기인가? 기업의 미래 성공을 위해 필요한 스킬을 익힐 수 있으니 말이다. 사실 처음에는 느끼지 못했지만 GU 교육 과정의 분위기는 GSW 오리엔테이션 합숙 과정과는 사뭇 달랐다. 물론 GSW가 10배 더 큰 규모이기는 하지만 GSW의 참여자들은 꽤나 즐거워 보였다. 그러나 모든 GU 교육생들도 마찬가지였다고는 말하기 어려웠다. 우리는 연간 2회 파리와 뉴저지에서 GU 교육 프로그램을 열었다.

필자 역시 하나의 과정을 맡아 몇 년간 강사를 했는데 이때 느낀 것은 교육생들이 그다지 교육장에 있고 싶어 하지 않는다는 사실이었다. 일부 참여자들에게 그들이 화나 있는 이유를 물었더니 그다지 배우고 싶어 하지 않는 주제로 시간을 낭비하고 있기 때문이라고 답했다. 다른 컨설팅사의 경우 직원들이 직접 선택하여 외부의 컨퍼런스나 교육 강좌를 수강할 수 있는데 반하여 제미니의 경우 내부 교육 과정만 수강이 가능했고, 그나마 특정 과정의 참여가 의무화되면서 선택의 폭이 좁았다.

필자는 이전까지 공급망 컨설팅 부문에서 일했기 때문에 이 동료들에게 현 역량 개발 교육 과정에 대해 어떠한 불만을 갖고 있는지 물어보았다. 이들은 이미 저명한 기업들을 대상으로 한 공급망 프로젝트 경험을 갖고 있었기에 굳이 APICS 자격을 취득할 필요는 없어 보였다. 객관식 문항의 시험에 통과한 것을 어찌 10~15년의 업무 경험에 비할 수 있겠는가?

이 동료들은 회사가 강제화한 교육보다는 'SAP'라는 새로운 비즈니스 솔루션과 '전자 상거래'라고 하는 새로운 사업 기회에 관심이 많았다. 결국 이들은 경험이 부족하여

APICS 자격을 공부하는 사람들과 SAP나 전자 상거래 같은 것을 알지 못하는 사람들을 뒤로 하고 다른 회사로 이직하고 말았다.

불행하게도 우리가 컨설턴트들에게 대규모 기업 혁신실행 과제에 필요한 스킬을 교육하느라 바쁜 사이에, 미국의 경기는 회복되었고 고객사에서는 더 이상 대규모 구조 조정을 원하지도 않았고 필요로 하지도 않았다. Y2K(구형 컴퓨터에서 서기 2000년과 1900년을 구분하지 못하여 발생할 수 있는 전산 시스템의 오류를 통칭한다. 20세기 말 전 세계적으로 상당한 관심 사안이었으며 이를 해결하기 위해 기반 플랫폼 및 하드웨어의 이관 및 코드 재작성 등의 작업이 많이 이루어졌다–역주)가 큰 관심을 받았고 '인터넷'이라고 하는 새로운 무언가가 점차 대두되고 있었다.

역량 개발이라는 것은 훌륭한 생각이지만 그것을 대규모로 실행하는 것은 결국 사람을 표준화하는 작업으로 귀결된다. 이렇게 생각해 보자. 필요하다고 판단한 스킬이나 역량을 분석하여 이를 자료나 컴퓨터 시스템으로 코드화하였다고 가정하는 것이다. 그리고 이 역량들을 기르기 위한 교육 과정을 개발하고 모든 직원들이 몇 년간 이를 수강한다고 해 보자. 모든 사람들이 정확히 똑같은 방식으로 동일한 스킬을 익혀 모두 똑같이 생각하고 행동한다면 어떻게 될까?

그야말로 모든 사람들이 모든 것에 대하여 평균적인 역량을 갖도록 요구함으로써 조직 내에 범용함을 체계적으로 내재화하는 것에 지나지 않을 것이다. 게다가 프로그램이 비대해지면 주기적으로 역량 내용을 변경하는 것도 힘들어진다. 즉 스킬의 내역이 정적으로 고정된다. 또한 이러한 모델에서는 혁신, 창의성, 독창성을 위한 여지가 없다. 핵심 역량 개발의 취지가 미래 경쟁력을 위한 것이었음에도 불구하고 미래에 필요할 수도 있는 핵심 역량에 대한 통찰력을 얻을 수 없는 것이다.

사람들이 스스로의 흥미에 따라 색다르고 미친 듯한 새로운 아이디어를 배우고자 할 때 미래를 위한 전혀 다른 역량들이 도출되는 것은 아닐까? 혁신이란 다양한 생각과 새로운 아이디어, 개인적 열정을 추구하도록 장려하는 환경에서만 일어날 수 있다.

게다가 역량 개발이라는 체계가 근거하고 있는 전제 사항 역시 문제가 있다. 이 리더십 역량 모델들은 여러분이 선택한 분야에서 훌륭한 리더가 되기 위해 필요한 역량과 스킬에 대해 설명하고 있지만 진정 훌륭한 리더가 되는 역량이 무엇인지 아는 사람은 아직까지 없기 때문이다.

자아실현에는 지침서나
체크리스트가 필요 없다

　　자아실현의 관점으로 리더십을 설명하는 학파에 대해 다시 이야기해 보자. 자신의 개인적인 흥미를 추구하지 않는다면 자아실현이 가능할까? 스티브 잡스를 보라. 그는 컴퓨터에 대한 깊은 관심이 있었고 그것을 추구하였다. 리드 대학(Reed College)을 중퇴한 잡스는 흥미롭다는 이유로 캘리그라피(Calligraphy, 문자 서법) 수업을 청강하기도 했다. 그리고 이 경험은 우수한 디자인에 대한 그의 집착에 불을 붙였다.

　　잡스는 인도에서 자아 탐색을 시도하기도 했는데 그 어떤 스와미(Swami, 힌두교의 신학자)보다도 토마스 에디슨(Thomas Alva Edison)이 세상에 더 위대한 영향을 끼쳤다는 결론에 이르렀다. 잡스라는 인물을 만들어낸 이 경험들은 회사나 학교가 주도한 것이 아니다.

　　필자 역시 그동안의 커리어를 돌아보면 자신이 더 나은 사람, 더 나은 리더가 되도록 만든 경험들 역시 기업에서 주도한 것은 아니었다. 이 경험들 중 가장 위에 놓여진 것은 육아의 경험이다. 필자는 아이를 키우면서 자신이 아닌 다른 사람들의 관점에서 남을 대하는 방법을 익히게 되었고 그에 따라 더 나은 관리자가 될 수 있었다. 2살짜리 아이에게 당신이 보스니까 말하는 대로 따르라고 할 수는 없지 않은가. 물론 그렇게 말할 수는 있지만 별 성과는 없을 것이다.

교육 과정 중에 도움이 된 것은 시스템 역학 강의, 신경 언어 프로그래밍(NLP), 관계의 중요성을 강조한 여성 리더십 프로그램이었다. 사실 여성 리더십 프로그램만이 기업에서 제시한 교육으로 그나마 필수 과정이 아닌 추천 외부 강의였다. 자신이 선택하여 교육을 받는 것과 강제로 교육에 참석하는 것에는 이렇게 큰 차이가 있다.

역량 개발 교육을 통하여 직원들을 표준화하는 것의 마지막 문제점은 직장에서의 자아실현이 억제된다는 것이다. 자신을 계발하는 것이 의무적인 프로그램으로만 가능하며 부적합한 직무에 정체되어 있는 상황이라면 개인적인 열정을 직장에서 발견할 수 있는 가능성은 희박할 것이다. 그리고 개인적인 열정을 찾을 수 없다면 남들을 고무시킬 수 있는 미래를 위한 비전을 어떻게 창조할 수 있겠는가? 위대한 리더에 대한 세 가지 유형의 사상, 즉 자아실현 성취자, 비전 수행자 및 나르시시스트에 대하여 떠올려보자. 엄격한 역량 요건으로 인하여 자아실현과 개인의 열정을 찾는 일이 어려워진다면 누가 남겠는가? 업계 관행이 된 인재 관리 체계에 의하여 승진하고자 하는 욕구를 가진 유형의 인간인 나르시시스트들만 남게 되는 직장은 생각만으로도 두려워진다.

직원들이 통달해야 하는 길고 긴 리더십 역량 목록 같은 것은 없애야 할 때다. 우수한 리더의 자질 따위를 아는 사람은 없다. 너무 많은 강제 교육과 이러닝 강좌도 없애야 한다. 직원들에게 교육을 권장하되 이들이 선택하여 내부 및 외부 교육을 수강할 수 있도록 하라. 내부강좌에서는 직원들이 배웠으면 하는 소수의 스킬, 이를테면 5개의 스킬에 집중하는 편을 권한다. 코칭, 피드백, 갈등 해결 같은 커뮤니케이션 스킬이 좋을 것으로 본다. 물론 브레인스토밍, 문제해결 기법, 창조 사고 도구 같은 것도 좋을 것이다. 신규 입사자 및 승진자 교육도 필요하다. 그러나 직원들이 스스로 선택하여 교육 및 컨퍼런스에 참여하도록 격려하고 그들이 들어보지 못한 것을 배울 수 있도록 권장해야 한다. 그들이 배운 새롭고 놀라운 것을 다른 직원들과 공유하도록 격려해야 한다. 우리가 그룹을 이루어 일하는 이유는 남들의 강점을 활용하고 그들의 약점을 보완하기 위함을 기억해야 한다. 모든 사람이 모든 것에 능숙해야 할 필요는 없다. 그렇기에 우리는 조직에서 일하는 것이다.

기업의 미래 리더를 찾아내고 인재들을 육성하는 것은 어떻게 해야 할까? 이는 기업이 생존하기 위해 필수적인 일이다. 필자의 생각에는 '충동', '열정', '일편단심', '야망', '높은 목적을 가진 소명의식' 등 어떻게 칭하든지 간에 모든 리더들은 성공에의 의지를 갖고 있다. 그것이 이타적인 목표이든 개인적인 자기도취에서 비롯된 것이든 상관없이 리더라면 자신의 목표를 달성하기 위한 끈기를 지니고 있다. 이러한 유형의 인간은 직장에서 정말 쉽게 발견할 수 있다. 일을 해결하고 팀을 이끌기 위해 자원하며 모든 이들이 알고 의지하는 사람을 알고 있지 않은가? 바로 그러한 이들이 미래의 리더인 것이다. 만약 이러한 사람들을 찾기 어렵다면 지원 과정이 매우 복잡한 리더십 프로그램을 만들고 직원들에게 이를 알려 보라. 야망을 가진 자들만이 어려움을 감수하고 지원할 것이다.

주

1) 제7장을 집필하고 보니 훌륭한 리더로 예를 든 사람들이 모두 남성이고 대부분 미국인이었다. 필자의 의도는 독자 여러분이 필자가 언급하는 이들의 삶을 조금이라도 알 만한 가능성이 있는 잘 알려진 예시를 선택하고자 한 것이다. 미국 문화의 우세로 인해 타국의 독자들도 미국인 리더들에 대해선 잘 알겠지만, 미국인들은 타국의 리더에 대해선 잘 모를 것이기 때문이다.

2) 토마스 제퍼슨이 대중 연설을 기피했다는 사실은 조셉 엘리스(Joseph J. Ellis)의 저서 『American Sphinx: The Character of Thomas Jefferson』의 일부를 인용한 뉴욕타임즈 도서 리뷰 기사 「The Master of Monticello」를 비롯하여 여러 문서에서 찾을 수 있다.

3) 언급되었던 일반연두교서에 대한 정보는 미국 국립 공문서관 웹 사이트를 참고하였다. 우드로우 윌슨 대통령이 의회에 직접 나서 연두교서를 연설하기 전까지 이를 서면으로 보내는 전통은 제퍼슨 이후 거의 한 세기를 이어간 전통이었다.

4) 다니엘 골먼의 리더십 특징은 그의 저서 『The Leadership that Gets Results』를 참고하라.

5) 스티브 잡스에 관한 정보는 월터 아이작슨이 뉴욕타임스에 기고한 「The Genius of Jobs」(2011. 10. 30)와 그가 집필한 잡스의 전기인 『스티브 잡스 Steve Jobs』(안진환 역, 민음사)를 참고하였다. 그 외에 60Minutes 프로그램의 인터뷰, 로메인 모세스컷(Romain Moisescot)이 쓴 잡스의 이력, 애플 뮤지엄 (applemuseum.bott.org) 웹사이트 등도 참조할 수 있다.

6) 래리 엘리슨—마이크 윌슨(Mike Wilson)이 집필한 그의 전기 『CEO 래리 엘리슨과 오라클 신화The Difference Between God and Larry Ellison: God Doesn't Think He's Larry Ellison』(김욱송 역, 영언문화사)를 참고하였다.

7) 칼리 피오리나—HP재임시절 그녀가 주도한 대규모 해고에 대한 기술전문지의 보도와 상원의원 출마 당시 상대편 후보인 바바라 박서(Barbara Boxer)에 대한 그녀의 논평을 참고하였다.

8) 메그 휘트먼—자주 화를 내는 성격에 대하여 언론 보도가 있었으며 주지사 선거운동 중 초조해하는 모습이 뚜렷했다.

9) 잭 웰치—그는 세상의 주목을 끌고자 하며, 퇴임 이후에도 GE로부터 받은 혜택이 놀라울 정도다. 또한 이 책에서는 성과부진 하위 10%를 해고하라고 주장하는 사람은 문제가 있다고 본다.

10) 마이클 아이스너-제프리 카첸버그(Jeffrey Katzenberg), 마이클 오비츠
(Michael Ovitz) 및 다른 이들과의 불화는 잘 알려져 있다.

11) 휘트먼, 피오리나, 아이스너의 나쁜 태도에 대해선 포브스(Forbes)지의 「Seven
Habits of Spectacularly Unsuccessful CEOs Hall of Shame」(2012. 2. 9)라는 기
사에 언급되어 있다.

12) 대인 능력이 떨어지는 리더들에 대한 의견은 필자의 주관적인 생각이며 이에
대하여 이의를 가진 독자들도 있을 것이다. 이러한 필자의 판단은 어떠한 언
론 보도가 있었는지 또는 보도가 없었다는 사실을 기준으로 했다.

13) 맨프레드 케츠 드 브리에 대해선 HBR의 2004년 1월 기사인 「Putting Leaders
on the Couch: A Conversation with Manfred F. R. Kets de Vries」와 함께 그
의 공식 웹사이트인 www.ketsdevries.com을 참고하였다.

14) 마이클 맥코비에 대한 정보는 HBR의 2004년 1월 기사인 「Narcissistic
Leaders: The Incredible Pros, the Inevitable Cons」를 참고하였다. 그는 2007
년에 『Narcissistic Leaders: Who Succeeds and Who Fails』라는 저서도 출판했
는데 필자는 아직 읽지 못했다.

15) 샘 월튼, 루 거스너, 워렌 버핏, 허브 캘러허, 월트 디즈니는 호감가는 인물
로 언론에 보도되며 다른 CEO들과 같은 부정적인 언론 보도가 없었다.

08

스프레드시트를
넘어서라

컨설턴트 없이 스스로 생각하는 방법

경영은
과학이 아니다

　　과학적 관리의 아버지라 불리는 프레드릭 테일러
(Frederick Taylor)는 아마도 최초의 경영 컨설턴트이자 경영학
전문가일 것이다.[1] 그가 1911년 출간한 저서 『과학적 관리법
The Principles of Scientific Management』(방영호 역, 21세기
북스)은 수십 년간 베스트셀러였으며 그의 사상은 미국의
여러 대기업 경영에 큰 영향을 미쳤다.

　　그는 생전에 여러 강의를 진행했으며 저명한 회사들을
대상으로 컨설팅을 제공하고 정부에도 자문하는 등 유명세
를 얻었다. 테일러의 가장 큰 유산은 그가 강의했던 하버드
경영학 대학원의 커리큘럼 개발을 지원한 것이다. 작업을
감독하고 측정하여 최적화된 방식을 찾는 것을 말하는 '테

일러주의(Taylorism)'는 100년이 지난 지금에도 여전히 통용되고 있다. 그러나 매튜 스튜어트(Matthew Stewart)는 그의 저서 『위험한 경영학The Management Myth』(이원재 역, 청림출판)에서 테일러에 대해 "검증 가능한 데이터와 재현 가능한 방법론 대신에 일화와 허울 좋은 정확한 숫자와 증명하기 어려운 출처를 가진 애매한 공식으로 윤색된 예제만을 제시하였다"고 평했다.

확실히 테일러는 허풍이 심했다. 그는 그다지 쓸모가 없는 간단한 수식을 계산하거나 효과를 과장하여 추산하고 고객들에게 많은 비용을 요구했으며 그 자신의 방법론의 성공을 공표하기 위해 데이터를 조작하기도 했다. 어찌 보면 현재 경영 컨설턴트들에게 청사진을 제공한 셈이다.

약 100년의 시간이 흐르는 동안 테일러의 주장이 가진 단점을 판단할 수 있다는 점에서 그의 사상은 충분히 살펴볼 가치가 있다. 산업화 시대에 과학적 관리 기법이 크게 유행한 것은 사실이지만 오늘날에는 '테일러주의'라는 말은 경멸적인 의미를 갖는다. 다른 위대한 사상가들과 마찬가지로 테일러의 사상 역시 유용한 점도 있고 위험한 점도 있다. 그의 개념 중 유용한 것은 다음과 같다.

- 작업을 분석하여 더 효과적으로 일할 수 있는 방식을 찾는다.
- 직원들을 설비에 배치하기 전에 먼저 교육한다.
- 반드시 직원의 역량에 적합한 과업을 부여한다.
- 정신적 피로 및 육체적 피로를 예방하기 위하여 충분한 휴식을 취하도록 한다.
- 더 많은 생산을 유도하기 위해 직원들에게 보상을 제공한다.

그의 사상 중 많은 것들이 여전히 현장에서 활용되고 있지만 테일러의 이름은 한 세기전, 공장 조립 라인을 지배했던 기계적이고 순응적이며 자동적인 접근 방법을 떠오르게 한다. 그는 생각하는 일이 수작업이나 하찮은 작업과 분리되어야 한다고 믿었으며 고차원적인 사고가 가능한 직원은 일부에 그친다고 생각했다.

그는 관리자들, 즉 생각하는 사람들이 작업을 설계하고 표준을 정의하는 동안 나머지 직원들은 이 관리자에게 순응하여 엄격한 표준을 준수해야 한다고 보았다. 이러한 접근 방식은 작업장을 비인간화하는 데 일조하였으며 결국엔 워터타운 군수공장 파업(Watertown Arsenal strike, 테일러주의 도입과 관련하여 워터타운 군수공장의 노조가 항의를 벌인 사건—역주) 같은 사건을 유발하였다.

그는 스톱워치 실험에서도 인적 다양성을 고려하지 않았다. 테일러의 사례 연구 중 가장 유명한 것은 선철(銑鐵)의 효율적인 운반 방식에 대한 연구일 것이다. 그는 가장 힘이 세고 덩치가 큰 노동자가 일하는 것을 관찰하면서 가장 효과적인 작업 방식을 찾아냈다. 그리고 신장, 힘, 신체 유형의 차이는 고려하지 않고 이 노동자의 능력을 기반으로 개선 효과를 계산했다. 그는 또한 연구 대상인 노동자에게 가장 빠른 속도로 일해보라고 주문하기도 했는데 이 속도는 장기간 지속될 만한 성격은 아니었다.

비록 오늘날 테일러주의가 비판을 받는다고는 해도 기업이 성공하기 위해 사업방식을 모니터링하고 측정하며 최적화해야 한다는 그의 사상은 현대의 관리 기법 안에 여전히 살아 숨쉬고 있다.

우리는 아직도 테일러적인 효율성 운동의 주문을 외우곤 한다. "열심히 일하지 말고 스마트하게 일하라", "똑똑하게 조금만 일하여 더 큰 성과를 거두라". 또한 우리는 여전히 지표 측정이 관리의 핵심 요소라고 간주한다. 심지어는 이를 '경영 과학(Management Science)'이라고 칭하기도 한다. 그러나 테일러를 비롯한 많은 경영 컨설턴트들이 잊지 말아야 할 점은 경영은 과학이 아니라는 것이다.

과학의 대상들은 의지 없이 자연 법칙을 따라 행동한다. 세포는 분열하고, 행성은 태양 주위를 공전하며, 산과 염기가 만나면 폭발하고, 온도와 압력은 물질의 형태를 바꾸는 등 모든 현상이 추측 가능한 패턴을 보인다. 이 연구의 대상 중 어떤 것도 의식, 자아, 감정, 유머 감각 같은 것은 갖고 있지 않다.

반면 우리가 속한 동물계에서는 놀랄 만한 일이 일어난다. 펭귄들이 동성애 성향을 보일 수도 있다는 사실, 세균들이 복잡한 '언어'를 주고 받는다는 사실, 비둘기가 미로를 이해한다는 사실들이 놀랍지 않은가?

그럼에도 소위 경영 과학은 인간이 정해진 규칙에 따라 행동하는 합리적 주체라고 가정한다. 우리 모두는 각 개인이 꼭 합리적인 이유에 따라 행동하지는 않는다는 사실을 알면서도 사람들을 집단으로 모아 놓으면 비합리성이 제거되어 이들이 합리적인 공식에 따라 행동할 것이라고 가정하는 것이다. (비합리적인 사람들이 일정 수준 이상 모이면 합리적인 사람들로 변모하는 자연 법칙이라도 있단 말인가?)

경영이라는 것이 과학은 아니기 때문에, 이에 대한 정답은 없으며, 특히 사업적인 해법이라는 것도 존재하지 않는 다. 그럼에도 불구하고 경영관리 이론은 성공을 위한 단계적 지침을 제공하는 방법론과 해결책들로 가득하다. 베스트 프랙티스를 따르는 것이 성공을 보장한다는 믿음은 비즈니스 세계에 깊이 배어 있으며 이러한 가정에 대해 의문을 제기하는 사람들도 거의 없다.

대부분의 프로세스 리엔지니어링 노력이 결국에는 기대한 효과를 가져오지 못한다는 데이터를 접하고, 많은 인수합병이 실패로 끝나며 임원진에 대한 성과 보상 계획이 그만큼의 효과를 가져오지 못하는 일을 경험하면서도 우리는 이러한 이론의 유효성에 대해 의문을 품기보다 왜 제대로 실천하지 못했는지 자책하며 다시 시도하곤 한다.

이러한 방법론과 해결책은 비즈니스 세계에 있어 기적의 다이어트 식품 같은 것이라 할 만하다. 기업의 임원들이 마법 같은 해법과 성공이 보장된 단계적 계획 같은 것을 찾아다니는 한 기업이 경영에 대한 건강한 접근 방식을 개발할 방도는 없다. 사업이라는 것은 인생과 다르지 않다. 비즈니스가 바로 삶이다. 건강한 기업을 창조하는 데 필요한 것은 각자가 건강한 인생을 살기 위해 필요한 것과 동일하다. 유행을 따르는 얼치기 방법론은 기업에서든 개인의 인생에서는 별다른 효과가 없다.

필자는 오래전부터 인간 본성에 반하는 것보다 이를 인정하고 일하는 것이 더 쉽다는 것을 깨달았다. 특히 사람을 적대시하는 것보다는 포용하는 것이 더 성공하기 쉽다. 테일러주의의 저변에는 인간이 기계처럼 일해야 한다는 생각이 깔려 있는데 이는 인간 본성에 반하는 것이다.

관리자들은 자신들이 추진하는 과제가 실패하는 이유에 대해 직원들이 이를 따르기 위한 규율이 부족하기 때문이라고 불평하는 경우가 많다. 그러나 우주 비행, 인터넷, 만화영화, 뮤직비디오 같은 것을 창조해낸 종(種)의 일원인 우리 인간은 기업 정책이라는 이유로 비합리성을 완전히 배제하고 자신의 존엄성을 희생하며 엄격한 통제 프로세스를 따르도록 만들어지지 않았다.

작업장에서 인간성을 배제하는 것보다는 오히려 가능한 한 이를 더 진흥해야 할 필요가 있다. 비즈니스 해법, 방법론, 경영 이론이란 어떤 진리가 아니라 세상이 돌아가는 방식에 대한 특정 인물들의 주장이라는 점을 이해해야 한다.

물론 우리는 자신의 통찰력을 넓히기 위해 다른 이들의 주장으로부터 교훈을 배울 수 있지만, 그 주장이 잘못된 것일수도 있다는 가능성을 명심해야 한다.

그런데 이 부분이 가장 어렵다. 대체 훌륭한 생각과 잘못된 생각을 어떻게 구분할 수 있을까? 이를 위해서는 스스로 생각해야 한다. 다시 말하지만 생각할 줄 알아야 한다. 비록 필자가 기업의 장애에 대하여 컨설턴트 탓을 많이 하기는 했지만 기업에도 문제가 있다.

많은 기업들이 외부에서 컨설턴트들을 데려와 스스로 해야 할 고민을 떠넘긴다. 전략을 개발하는 일과 조직의 재구성, 합병 타당성 조사같은 가장 중요한 의사결정과 업무들을 해당 기업에 대해 잘 알지 못하는 외부인에게 맡기는 형편이 아닌가.

테일러주의의 가장 큰 결점은 작업과 사고를 분리하려한 것이다. 이 유산은 작업의 완료에 대해선 보상하고 생각하는 것은 삼가하도록 하는 관행으로 오늘날 기업 세계에남아 있다. 정보시스템이나 체크리스트 아니면 엑셀 파일로해법을 제공하는 옵션과 인간의 두뇌를 통한 의견 수렴에대해 택하라고 하는 경우 많은 기업들은 전자의 '두뇌 관여가 없는' 옵션을 선택한다.

어떻게 스스로
사고할 것인가

우리의 사고를 바꾸는 것은 가장 어려운 일이자 가장 쉬운 일이기도 하다. 필자는 독자 여러분에게 컨설턴트 없이 스스로 생각하기 위한 사고 연습문제를 추가하였다. 이 연습문제들의 요점은 독자 여러분의 업무를 다른 맥락에서 바라보고 경영학 방법론의 관점에서 벗어나 건강한 비즈니스/생활양식 패러다임을 창조하는 데 있다. 그러나 이는 해법이 아니라 맹신을 벗어나기 위한 방법이라는 점을 유의하기 바란다.

사고 연습 1: 인류 생활 향상을 위해 노력하라

기업의 기본 구성요소가 사람이라면 사람이 진보하는 데 도움이 되는 것은 기업의 개선에도 도움이 될 것이다. 필자가 보기에 조직은 개인, 하위 그룹과 상호작용, 그리고 전체 집단과 외부 세상과의 상호작용으로 구성되어 있다. 필자는 새로운 프로그램이나 혁신 과제가 조직에 도움이 될 것인지 해를 끼칠 것인지 판단하기 위해 다음과 같은 가이드라인을 활용한다. 다음과 같은 항목을 충족한다면 어떤 과제든 도움이 될 것이다.

1. 관계의 개선

프로세스 리엔지니어링 중 필자가 거둔 가장 큰 성공은 서로 다른 업무 영역 간의 관계를 개선한 프로젝트였다.[2) 프로세스 리엔지니어링의 초기 과제 및 품질 분임조 활동을 통해 사람들이 모여 문제를 해결하고자 노력하고 정보를 공유하여 큰 성과를 거두었다.

인재 관리 체계의 가장 큰 문제점은 인간관계를 서류 작업과 등급을 매기는 것으로 대체한다는 것이다. 필자가 보기에 여러 지식경영(Knowledge Management) 활동이 실패하는 이유도 이와 유사하다고 본다. 다른 사람들로부터 배우는 과정을 문서로 대체하려고 하기 때문이다. 누군가 교육을 위해 추가적인 예산을 확보할 수 있다고 할 때 필자가 항상 추천하는 것은 의사소통 교육이다.

조직의 계층 구조 내에서 개방적이고 솔직한 대화가 가능하고 편안할수록 해당 조직의 문제와 이슈는 빨리 가시화되고 해결이 가능해진다. 필자의 경험으로 볼 때 기업의 여러 가지 문제들은 의사소통의 부재에서 비롯되며 컨설턴트로서 필자가 주는 가치는 부문 간 또는 계층 간의 의사소통 통로가 되는 데에 있었다. 그렇다면 굳이 비싼 컨설턴트를 고용하여 상호 커뮤니케이션 할 필요는 없지 않은가?

여러분이 도입하려는 프로그램이나 과제가 상호 간의 관계를 개선하는 것이라면 효과를 볼 것이다. 그러나 인간관계를 다른 것으로 대체하는 성격의 과제라면 원하는 효과를 기대하기 어렵다.

2. 판단력의 강화 또는 사고의 확장

더 나은 정보, 더 많은 통찰력, 더 분명한 보고서 등 의사결정 및 판단을 돕는 모든 과제가 이에 해당된다. 공급망 자동화는 모든 공급사와 판매사들이 동일한 정보를 공유하고 그에 따라 결정을 내리기 때문에 관련자들에게 큰 이점을 가져다 주었다. 전략적 계획 수립은 지식의 증대에 도움이 되며 지표 설정 역시 그러하다.

문제가 되는 것은 이러한 도구를 가지고 판단력을 대체하려고 할 때이다. 인간이 가진 분석력, 정보 수집력, 종합 및 의견 도출에 버금가는 역량을 가진 보고서나 정보 시스템은 존재하지 않는다. 자동화된 음성 안내와 표준화된 응대 스크립트에 따라 버튼을 눌러야 하는 자동 콜센터 서비스를 싫어하는 사람들은 많다. 그것이 인간의 판단력을 기계로 대체하기 때문이다. 물론 공통적인 문제에 대한 정보나 고객 접촉 이력에 대한 데이터베이스는 상담사가 고객의 문제를 해결할 수 있도록 판단을 지원한다는 점에서 큰 도움이 된다. 그러나 이러한 정보를 체크리스트로 제공할 때, 고객 응대 시 고려해야 할 질문을 체크리스트로 제공하는 것과 각 항목에 대해 수행 여부를 기록하도록 하는 것 사이에는 커다란 차이가 존재한다.

전자의 경우 추가적으로 질문을 덧붙이는 것에 문제가 없다. 이를 통하여 더 많은 생각을 할 수 있기 때문이다. 그러나 각 항목마다 이를 수행했는지 안 했는지 기록하고 점수를 매겨 계산하도록 한다면 누구든 부담감 때문에 체크리스트를 최대한 짧고 단순하게 만들려고 할 것이다. 결국 잘못된 구조로 인하여 막상 고객 응대를 위한 지원 정보는 불충분하게 된다. 그러므로 여러분이 추진하는 과제가 사고의 질을 높이도록 하되 사고를 대체하는 도구를 찾는 것이 되지 않도록 주의해야 한다.

3. 직원들이 삶을 즐길 수 있는 환경의 창조

이는 사무실 집기의 변경, 회사 워크샵 개최 등 작업장을 즐거운 곳으로 만들고자 하는 여러 노력과 관련되어 있다. 필자는 기업이 직원들의 삶을 개선하기 위해 하는 노력이 궁극적으로는 고객과 지역사회, 그리고 주주와의 관계 개선에 영향을 미친다고 본다.

인류의 일원으로서 우리는 서로를 도와 삶을 더 나은 것으로 만들 책무를 갖고 있다. 문명이 발전함에 따라 인종학살이나 노예제도 같은 관습은 거의 폐기되었다. 그렇다면 월급을 받는다는 이유로 직장에서 노예 상태를 감내할 이유도 없다. 필자는 시끄럽고 더럽고 오염되었으며 냉난방이 되지 않는 끔찍한 작업장을 본 적이 있다. 이곳의 직원들은 주기적으로 병가를 냈고 쉬기 위해 여러 가지 이유를 둘러댔다. 독자 여러분이라면 그러지 않겠는가?

한편 깨끗하고 공조 시설이 완벽하며 소음이 통제된 공장도 본 적이 있다. 이곳에서는 습관적 결근 같은 문제가 없었다. 오늘날 긴 근무시간, 짧은 휴가, 자리에서 점심을 먹으며 일하는 것이 관습이 된 스트레스 높은 직장 환경에서 비용의 절감을 이유로 직원들을 노예처럼 취급하는 것을 정당화하는 것은 불합리하다.

이것은 또한 비즈니스적 관점에서도 좋을 것이 없다. 직원들에게 휴식과 운동, 주기적인 여유시간을 주어야 이들이 적절하게 사고하고 생산적일 수 있기 때문이다. 필자는 지금까지 몇 가지 비용 절감 과제에 참여한 적이 있는데, 이러한 유형의 활동에서 흔히 제일 먼저 절감하는 것은 무료

커피, 식비 지원, 헬스장 할인 같은 직원 혜택들이다. 그러나 이러한 혜택을 절감한 후에 기업들이 깨달은 것은 이런 요소들이 생산성 향상 장치들이라는 사실이었다. 직원에 대한 투자가 매출과 이윤의 증대 같은 기업 성과에 좋은 영향을 미친다는 연구 결과는 이미 충분하다.

4. 고객의 삶을 개선하기 위한 노력

직원들을 잘 대하는 것이 궁극적으로 고객들에게 봉사하기 위한 최상의 방책이라고 생각하지만, 고객을 속이는 회사들에 대한 이야기도 들었기 때문에 이 안건을 목록에 포함하였다. 자신을 위한 돈을 버는 것만이 목적이라면 지속적인 기업의 창조는 불가하다. 무언가 가치 있는 것을 만들기 때문에 돈을 벌 수 있는 게 아니겠는가? 가치 있는 것을 이루겠다는 것과 돈만을 위해 사업을 한다는 것은 확연히 다른 일이다.

우리는 이윤이 높기 때문에 애플사의 제품을 구매하는 것이 아니며 제약회사들의 주식 배당이 높기 때문에 약품을 구매하지도 않는다. 조금이라도 그 제품들이 우리 삶을 더 낫게 만들기 때문에 이를 구매하는 것이다. 구매를 통해 삶이 더 나아질 수 있다고 믿는다면 소비자가 돈을 쓰는 일은 그리 어렵지 않다. 필자의 경험으로 어떤 기업이 더 훌륭한 서비스를 제공하는 것보다 더 이윤이 높은 프로젝트를 수주하는 것에 대해 더 많이 이야기할 때, 또는 생명을 구하는 의약품을 만드는 일에 대해 논하는 것보다 그 약품이 가져올 수익에 대해 더 많은 이야기를 할 때가 바로 그 기업의 쇠퇴가 시작되는 시점이다. 돈은 수단, 즉 성공을 위한 수단이며 목표가 될 수는 없다. 이를 목표로 삼는 기업은 가치의 창출을 무시하게 되는 위험에 처하고 결국 망할 수밖에 없다. 독자 여러분이 추진하는 과제가 세상에 가치를 더하는 일에 집중한다면 이는 여러분의 기업에도 가치를 가져오는 일이 될 것이다.

사고연습 2: 다른 맥락에서 바라보라. 내 개인 생활이라면 어떻게 할까?

이것은 흔한 혁신 사고연습 중의 하나로 해법이 필요한 문제를 다른 맥락에서 바라보는 것이다. 예를 들어 시장에 상품을 빨리 출시하기 위한 방법을 찾고 있다고 하자. 이때 집을 짓거나 조각상을 조각하는 등 무엇을 제작하는 작업을 어떻게 빨리 진행할 수 있는지 살펴보고 이를 상품 출시에 응용하는 것이다. 필자의 경우 어떤 프로그램이나 혁신

과제가 기업 내에서 효과적일지 판단하기 위해 이것이 자신의 개인 생활에서는 어떠할지 생각해본다. 사생활에서 효과적이지 않은 것은 기업에 있어서도 효과적이지 않을 것이라 생각하기 때문이다. 지금까지 필자가 설명한 내용을 개인의 인생에 빗대어 생각해 보자.

전략 기획 및 계획 수립

사라는 아이비리그를 졸업하고 현재 유명한 컨설팅사에서 일하고 있다. 이 회사는 사라에게 MBA를 취득하라고 권하고 있는데 그녀는 앞으로 인생을 어떻게 꾸려가야 할지 막막하다. 지금까지 그녀가 가장 맘에 들어했던 컨설팅 프로젝트는 공공정책에 관련된 것이었다. 그녀는 인생 상담가들을 고용하여 앞으로 5년간의 인생 계획을 수립하기로 결정했다.

이 상담가들은 사라와 그녀의 가족 및 친구들을 인터뷰한 다음 그녀가 뉴욕대 로스쿨에 진학하여 국제법을 전공해야 한다는 계획을 세웠다. 그 이후에는 저명한 글로벌 로펌에 입사하여 전 세계로 출장을 다니며 일하다가 파트너와 결혼하여 아이를 낳고, 아들 하나 딸 하나를 키우면서 파트타임으로 변호사 일을 한다는 계획이다. 그런데 만약 누군가 사라에게 인생에 한 번밖에 없을 세계은행에서 일할 수 있는 해외 프로젝트를 권한다면 어떻게 될까? 이는 인생 상담가들이 세워 놓은 그녀의 5개년 계획을 벗어나는 일이다. 과연 그녀는 세계은행 프로젝트에 참여해야 할까?

베스트 프랙티스 프로세스의 도입

가계의 재정 상태를 검토한 결과, 독자의 가족이 버는 것보다 더 많은 돈을 쓴다는 것을 발견했다. 당신이 꽤 많은 돈을 벌고 그다지 비용이 나가는 것이 없다는 점에서 이는 놀랄 만한 일이다. 분명 누군가 너무 많은 돈을 쓰고 있는 것이다. 당신은 가족에게 예산 개념을 주입시키고자 인터넷을 뒤져 예산 신청 템플릿을 사용하기로 했다.

그날 저녁, 식사 후에 당신은 예산 신청서를 보여 주면서 앞으로 돈을 쓰려면 이 신청서를 작성해야 한다고 말했다. 한달 후에 가계부를 살펴보니 여전히 적자였다. 모든 식구들이 예산 템플릿을 사용하고는 있지만 일부 비용 입력이 누락되었다. 이에 당신은 개인 회계관리 프로그램인 퀵큰 (Quicken)을 구매하고 모든 사람들의 컴퓨터에 설치했다. 이후의 금전 거래는 자동으로 기록될 것이었다. 다시 한 달이 지난 후 보고서를 보니 아직도 적자 상태였다. 퀵큰에 나타난 금전거래는 너무 많은데 분류가 제대로 되어 있지 않았다. 이에 대해 당신은 더 복잡한 처리가 가능한 소프트웨어를 구매하여 이 프로세스를 강제해야 한다는 판단을 내렸다!

수치목표 설정

래리는 어린이 축구팀의 코치이다. 이 팀은 작년 성적이 부진했기 때문에 래리는 어린이 선수들의 의욕을 고취하기 위해 올해에 몇 가지 정책을 펼치기로 했다.

몇 번의 테스트 이후, 래리는 선수들을 포지션에 배치하고 각자에게 개인 목표를 주었다. 즉 포지션에 따라 세이브를 몇 번해야 하는지, 몇 골을 넣어야 하는지, 방어를 위해 몇 번 움직여야 하는지 할당한 것이다. 매 경기마다 수치목표가 부여되었고 전체 시즌에 대한 목표도 정의되었다. 이를 초과 달성한 아이들에게는 경기 이후 아이스크림을 보상으로 주었다.

정해진 목표를 달성한 아이들은 아이스크림을 받았으며 목표를 달성하지 못한 아이들은 동료들이 아이스크림을 먹는 모습을 지켜보기만 해야 했다. 이 팀의 운명은 어찌 되었을까?

인사 고과

당신의 아이들이 생각만큼 성적을 내지 못하고 있다. 이에 당신은 올해부터 아이들의 태도와 학업성취도를 12월에 검토하고 이들이 더 나은 성적을 받기 위해 해야 할 일에 대해 논의하고자 한다. 아이들의 개선을 위해 당신은 이들의 학업성적, 체육성적, 사회적 리더십, 사업적 재능 등에 대해 등급을 매길 것이다.

당신은 아이들이 성공적인 인생을 살기 위해 이 영역들 모두에 대해 최소 일정 수준의 역량을 확보하기를 기대한다. 연말의 등급 평가는 아이들의 새해 용돈에도 반영될 예정이다. 이렇게 자라난 아이들은 장래에 어떤 정신과 치료를 받게 될까?

성과 코칭

당신은 아이들의 성적 개선 외에 남편의 성과도 제고하기로 마음먹었다. 남편은 설거지를 잘 하지 않는데 그 점이 매번 당신의 눈에 거슬린다. 이에 여러분은 이 문제를 해결하기 위한 인적관계 스킬에 대한 강좌에 참여한 다음, 여기서 배운 ASCA(승인을 구하고, 자세히 말하며, 결과에 대해 설명하며, 행동하게 하는 코칭 모델) 피드백 모델을 활용하기로 했다.

그 결과 남편은 설거지를 앞으로 열심히 할 것이라 약속했으나 말뿐이었다. 피드백을 읽어보니 아마도 조치 사항을 자세히 기술하지 않았기 때문인 것 같다. 이에 당신은 남편이 언제 어떻게 설거지를 해야 하는지 기술한 상세한 행동 계획을 만들어 남편에게 전달하였다. 그런데 남편이 이 계획서를 보고 당신에게 화를 낸다. 이렇게 코칭이 불가능한 남자라면 이혼을 생각해야 할지도 모르겠다.

성과부진에 대한 조치 계획

쟌은 직장 관계로 이사가 잦았고 이에 따라 아이들도 자주 전학해야 했다. 다행히 쟌의 아이들은 꽤 총명했고 새로운 학교에 잘 적응했기 때문에 성적도 나쁘지 않았다. 그러나 지난번 이사 이후로 큰딸의 성적이 너무나 좋지 않다. 큰딸은 축구와 치어리딩에 흥미가 없는데 이번 학교는 두 분야에 대한 관심이 지대하다.

그녀는 교사들이 수업에서 축구를 예를 들어 설명한다며 불만이 많다. 쟌은 또한 그녀가 이러한 경기에 참여하지 않기 때문에 괴롭힘을 당하는 것은 아닌지 걱정이다. 훌륭한 부모로서 다른 학교로 전학시켜야 할까, 아니면 딸의 성적을 올리기 위한 조치 계획을 작성하는 것이 맞을까?

리더십 진단 및 육성 프로그램

당신은 미국의 정치가 너무나 맘에 들지 않는다. 선거에 출마하는 후보자 중 어떤 사람은 리더로서의 자격이 없는 것 같다. 왜 정치계는 민간기업의 예를 따르지 않는 것일까? 고등학교를 졸업하기 전에 모든 학생들에게 리더십 진단을 수행하자. 여기서 점수가 높은 학생들만 골라 아이비리그에 보내 법학이나 공공정책을 전공하도록 하는 것이다. 이렇게 한다면 지속적으로 훌륭한 정치 리더 후보자들을 확보할 수 있을 것이다.

마지막으로 가장 멍청한 시나리오-컨설턴트 선택

결혼 생활 10년에 아이도 둘이나 있다. 당신과 배우자는 재정문제, 집안일, 친밀감의 부족 등 여러 가지 이유로 최근 부부싸움이 잦다.

어젯밤에도 한바탕하고 난 이후 당신은 심하게 울었고 결국 두 사람은 부부관계의 해결을 위해 마음을 열고 대화하기로 했다. 당신 부부는 아직도 서로를 사랑하고 있으며 아이들을 위해서라도 문제를 원만하게 해결하고 싶은데 둘만으로는 어려워 외부의 도움을 청하기로 했다. 이에 결혼 상담을 받아보기로 했다. 많은 조사와 추천을 통해 다음과 같이 5명의 상담사 후보를 정했다. 당신이라면 어느 상담사를 선택하겠는가?

- **상담사1**-모든 부부 문제를 해결할 수 있는 확실한 5단계 프로그램을 제시하며 프로그램 내내 참여할 것을 약속했다. 1단계 과정은 웹 사이트에 이미 올라와 있으므로 집에서도 시작할 수 있다.
- **상담사2**-이 상담사는 어린아이가 있는 부부간의 갈등 해결을 전문으로 한다. 다른 부부들과의 경험을 바탕으로 당신의 문제점을 잘 알고 있는 것 같다. 그녀는 당신이 무엇을 하면 될지 설명하는 메뉴얼을 줄 것이고 이 자료에 대해 궁금한 점이 있을 경우 2회의 면담을 제공한다.
- **상담사3**-부부의 상태를 진단하는 특허 방법론을 갖고 있다. 이 상담사는 진단 결과와 자신의 표준 부부관계 해결책을 조합하여 당신에게 맞는 해결책을 제시할 것이다.
- **상담사4**-이 사람은 저명한 여러 책의 저자이다. 상담비도 높고 원한다고 하여 즉시 상담을 받을 수도 없다. 그래서 이 상담사는 결혼생활 상담의 모든 측면을 단계별

로 검토할 수 있는 소프트웨어 프로그램을 구매하라고
권하고 있다.
• 상담사5—이 상담사는 당신 부부와 마주앉아 어떤 문제를
갖고 있는지 경청하는 것부터 시작하겠다고 한다.

사고연습 3: 비즈니스 은어를 사용하지 말고 정확히
의도한 바를 말하라

여러 비즈니스 문제의 원인은 비즈니스가 사람들이 모인
다른 조직과는 다르기 때문에 비즈니스 이슈와 해결책이 그
실상과는 다른 것이어야 한다는 잘못된 믿음에서 비롯된다.
우리가 말하는 방식도 일정 부분 이 잘못된 신념 체계를 조
장한 면이 있다.

비즈니스 세상은 애매한 은어로 가득 차 있으며 이 책에
서도 너무나 많은 은어를 사용한 점에 대해 독자 여러분께
송구스러울 따름이다. 비즈니스 은어를 농담거리로 삼은 적
은 많지만 우리가 사용하는 말이 빚어낸 결과에 대해서는
깊이 생각해 본 적이 없다고 고백하고 싶다. 우리가 사용하
는 단어는 우리가 사고하는 방식을 결정한다.

그렇기에 정치계에서는 정치인의 언론 인터뷰나 대중연

설에 사용되는 어휘와 내용의 수위 및 방향을 조언하여 주는 이른바 스핀 닥터(Spin Doctor)들이 큰 인기를 얻고 있다. 비즈니스에 대해 생각하는 방식을 바꾸는 가장 쉬운 방법은 이에 대해 말하는 방식을 바꾸는 것이다. 필자가 이 책에서 펼치는 내용에 대해 주변 지인들에게 설명하면 보통은 다음과 같은 대답을 듣는다. 예를 들어 전략 기획이 당사자의 사고를 제한할 수도 있다고 하면 그들은 필자가 현실을 간과하고 있다며 이렇게 이야기하는 것이다.

"전략적 계획이란 살아 있는 문서가 되어야 해." 살아 있는 문서(Living Documents)라고? 해리 포터 영화가 아니고서야 필자는 살아 있는 문서를 본 적이 없다. 그리고 그것이 문제이다.

전략 기획을 현행화하기 위해 직원을 할당하거나 현행화를 가능하게 하는 프로세스를 실현하는 대신, 경영진은 모든 요구는 기각한 채 "그건 살아 있는 문서야"라고 말할 뿐이다. 이는 아무도 현행화할 리 없는 마법의 문서를 운운하며 해야 할 임무를 포기하는 행동과 다를 바 없다.

필자가 수치 목표 및 성과 보상이 악의적 행동을 야기한다고 설명할 때도 그에 대한 반응은 "그렇지 않고서야 직원들의 발에 불을 붙일 수 있는 뾰족한 수가 있는가" 하는 대답이었다. (원문은 hold people's feet to the fire. 포로의 발에 불을 가져다 대고 고문하여 정보를 얻어내는 심문기법에서 비롯된 말로 압박을 가하는 행동에 대한 상투적 영어 표현이다-역주)

윽! 왜 직원들을 고문하려고 하는가? 고문의 큰 문제점은 진실 여부에 상관없이 원하는 대답을 들을 수 있다는 것이다. 지표 목표를 수립하면 기대하지 않은 방향으로 목표가 달성되는 성과 체계의 부정적 결과와 별반 다를 바 없다.

우리는 자신이 사용하는 언어에 주의를 기울여 완곡한 어구나 격언으로 윤색하지 않고 명백하게 진실을 말해야 한다. 그렇지 않으면 문제의 원인을 해결하지 못하고 증상만을 다루게 될 것이다. "효율성을 창조한다"는 것은 직원의 해고를 의미한다. '구조조정'이란 더 많은 직원을 해고하는 것이다. 사물을 있는 그대로 부르지 않는다면 이를 완전히 이해할 수도 없고 적절한 대응도 불가하다. 필자가 지금까지 설명한 주제와 이를 어떻게 설명할 수 있는지 〈표 2〉에 정리하여 보았다. 사용하는 용어가 바뀜에 따라 생각이 어떻게 바뀌는지 살펴보라.

은어를 사용한 표현은 듣는 사람이 오해하게 하거나 사고를 제한하는 데 반하여, 이를 실제 의미대로 표현하면 문

표 2 비즈니스 은어의 실제 해석

비즈니스 은어	실제 의미
'미래 비전의 창조' 멋진 말입니다. 그 누가 미래 비전에 동참하고 싶지 않겠습니까?	'미래를 예측하고 그 예측을 현실로 만들기' 이렇게 보니 애매모호한 점이 있는데요. 그다지 참여하고 싶지 않습니다.
'비즈니스 프로세스 리엔지니어링' 동떨어진 상자들이 여기저기 흩어져 있고 누군가 이를 고치기 위해 도구를 사용하는 이미지가 떠오릅니다.	'사람들이 일하는 방식을 개선하기' 아 생각과는 많이 다르네요. 이에 대해선 우리같이 이야기 해보죠.
'SMART 방식의 목표 설정' 당연히 업무 목표는 스마트하게 설정해야죠.	'성취하고자 하는 목표를 설정했지만 결국 다른 목표로 뒤바뀌는 현상' 아니 그걸 왜 해야 한다는 거요?
'인센티브 성과 보상'[3)] 당연히 직원들에게 보상을 해야죠. (특히 이를 성과 보상 '체계'라고 하면 더 멋지더라구요)	'돈을 가지고 사람을 조종하기' 결과가 좋지 않을 것으로 보이는 좀 얄팍한 수단 같습니다.
'성과관리체계' 이건 당연히 우리 회사에 필요할 것 같아요.	'개인과 팀의 작업을 개선하기' 서로 대화해야만 가능한 일이겠죠.
'낮은 성과' 개인별로 성과 달성 계획이 필요하겠군요.	'역량 부족(또는 직무 부적합)' 이 직원에게는 교육을 시키든지 다른 직무로 배속시키는 일이 필요합니다. 다른 조치가 효과가 있을 것 같지는 않군요.
'리더십 개발' 꼭 필요한 일입니다. 지속적으로 미래의 리더를 육성해야 합니다.	'리더를 만들어 내기 위한 절차' 대체 이걸 어떻게 해야 하나요? 누구 아시는 분 계십니까?
'핵심 역량' 대체 핵심 역량이란 말의 의미가 뭡니까?	'직무 기술' 직무에 필요한 기술은 정말 많고 한 사람이 다 알 수는 없는 일이죠. 그리고 항상 지속적인 현행화가 필요한 건입니다.

제점이 명확해진다. 우리가 추방해야 할 또 다른 진부한 문구는 "최저 수익을 확보하라", "주주 가치를 최대화하라" 등의 말들이다. 필자가 3장에서 체중 감량과 건강한 생활방식의 비유를 통해 설명한 바와 같이, 우리는 마법의 다이어트를 원하지 않는다. 우리가 원하는 목표는 건강한 기업을 만들고 유지하는 것이기 때문이다. 건강한 기업을 만들기 위한 활동과 엑셀 상에서 수치를 조정하는 활동은 그 성격이 다르다. 건강한 기업이란 건강한 환경에서, 건강한 관계를 가진, 건강한 사람들로 가득한 건강한 조직이다.

원하는 바를 정확하게 이야기하지 않고 애매한 용어로 둘러대는 것은 비즈니스계에 만연한 특유의 질병이며 지금이라도 이 병의 전염을 중단시켜야 한다. 필자의 다른 컨설팅 동료들 역시 이러한 은어 사용에 질색하지만, 이 질병의 원인은 아마도 경영 컨설팅 업계 때문인 것 같다. 필자 같은 경영 컨설턴트들이 이러한 문구를 창안해냈다. 애매한 비즈니스 은어들은 컨설턴트들이 창안하거나 대중화시킨 서적들과 방법론으로부터 기인한 것이다.

이 문제에 있어 요점은 사람들이 컨설턴트들에게 이른바 경영 사고 리더(Thought Leader)로서의 역할을 기대하며, 이들이 보이는 사고 리더십에 따라 고용인들의 등급을 평가하고 보상한다는 점이다.

그렇다면 이 사고 리더십이라는 것은 무엇일까? 사고라는 것은 우리가 머릿속으로 생각하는 것이고 리더십이란 다른 이들이 자신의 의견을 따르도록 설득하는 일이다. 컨설턴트들은 먹고 살기 위한 구도를 정말 제대로 만들었다. 이렇게 쉬운 일을 잘 포장하다니. 독자 여러분의 삶을 무의미한 은어와 부질없는 프로그램, 잘못된 모델로 가득하게 만든 모든 경영 컨설턴트들을 대신하여 사과의 말씀을 드린다.

컨설턴트와 함께
일하는 것에 대하여

필자는 경영 컨설턴트와의 협업을 피해야 한다고 주장하고 싶지 않다. 린 경영(Lean management)과 아웃소싱(Outsourcing)이 대세를 이루는 현 시대에 외부 컨설턴트를 활용하지 않는 것은 거의 불가능하다. 컨설턴트의 활용은 일반적 기업 운영이 아닌 특수한 프로젝트를 수행하려는 경우 매우 유용하다.

필자도 현업으로 이직한 이후 사무실에 드나드는 경영 컨설턴트들이 눈에 보이지 않았으면 하는 때도 있었지만 오히려 외부의 전문가를 활용하고 싶었던 경우도 매우 많았다. 또한 유급으로 개인 트레이너나 영양사를 고용하면 그 비용 때문에라도 그들의 조언을 듣는 경향이 있는 것처럼, 때로는 컨설턴트를 통해 외부의 신선한 관점을 조직에 불어넣어야 할 때도 있다.

한편 경영 컨설턴트로서 상호 Win-Win이 아닌 Lose-Lose의 상황도 있었다. 특히 고객사가 뒤에 감춘 속내가 있거나 책임을 회피하고자 할 때 이러한 상황이 야기될 수 있다. 클라이언트가 저지를 수 있는 최악의 선택은 자신을 대신하여 컨설턴트가 생각하도록 하는 것이다.

물론 컨설턴트는 분석, 제언, 외부로부터의 전문지식, 주어진 상황에 대한 새로운 방식을 제공할 수 있으나 기업의 성공과 실패는 조언자가 아닌 고객사의 당사자가 책임지고 결정해야 한다.

또한 고객사가 자사 직원들의 조언을 신뢰하지 않아 외부 컨설턴트를 부르는 경우에도 상호 Lose-Lose의 상황이 발생한다. 이러한 경우 컨설턴트들은 프로젝트 사이트로 들어간 첫날부터 실무자들의 불쾌함을 피부로 느낄 수 있다. 물론 더 최악인 경우는 경영진이 하위 조직에서 보고하는 의견을 맘에 들어 하지 않아 컨설턴트를 통해 상부의 의견을 강요하는 상황이다.

독자 여러분에게 이야기하지만 돈만 지불하면 원하는 이
야기를 해줄 사람은 언제든지 찾을 수 있다. 컨설턴트 활용
이 조직에 유익한 경우와 무익한 경우를 〈표 3〉에 정리했다.

표 3 컨설턴트가 필요한 상황

컨설팅이 필요한 경우	컨설팅이 필요하지 않은 경우
프로젝트가 정치적이며 객관적 조언을 제공하기 위해 외부의 제3자가 필요한 경우.	해당 프로젝트는 당신이 꼭 해야 하는 일이지만, 업무량 때문에 추가적인 인적 자원이 필요한 경우.
다른 사고방식으로부터 이점을 얻을 수 있는 경우.	조직 내에서 그다지 인기가 없는 자신의 의견을 위해 외부자의 찬성이 필요한 경우.
기업 내에 특정한 전문성이나 경험이 부재한 경우.	의사 결정을 내리기 어려워 컨설턴트를 고용하여 이를 대신하려는 경우.
프로젝트를 완수하기 위한 인적 자원이 부족하고 추가적인 도움이 필요한 경우.	문제 해결에 그다지 관심이 없으나 압박이 심하여 이 부담을 컨설턴트들에게 넘기려는 경우.
프로젝트에만 집중하여 완료할 수 있는 프로젝트 리더가 필요한 경우.	해당 과제가 썩 내키지는 않지만 회사의 관여 없이 당신을 대신하여 다른 누군가가 일을 해주기를 원하는 경우.
조직 내의 의사소통이 어려워 제3자가 계층 및 부문 간의 통로 역할을 해야 하는 경우.	조직 기능에 문제가 있어 다른 이가 이를 해결해야 하는 경우.
신선한 인물들과 새로운 아이디어가 피로한 조직에 활기를 불어넣을 수 있는 경우.	내부 직원들의 제안이 맘에 들지 않고 컨설턴트가 가져오는 멋진 해결책을 원하는 경우.

성공적인 컨설팅 프로젝트는 성공적인 파트너 관계의 결과로 진정으로 양방향의 관계가 되어야 한다. 그러므로 독자 여러분이 컨설팅을 받는다면 상호 관계 설정이 편안한 컨설턴트를 선택하라.

물론 대부분의 컨설턴트들은 고객사를 돕고자 하는 마음을 갖고 있다. 그러나 이 업계에는 영리하지만 오만한 사람들의 비율이 좀 높은 편이다. 이러한 사람들과는 건설적인 상호 관계 유지가 불가능하다.

한편으로 주의해야 할 점은 선의를 가진 컨설턴트들 중 많은 이들은 자신들이 만들어낸 미신적 우상을 실제로 맹신한다는 것이다. 필자 역시 수많은 경영 모델과 관리 방법론 등을 신앙처럼 믿었다. 이러한 우상적 체계가 제대로 동작하지 않을 때에도 이 컨설턴트들은 특정한 단계가 누락된 것이라며 다시 열심히 해보자고 조언하는 경우가 많다.

그러므로 독자 여러분께서는 조언이나 해결책을 내놓기 전에 여러분들의 의견을 경청하고 조사하며 분석하고 탐색하는 컨설턴트들을 선택하도록 권한다. 컨설턴트를 선택할 때 고려해야 할 사항을 〈표 4〉로 정리했으며 도움이 되길 바란다.

표 4 컨설턴트 선택 시의 주의점

적합한 유형	부적합한 유형
잠재적인 해결책을 제시하기 전에 전면적인 현황 분석이 필요하다고 말하는 컨설턴트.	현황 분석을 중요시하지 않으며, 어느 상황에나 사용할 수 있는 방법론 및 해결책을 제시하는 컨설턴트.
과업에 대해 설명하고 접근방법을 미리 제시하며 고객사에게 바라는 점을 먼저 말하는 컨설턴트.	외계어로 말하는 컨설턴트. 평범한 말로 설명하지 않는 이들은 자신이 뭘 하는지 모르거나 자신이 뭘 하는지 고객사가 알지 않았으면 하는 컨설턴트들이다.
과제의 개선 효과에 대해 예측하기 전에 분석이 필요하다고 주장하는 컨설턴트. 이 경우 금전적 효익에 대해 상세히 설명하며 추정 범위를 함께 제시한다. 가정 사항은 명확히 목록화되어 있고 그 추정치는 과장되지 않은 합리적인 결과로 보일 것이다.	프로젝트에 착수만 해도 대단한 효익을 얻을 수 있다고 약속하는 컨설턴트와 효과가 없을 때 컨설팅비를 반환하겠다는 상품이나 서비스. (예를 들어 경력직 직원을 해고하고 비용이 낮은 신입을 뽑으라는 제언을 할 수도 있다.)
넓은 분야의 경험을 갖고 있으며 다양한 해결 방식을 알고 있는 컨설턴트. 컨설턴트가 꼭 당신의 업계에 대한 경험을 가져야 하는 것은 아니다. 물론 업계를 이해하는 컨설턴트도 도움이 되지만 다른 시각으로부터 이점을 얻을 수 있다. 무엇보다도 여러분이 신뢰할 수 있는 판단력을 가진 컨설턴트를 선택하라.	현실세계의 경험이 없는 컨설턴트. 경험이 없다면 이들이 줄 수 있는 것은 방법론뿐이다. 그리고 이들은 방법론이 적합하지 않을 때 그것을 알아차릴 경험이 없다.
고객사인 당신의 말을 경청하고 솔직하게 이야기하는 컨설턴트. 이는 모르는 것이 있다면 당신에게 말하는 사람을 말한다.	모든 것에 대해 답을 가지고 있으며 언제나 당신이 필요로 하는 경험을 갖고 있는 것처럼 보이는 컨설턴트. 분명 솔직한 사람이 아닐 것이다.
당신이 신뢰하는 사람.	당신이 신뢰하지 않는 사람.

주

1) 프레드릭 테일러에 대한 정보는 그가 저술한 『과학적 관리법Principles of Scientific Management』(방영호 외 역, 21세기북스)과 매튜 스튜어트의 『위험한 경영학The Management Myth』(이원재 외 역, 청림출판)을 참고할 수 있다. 그의 전기에 대한 여러 웹 사이트의 글도 참조하기 바란다. -'Frederick Taylor and Scientific Management'(http://www.netmba.com/mgmt/scientific/), 'Frederick Winslow Taylor'(http://www.eldritchpress.org/fwt/taylor.html)

2) 해머와 챔피가 『리엔지니어링 기업혁명Reengineering the Corporation』(공민희 역, 스마트비즈니스)에서 언급한 바에 따르면 리엔지니어링 과제의 50~70%가 실패한다고 한다. 그들은 이 높은 실패율의 원인으로 지식 및 역량의 미흡을 들고 있으며 리엔지니어링이 그만큼 높은 리스크를 수반한다고 주장하였다.

3) M&A(인수합병)의 실패 확률이 높은 점에 대해선 여러 문헌에 언급되어 있다. HBR 웹사이트의 〈The Big Idea: The New M&A Playbook〉(http://hbr.org)은 M&A의 실패 확률을 70~90%까지 보고 있다.

4) 인센티브 보상의 실패에 대해선 앞서 언급한 호닥(Hodak)의 연구와 쿠퍼 (Cooper), 굴렌(Gulen), 라우(Rau)의 연구를 참고하기 바란다.

집필을 마치고 이 책의 내용을 간단하게 몇 가지 요점으로 요약하는 것을 시도하였다. 이는 여러 사람들이 부탁한 일 이었지만 필자에게는 정말 힘들었다. 만약 독자 여러분이 정말로 그러한 목록이 필요하다면 각 장의 제목을 참조하기 바란다. 사실 간단히 복사와 붙여넣기 하면 되는 매우 쉬운 일이기는 하다.

필자가 이렇게 망설이는 이유는 이 원고의 초안에 대하여 받은 비평 때문이다. 필자가 받은 질문 중 한 가지는 정말로 필자가 '전문가'라고 할 수 있느냐는 물음이었다. 물론 필자는 스스로 스마트하고 많은 지식을 갖고 있다고 생각하지만 '전문가'라는 말이 계속 마음에 걸렸다. 사실 필자가 어떤 분야의 전문가인지 헷갈리기도 한다.

필자는 몇 개의 블릿 포인트(Bullet Point)로 독자 여러분이 따라야 할 지침이나 교훈의 목록을 적고 싶지는 않다. 독자 여러분이 필자의 교훈을 그대로 수용하는 것을 그다지 원하지 않으며, 사실 필자의 조언을 액면 그대로 따르리라고 생각하지도 않는다. 권두에 밝힌 것처럼 필자는 어떤 도그마를 다시 만들어내고 싶지는 않다. 그러므로 독자 여러분께 당부드리는 것은 어떤 방법론이나 베스트 프랙티스, 비즈니스 해결책을 따르기 전에 그 결과에 대하여 스스로 생각해보라는 것이다. 다른 회사들이 그렇게 하고 있다고 해서 그 해결책이 옳다고 할 수는 없다.

　이 책 전체를 한 문장으로 요약하면 이러하다. "도그마를 믿지 말고 자신이 하고자 하는 일의 결과를 미리 생각하라." 백지에서부터 시작한다는 것이 얼마나 두려운 것인지 잘 알고 있으며 필자 역시 그것이 두렵다. 그러나 주변에 훌륭한 팀을 두고 함께 한다면 답을 찾을 수 있을 것이다. 사람이 문제를 만들기도 하지만 해결의 열쇠도 쥐고 있기 때문이다. 지금까지 읽어주신 독자 여러분께 감사드린다.

독자를 위한 경영이론 진위 판단표

경영 컨설턴트가 집필한 책이므로 스코어 카드 같은 것이 있지 않을까 기대한 독자도 있을 것이다. 필자는 여러분의 기대에 부응하여 수십 년의 커리어 경험과 독서 및 연구에 기반하여 일반적인 경영 관리 기법에 대해 진위를 판단할 수 있는 지침을 정리하여 보았다. 필자가 관련 분야에서 수행되는 모든 연구를 파악한 것은 아니기 때문에, 아래 지침의 정확성에 대해선 면책 조건을 요구하고 싶다. 그래서 필자는 이 지침을 지속적으로 현행화되는 '살아 있는 문서, 리빙 도큐먼트'로 제공하고자 한다.

아직도 컨설턴트 시절 말투가 입에 붙어 있다는 점에 대해 독자들에게 사과 드린다. 습관은 참 바꾸기 어려운 것 같다. 다시 쉽게 설명하자면 필자의 웹 사이트(www.imsorryibrokeyourcompany.com)에서 이 지침표를 찾을 수 있으며, 독자 여러분 스스로 조사하여 필요한 내용을 덧붙이면 될 것이다.

경영이론 진위 판단표

이론	진위 판단	출처
성과급이나 인센티브 보상은 직원들에게 동기를 부여하고 이들이 회사의 목표에 따라 노력하도록 만든다.	허위	다니엘 핑크, 마크 호닥, 알피 콘; 플로리안 에더러, 구스타보 만소; 제프리 페퍼; 마이클 쿠퍼, 후세인 굴렌, 라가벤드라 라우
목표에 수치나 지표를 붙이면 직원들의 의욕을 고취하여 성과를 제고할 수 있다.	허위	제프리 페퍼; 그렉 스토커; 리사 오르도녜즈, 모리스 슈바이처, 아담 갈린스키, 막스 베이즈 『Goals Gone Wild』; 마이클 젠슨
연간 인사고과, 특히 평가 등급이 부여되는 고과는 직원들의 성과 개선에 도움이 된다.	허위	톰 코엔스와 메리 젠킨스, 샘 컬버트, 트로이 그룹
기업이 성공하기 위해서는 우수한 전략이 필요하다.	증명되지 않음	전략을 수립하는 방법에 대한 논문은 많지만 이것이 꼭 필요하다고 밝힌 것은 없다.
리더가 되기 위해선 일정한 특성의 개발이 필요하다.	증명되지 않음	리더십 능력을 특정한 특성과 관련지은 연구는 많지만, 일부 추진력이나 동기부여에 대한 것을 제외하면 리더십 특성에 대한 일치된 견해는 존재하지 않는다.
훌륭한 직원 관리를 위해선 우수한 대인 스킬이 필요하다.	진실	구글의 산소 프로젝트 외에 많은 데이터가 제시되어 있지는 않으나 이 이론은 합리적인 가정으로 보인다. 또한 그 반증 이론도 없다.
종업원에게 투자하는 기업은 그렇지 않은 기업에 대비하여 성과가 향상된다. (교육 투자, 기타 스킬 개발 및 사기진작 활동 등)	진실	미 인적자원연구원(Human Capital Institute), Great Places to Work 연구소, ASTD 인재개발 연구소, Workplace Research Foundation 재단, 갤럽 조사, Workforce.com 연구 등

과학적 연구 방법에 대하여

경영은 과학이 아니지만 과학의 연구 방법으로부터는 여러 가지 시사점을 얻을 수 있다. 필자는 사실 과학을 사랑하며 이로부터 많은 것을 배웠다. 그리고 경영이 과학에서 눈여겨봐야 할 것은 과학 이론이 아닌, 연구를 수행하는 방법론일 것이다.

과학의 목적은 진실을 도출하는 것이다. 물리학은 원자 입자에서 우주의 기원까지 물리 세계를 지배하는 기반 법칙을 탐구하는 학문이다. 생물학은 생명을 이해하고자 하는 학문이며 화학은 분자 간의 상호 작용을 이해하는 데 주안점을 둔다.

과학은 어떤 법칙을 만들지 않는다. 사물이 어떻게 동작하는지 이해하고 새로운 정보에 따라 발견한 법칙을 꾸준히 바꾸어 나간다. 과학적 이론과 이데올로기를 혼동하는 사람이 많은데 이론이라는 것은 바뀔 수 있지만 이데올로기는 불변의 성격을 가진다. 그렇기 때문에 점성술이나 창조설은 과학이라고 할 수 없다. 이 분야들은 저변의 진리를 찾을 의도가 없는 고정된 신념 체계일 뿐이다. 그리고 이것을 신봉하는 사람들은 자신들의 신념을 만족시키기 위해 여러 가지 이론을 왜곡한다.

이른바 '경영 과학'의 현실 태도 역시 진리를 탐구하는 것에는 그다지 관심이 없는 것처럼 보인다. 그러나 필자가 이 책을 통해 인기 있는 경영 방법론들에 대한 허위성을 폭로하기는 했지만 과학적 연구 방법이라는 것은 올바르다고 증명된 바 있으며, 왜 사람들이 그렇게 일하는지 진실을 도출할 수 있는 유일한 방법론이기도 하다. 그러므로 우리는 비즈니스 상에서 이 연구 방법을 더욱 더 자주 활용할 필요가 있다.

과학적 연구 방법

과학적 연구 방법은 보통 4단계로 기술하지만 사람에 따라 추가적으로 상세화하여 6단계 혹은 7단계로 설명하는 경우도 있다. 이 책에서는 필자가 학교에서 배웠던 4단계 접근을 취할 것이다.

1단계 – 문제의 연구, 분석, 조사에 의한 정의

이것이 미국문화 특유의 증세인지는 모르겠으나 우리들은 행동지향적이고 해결책에 빨리 도달하고자 하기 때문에 문제를 이해하는 데 많은 시간을 보내지 않는다. 그러나 과학적 방법의 첫 단계는 문제를 정의하는 것이며, 문제를 정의하기 위해서는 그것을 이해해야 한다.

문제 정의는 다음 단계의 진행을 결정한다. 또한 문제의 근본 원인을 찾아 해결하는 것은 증상만을 해결하는 것에 비하여 수많은 시간과 비용을 아낄 수 있는 길이다. 문제의 증상만을 다루는 대증요법은 치료해야 할 새로운 문제를 야기하기 마련이다. 'How'에 몰두하기 전에 'Why'에 시간을 안배하여 장기적으로 문제 해결에 소요되는 시간을 줄이도록 하자.

몇 년 전 지역사회 대상의 자원봉사활동에 종업원들의 자발적 참여를 이끌어내기 위한 아이디어 연구 워크숍에 참여한 적이 있다. 여기에서는 상당히 창의적인 홍보 아이디어와 행동 지침이 도출되었다. 그러나 종업원들이 왜 자원봉사에 참여하려 하지 않는지에 대해서는 아무도 신경 쓰지 않았다.

행동 변화를 이끌어 내기 위한 변화관리 컨설턴트의 조언에 따라 문제점을 '방법' 중심의 양식으로 기술하였지만 우리들은 중요한 문제를 간과하고 있었다. 이후에 알게 된 일이지만 종업원들이 자원봉사를 꺼린 이유는 하급 직원이나 비핵심 인력만이 이러한 활동에 참여한다고 인식했기 때문이었다. 또한 많은 직원들은 봉사활동이 총무 업무를 담당하는 직원들이 승진하기 위한 기회라고 생각했다. 우리가 세션 중에 만든 브레인스토밍(Brainstorming)에 대한 계획과 결과는 종업원들의 고정된 인식을 바꾸는 것과는 거리가 멀었다. 우리가 사태를 잘 이해하고 있었다면 봉사활동에 중역이나 간부급 사원을 초빙하는 등의 계획을 세웠을 것이다.

2단계 - 조사결과에 기반하여 가설을 세운다

필자의 경험에 따르면 인간이 원인으로 발생하는 문제의 경우 원인은 이미 1단계에서 명백하게 드러나는 경우가 많으므로 2단계까지 필요하지 않은 경우가 많을 것이다. 그러나 쉽게 해법을 찾을 수 없는 경우에는 가설을 세워봄으로써 사고를 확장할 수 있다.

이 경우 특히 자신의 조사 결과에 따라 한 개 이상의 다양한 가설을 세울 수 있다는 점에 유의하자. 우리 모두는 가설을 생각할 때 여러 방안을 모색하는 것이 아니라 처음 떠올린 해법이 제대로 효과가 있을 것이라고 생각하며 더 이상 사고를 진전시키지 않는 습관이 있다. 처음 생각한 가설을 해법으로 수용하면 이후 이에 반하는 새로운 정보가 있어도 마음을 바꾸지 않게 된다. 그러므로 가설을 설정할 때에는 폭넓은 조사를 수행하여 너무 빨리 해답을 도출하지 않도록 주의해야 한다.

3단계 - 실험을 통해 가설을 검증한다

신제품 개발의 성공 비결은 빨리 완성시키는 것이 아니라 조기에 실패하는 것이다. 다시 말하면 효과가 없는 제품 기능을 미리 발견하여 이후의 과정에서 이를 제외하는 것이다. 그리고 경영 이론가들도 이러한 관행을 익혀 잘못된 이론은 제거해 나가야 한다.

그러나 여러 가지 경영 모델과 방법론은 점점 지식체계를 불려 나가고 있고 기업들은 모든 것을 구현하고자 욕심을 낸다. 더 심각한 것은 어떤 머리 좋은 컨설턴트가 관련성 없는 경영 모델의 개념들을 조합하고 또 다른 컨설턴트가 여기에 다른 내용들을 덧붙여 경영의 잡동사니를 만든다는 것이다. 가설을 잔뜩 모아둔 상태에서 아무리 수정을 가한다고 해도 그것이 제대로 기능한다는 보장은 없다. 과학자들은 가설이 옳지 않다고 판명되면 그 다음 가설을 실험한다. 경영 이론에 대해서도 과학자들과 유사한 관행이 필요할 것이다.

4단계 – 실험결과를 살펴보고 결론을 도출한 다음 3단계를 다시 반복한다

흔히 4단계는 '결론을 도출한다' 정도로 기술되는 경우가 많다. 그러나 많은 비즈니스 인들에게는 결론과 실험결과의 차이가 분명하지 않기 때문에 필자는 이 둘을 구분하여 설명하고자 한다.

과학적 연구 방법은 단 한 번의 실험으로 결론을 도출하기 위한 충분한 증거를 수집하는 것은 불가능하기 때문에 반복적인 과정을 거친다. 각 실험을 마치고 조사가 더 필요한 정보, 이른바 '실험결과(Findings)'가 도출된다.

지난 십 년간 다수의 응답자를 대상으로 한 설문 조사 수행이나 다양한 데이터에 대한 분석이 상당히 용이해진 상황에서 결과 분석의 중요성이 높아지고 있다. 데이터를 잘못 해석하여 그릇된 결론을 내리는 경우가 빈번하기 때문이다. 예를 들어 '상관성이 높다'라는 말은 두 데이터가 의심할 여지가 없는 인과관계로 묶여 있다는 뜻으로 사용되는 경우가 많지만, 그다지 결정적인 이유가 없이 데이터가 상관성을 보이는 경우도 많다.

예를 들어 주식시장의 향방을 예측하는 지표 가운데 하나인 '수퍼볼 인덱스(Super Bowl Index, SBI)'를 살펴 보자. SBI에 따르면 NFC(National Football Conference, 전미 프로미식축구 리그 National Football League의 하위 리그. NFL은 NFC와 AFC라는 하위 풋볼 리그로 나뉘어 있으며 수퍼볼 경기에서는 각 하위 리그의 우승팀이 승부를 겨루게 된다-역주) 소속 팀이 수퍼볼 경기를 이기는 해에는 주식 시장이 상승세였으며 이는 약 80%의 상관성을 보였다고 한다. 이것은 통계적으로 볼 때 꽤 높은 상관관계이므로 NFC 팀이 승리하면 주식을 사야 하는 것일까?

사실 SBI를 자세히 뜯어보면 각 변수 사이에 별 다른 관계가 없음을 알 수 있다. 전통적으로 NFC 소속 팀이 AFC(American Football Conference) 소속 팀보다 수퍼볼 경기에서 더 많이 우승을 거뒀으며 미국의 주식 시장도 하강 장세(Bear Years)인 경우보다 상승 장세(Bull Years)인 시기가 더 길다. 그러므로 어떤 해에 고른다고 해도 NFC가 우승하고 시장이 활황일 가능성이 높은 것이다. 결론적으로 높은 상관성을 보이는 두 변수 사이에 실제적인 관련은 없다고 할 수 있다.

그다지 오래된 일은 아니지만 한 대형 인재 관리 컨설팅 사의 대표와 그 회사의 리더십 진단 프로그램에 대해 전화로 통화한 적이 있었다. 통화를 하면서 그 대표는 자사의 리더십 진단 프로그램을 도입한 기업들이 높은 상관성을 가지고 사업적 성공도 거두었다는 이야기를 흘렸다. 더 자세한 설명을 요청하자 그녀는 통계적으로 분석했더니 대상 기업들이 매출 성장에 있어 업계 평균 이상의 성과를 거두었다고 했다. 그러므로 자사의 서비스를 도입한다면 기업들이 적어도 매출 성장 등의 관점에서 성공을 거둘 수 있다는 것이었다. 그러나 이에 대한 적합한 해석은 매출을 올려 여유 자금이 많은 기업들이 이러한 서비스를 받을 가능성이 높다는 것이 아닐까?

다른 가설은 직원들의 역량 개발에 투자하는 회사가 그렇지 않은 기업보다 더 높은 성과를 낼 수 있다는 것이다. 결국 리더십 진단에 의하여 기업들이 성공을 거둔다는 것은 증거에 의한 결론이라기보다 신념에 의한 비약이 아닐까 싶다. 독자 여러분이 만약 2개의 변수가 높은 상관성을 보이는 것을 발견한다면 더 많은 조사와 연구가 필요한 시점이라고 인식하여야 한다.

감사의
말씀

이 책이 결실을 맺을 때까지 도와주신 분들께 감사의 말씀을 드리고 싶다. 남편 Tom Hennigan은 언제나 최고의 조언과 함께 필자의 신경질을 감내하여 주었고 필자의 서포터이자 가장 믿을 만한 비평가였다. 같은 관점에서 짜증스러운 필자와 잘 살고 있는 두 아이들 Aidan과 Alex에게도 감사하다.

항상 필자를 도우려고 하고 자주 원고를 검토해 준 Mark Hurwich에게도 감사하고 싶다. 그의 지원이 없었다면 이 책의 집필은 어려웠을 것이다. 또한 피드백과 함께 용기를 북돋아준 Rich Catanese에게도 감사의 말씀을 전한다. 친절한 말을 아끼지 않은 비즈니스 파트너 Peg MacBeth와 늦어지는 마감을 인내한 Dwight Ueda에게도 고맙다는 말을 전하고 싶다. 친구 Julie Ruth는 필자의 홍보 담당자로 언제나 지혜롭고 실용적인 조언을 아끼지 않았다.

Berrett-Koehler 출판사의 멋진 사람들 덕분에 이 책이 세상에 나올 수 있었다. 이들은 필자에게 탁월한 지원과 협조적인 환경을 제공하여 주었다. 특히 BK출판사의

Neal Maillet, Jeevan Sivasubramaniam, Michael Crowley, Katie Sheehan, Dianne Platner, Richard Wilson, Sharon Goldinger, Beverly Butterfield 씨에게 감사의 말을 전하고 싶다. 그리고 혹시 필자가 이름을 기억하지 못한 다른 분들께는 사과의 말씀을 전하고자 한다.

꽌시(關係)의 나라 중국에서 오래 생활했고 션쩐, 동관, 베이징, 상하이, 청두, 타이베이, 가오슝에 위치한 중국의 제조업체들과 국내 업체간의 구매 작업 및 SCM(공급망 관리)을 지원하면서 역자는 인간 관계를 중심으로 이뤄지는 중화권의 비즈니스가 한 단계 진일보하기 위해 일정한 수준의 체계화 또는 인적 요소를 배제한 자동화가 필요한 것이 아닌가 하는 생각을 해 왔다. 이런 시각에서 지나친 자동화 또는 맹목적인 시스템화가 불러오는 인간 소외에 대해 언급하고 서로간의 대화와 관계를 중심으로 생각해 보자는 카렌 펠란의 의견은 상당히 신선했다. 결국 모든 상황에는 중용 (中庸)의 도리가 필요한 법이다.

이 책의 저자인 카렌 펠란은 '컨설팅 절대로 받지 마라', '경영학 교과서는 모두 거짓말이다'와 같은 경박한 주장을 펼치는 것이 아니다. 오히려 자신이 겪은 체험을 바탕으로 경영 일선에서 고민하는 현업의 실무자들과 프로젝트 사이트에서 철야하며 고민하는 컨설턴트들에게 따뜻한 시선을 보내며 양자가 최대한의 효과를 얻을 수 있는 화두를 던지고 있다. 특히 저자가 이 책의 마지막에 제시한 컨설턴트와 함께 일하는 것에 대하여와 경영이론 진위 판단표 등은 재독할 가치가 있는 내용이라 생각된다.

　공동역자인 정종혁 선생과 여러 토의를 거치며 이 책의 내용을 최대한 국내 업계에서 사용하는 용어들을 사용하여 번역하고자 노력하였다. 혹시 이를 비즈니스 은어로 느끼시는 독자 여러분께는 양해를 구한다. 저자의 말대로 은어(Jargon)를 사용할 것이 아니라 명확하게 이야기해야 할 것이기 때문이다. 이러한 점에 대해선 역주를 통하여 최대한 보완하였다.

　아울러 저자가 언급한 도서 중 국내에 이미 소개된 서적들은 독자들의 참고를 위하여 국내 출판사 및 역자명을 밝혀 두었다. 아직 번역되지 않은 도서들은 원문을 그대로 소개하였으며, 향후 이 양서들이 번역되어 국내에도 소개되기를 희망한다.

정종혁

다음과 같은 상황에 처해봤거나 유사한 경험을 한 분들이라면 이 책에 주목할 필요가 있다.

- 중장기 전략 수립, 프로세스 혁신, 식스 시그마, 경영 진단, 정보화 기획 등을 이유로 당장 내일부터 말쑥한 정장 차림의 컨설턴트들과 TF를 이루어 성과를 내라는 지시를 받은 실무자
- 시장조사와 연구, 전략적 분석과 사고 프레임워크에 의하여 수립한 신(新)사업 전략 프로젝트의 산출물이 아무런 결과를 낳지 못하고, 현업 대리님의 책상 서랍에 20장의 A4 파워포인트 보고서로 단지 먼지 쌓인 채 놓여 있는 현실에 충격받은 컨설턴트
- 업무 프로세스의 개선을 위한 TF팀에 배속되었는데 현장에 대한 이해 없이 Workflow Design 도구와 BPM 시스템

에 대한 교육부터 받고 있는 상황이 미심쩍은 팀원

• 매년 1/4분기 말이면 상무님, 팀장님, 부장님의 리더십 평가를 위해 150건의 문항에 대해 7부터 1까지의 단계로 각 항목을 평가해야 한다는 ERP-HR 시스템의 이메일이나 SMS 통지를 받는 일반 직원

• 사내 정치를 이유로 명확한 요구사항 없이 이해관계자간의 갈등 속에 결론을 내지 못하고 죽음의 행진을 이어가는 프로젝트의 PM

세계적인 컨설팅사에서 경영 컨설턴트로 근무하다가 대기업으로 자리를 옮겨 관리자 및 중역으로서 현업에서 일해온 저자 카렌 펠란의 담담한 고백서인 이 책은 정말로 흥미로웠다. 편집부로부터 이 책을 소개받았을 당시에는 '사냥터지기가 된 전직 밀렵꾼(Poacher turned gamekeeper)'이라는 표현을 떠올렸고, 컨설팅 업계에 환멸을 느낀 전직 컨설턴트의 넋두리가 아닐까 싶어 그다지 관심이 가지 않았다. 그러나 페이지를 한 장씩 넘길 때마다 저자의 위트에 웃기도 하고 촌철살인(寸鐵殺人)에 동감했다. 때로는 그동안의 프로젝트를 떠올리며 누군가에게 송구스런 마음을 갖기도 했다.

역자 역시 글로벌 기업의 컨설턴트로 일하다가 국내 기업에서 현업으로 일한 사람으로서 양측의 입장을 잘 이해하는 저자의 주장에 공감하는 바가 크다. 유명한 경영 구루 또는 대단한 브랜드를 지닌 컨설팅사의 제언을 무비판적으로 받아들일 것이 아니라, 사람을 중심에 두고 스스로 사고하면서 교조주의를 피하고 능동적으로 접근하자는 그녀의 의견은 합리적이다.

역자의 경험에 비추어도 최상의 결과를 낳았고 그 효익이 수년간 지속되었던 과제는 스마트한 갑(현업)과 스마트한 을(컨설턴트)이 만나 같이 현장을 뛰며 유연한 관점에서 함께 고민하였던 프로젝트들이었다. 경영 현장에서 비즈니스 이슈의 해결책을 고민해온 독자들에게 이 책이 시사하는 점이 있으리라 믿는다.

마지막으로 훌륭한 도서의 번역을 맡겨 주신 마로니에북스의 이상만 사장님과 최홍규 부장님, 그리고 꼼꼼한 교정으로 지원하여 주신 고경표 선생님께 감사의 말씀을 드린다. 동시에 흑해 남부의 도로를 달리며 현장을 함께 방문했었던 프로젝트 동료들과 호치민 시 외곽의 업무 사이트에서 새로운 프로세스의 장점에 대해 열변을 토하던 고객사의 어느 과장님, 대형 업무 시스템 전환을 앞둔 분당의 상황실에서 함께 울고 웃었던 많은 컨설턴트 동료들에게 감사의 말씀을 드린다. 그분들과의 경험이 이 책을 번역하는 데 큰 도움이 되었기 때문이다.

현직 컨설턴트의 고백

제가 당신의 회사를
망쳤습니다

지은이 ｜ 카렌 펠란
옮긴이 ｜ 김우리·정종혁

초판 발행일 ｜ 2015년 3월 20일

발행인 ｜ 이상만
책임편집 ｜ 최홍규
편집진행 ｜ 고경표, 한혜진
디자인 ｜ 남현
발행처 ｜ 마로니에북스
등록 ｜ 2003년 4월 14일 제 2003-71호
주소 ｜ (413-120) 경기도 파주시 문발로 165
대표 ｜ 02-741-9191
팩스 ｜ 02-3673-0260
홈페이지 ｜ www.maroniebooks.com

ISBN 978-89-6053-365-3 03320